글쓰기가 두려운 당신에게 들려주는 이야기

나를 쓰다

나를 쓰다

초판 1쇄 발행 ┃ 2018년 8월 9일

지은이 ┃ 강현석
펴낸이 ┃ 공상숙
펴낸곳 ┃ 마음세상

주 소 ┃ 경기도 파주시 한빛로 70 515-501

출판등록 ┃ 2011년 3월 7일 제406-2011-000024호

ISBN ┃ 979-11-5636-269-2 (03190)

원고 투고 ┃ maumsesang@nate.com

ⓒ강현석, 2018

* 값 13,800원

* 마음세상은 삶의 감동을 이끌어내는 진솔한 책을 발간하고 있습니다. 참신한 원고가 준비되셨다면 망설이지 마시고 연락주세요.

이 도서의 국립중앙도서관 출판예정도서목록(CIP)은 서지정보유통지 원시스템 홈페이지(http://seoji.nl.go.kr)와 국가자료공동목록시스템 (http://www.nl.go.kr/kolisnet)에서 이용하실 수 있습니다. (CIP제어번호 : CIP2018022476)

나를 쓰다

강현석 지음

마음세상

제3장 여행자의 글쓰기

세4상 리뷰 글쓰기

제5장 글쓰기 처방전과 팁

제6장 글 쓰는 습관

프롤로그

어떻게 하면 글을 잘 쓸 수 있나요?

혹시 비법이 따로 있나요?

글쓰기도 훈련이 필요한가요? 필요하다면 어떻게 해야 하나요?

소설을 연재하고 거의 막바지에 이런 질문을 많이 받았다. 내가 쓴 소설을 너무 재미있게 읽었는데 비결이 궁금하다는 것이었다. LG의 반도체 계열사 재직 당시, 사내 인트라넷을 통해 소설을 연재했는데 그게 인기가 꽤 많았다. 소설 연재는 사내 임직원들이 잠시나마 내 소설을 읽으며 스트레스를 풀라고 시작했었다. 물론 CEO께서도 응원해 주셨다. 다만 사전에 양해를 구하지 않고 전체 메일로 소설을 연재한 것은 업무 외의 행동으로 추천할 사항은 아니다.

그 글들은 오래전에 작성된 것이었지만 누군가는 근무시간에 볼 것이고, 다른 누군가는 근무시간에 그런 글을 쓴다고 오해할 것이다. 휴식 시간에 읽으라고 신신당부했지만 실제로는 근무 시간에 읽고 있는 분들을 많이 보았다. 지금 생각하면 참 무모했던 일이긴 하다.

　글쓰기에 관한 질문을 많이 받다 보니까 일일이 답한다는 사실이 힘겹게 느껴졌다. 어느 순간 건성으로 '책을 많이 읽으면 됩니다.'라고 대답하는 내 모습을 발견했다. 어쩐지 그들의 부탁을 너무 쉽게 거절하는 듯한 느낌에 미안한 생각이 들었다. 시간이 조금 여유로워진다면 글쓰기에 관한 글을 연재해 봐야겠다고 그때 처음 생각했었다. 그로부터 오랜 시간이 흘렀다. 벌써 7년이 지나 버렸으니 너무 많은 시간이 흐른 것 같다. 7년의 세월이 지난, 2017년도에야 드디어 내가 글쓰기에 관한 글을 연재하기 시작했다.

　이번에는 직장 인트라넷이 아닌 블로그를 통해서다. 직장을 그만두고 개인 사업을 열심히 준비하다가 결국 1년이라는 시간 동안 경제적인 소득을 얻지 못했다. 여행, 창업 준비 그리고 계획 변경. 그러다 1년 되는 날, 아내의 권유로 들린 도서관에서 내가 잊고 있었던 하나의 길을 찾았다. 글쓰기에 관한 책들이 상당히 많았고, 많은 사람이 여전히 글쓰기 어려워한다는 것을 알았다. 이 사실이 나에게 예전의 기억을 떠올리게 했다. 그래, 이제부터 글쓰기에 관한 글을 써보자. 이것이 나의 첫 출발이었다. 나의 글쓰기는 아내의 권유로 들린 도서관에서 시작되었다.

　글쓰기는 훈련으로 극복할 수 있다. 충분히 당신도 글을 잘 쓸 수 있다. 장담하지만 문학 작품처럼 예술적인 분야는 아니지만, 일상 글쓰기는 금방 된다. 이 일상 글쓰기가 습관이 되면 궁극적으로 예술적인 글쓰기로 가는 발판이 마련된다. 일상 글쓰기를 위해서 최소한 100회 연재를 생각하고 글을 쓴다. 일상 글쓰기에 관한, 더 정확히 표현하면 습관들이기에 관련한 내용을 연재할 예정이다.

　조선 시대를 상상해 보시라. 그때만 하더라도 일부 지식인층에서만 문자가 활용되었다. 모든 사람이 글자를 알게 된 것은 그리 멀지 않은 시점이다. 그때는 글을 쓰고자 하더라도 시대 상황이 용납하지 않았다. 잘못 쓴 글은 한 가족이 망하는 것은 둘째치고 가문이 멸족하는 일마저 가능한 시대였다. 디지털 글쓰기 시대가 된 지금 당신의 글은 무엇인지 궁금하다. 일단 내가 먼저 이야기를 시작하고자 글쓰기라는 긴 여정을 떠나본다.

곰과 호랑이가 100일간 햇빛을 보지 않고 굴속에서 쑥과 마늘을 먹으면 인간이 된다고 한 신화를 모두 아실 것이라 본다. 호랑이는 성격이 급해 뛰쳐나갔지만, 곰은 100일을 참고 견뎌 결국 아리따운 여인으로 새로 태어났다. 이 여인이 환웅과 결혼하여 아들을 낳으니 그가 곧 단군이다. 그 유명한 단군 신화이다. 우리도 100일만 참고 함께 글쓰기 시작을 해보면 어떨까? 내가 연재를 목표로 한 100일은 이러한 일정과 함께한다.

글쓰기는 굴속에 들어앉아 곰처럼 우직하게 사람으로 바뀌는 과정을 참아내는 시간이 모여야 한다. 그렇지 않고서는 마음으로 글을 잘 쓰길 바라는 수밖에 없다. 늘 마음만 있고 행동하지 않는 나쁜 습관인 셈이다. 글쓰기는 습관이다. 이 습관은 최소 100일의 시간이 필요하다. 의심되는 사람은 반드시 100일만 실천해 보시길 당부드린다. 100일을 꾸준히 따라서 했는데도 효과가 없다는 분은 나에게 찾아오시라. 특별 과외 활동을 무료로 제공해 드리겠다. 나 약해진 당신의 마음에 채찍질하겠다. 100일간 치열하게 실천하지 않았으니 더 열심히 하라는 채찍질을!

제1장
들어가는 문

001 글쓰기가 처음입니다

글을 써서 많은 사람에게 감동을 주고 싶다.

글을 쓰면 유명인이 될 것 같다.

나도 베스트 셀러를 집필한 작가가 되고 싶다.

이런 생각을 누구나 한 번쯤은 해봤을 것이다. 나는 솔직히 해봤다. 책을 읽으면서 '이런 건 나도 쓴다'라고 느낀 적도 있고, '나도 이 정도쯤의 책은 쓰겠다'라는 생각도 자주 해봤다. 하지만 가당치도 않은 생각임을 직접 써보면 알게 된다. 한 권의 책을 쓰는 과정은 결코 쉬운 과정이 아니며, 머리로 아는 것과 실제로 겪어보는 것은 천지 차이라는 사실을 말이다.

글쓰기 관련 책을 많이 읽다 보니, 어느 순간 나도 쓰고 싶다는 생각이 들었다. 채우다 보면 비우고 싶은 순간이 온다. 바로 그 순간, 나는 책상에 앉았다. 편안한 마음으로 에세이 형식을 빌려 자유롭게 내 생각을 기록할 공간이 필요해 찾게 된 곳이 나와 타인과의 소통의 공간, 블로그다. 블로그는 실시간의 피드백이 가능하다. 내가 쓴 글에 누군가 반응하고, 그 반응에 또 자극을 받았다. 이런 과정이 글을 쓰게 하는 동기가 될 수 있다는 생각을 했다.

가장 가까운 곳에 늘 첫 번째 독자가 있다면 행복한 일이다. 난 가끔 소설 형식을 빌려서 글을 쓰는데, 모든 소설의 첫 독자는 아내였다. 아내가 읽어보고 재미있다는 평가를 하면 한참을 묵혀 두었다가 블로그에 올린다. 전문적으로 글을 배운 이에겐 내 소설이 무척이나 어설퍼 보일지 모른다. 나는 그저 내가 쓴 이야기를 재미있어하고 글을 읽으면서 뒷이야기가 궁금해 결국 끝까지 읽게 되는 그런 이야기, 그런 부류의 글쓰기에 관심이 많은 사람이다.

공대생의 글쓰기란 게 어쩌면 한계가 있을지도 모른다. 공대생은 공식의 파생과 이론의 습득 그리고 실생활의 적용이라는 기본원리를 중요시한다. 전자공학을 전공한 나에게 글쓰기는 어쩌면 전혀 어울리지 않는 궁합의 산물인지도 모른다. 그런데도 난 글쓰기를 참 많이도 즐긴다.

최근 10년 가까이 글쓰기가 유행한 모양이다. 글쓰기 관련 책이 너무 많다. 인터넷에 검색하면 그 수가 어마어마하다. 대략 천 권은 넘는다. 글쓰기의 중요성은 대학 수능 평가에 이어 논술이 대입 평가 항목으로 적용된 영향이 크다. 자녀들을 좋은 대학에 보내기 위해 족집게처럼 글쓰기도 과외의 대상이 되었다. 그렇다 보니까 검증되지 않은 책이 시중에 나돈다. 글쓰기가 입시의 대상이 된 요즘, 그렇게라도 글을 써야 하는 수험생들의 어깨가 무거워 보인다.

내가 쓰고자 하는 글은 일상 글쓰기다. 일상 글쓰기를 잘하기 위해서 알아야 할 습관 들이기에 초점을 맞췄다. 글쓰기 습관이 되지 않은 분들에게는 아무리 좋은 비법을 알려줘도 오래가지 못한다. 좋은 글이 아무리 많아도 실제로 그 글을 읽고 써 보지 않으면 쓸 수 없다.

002 작가란 자신을 글로 그려내는 사람이다

글쓰기에 대해 많은 책을 읽어보았는데 중복되는 내용이 너무 많다. 다시 말해 인용으로 여기저기 끼워 맞추기를 해서 출판한 책이 많다는 뜻이다.

내가 생각하는 작가의 정의는 이렇다.

'작가란, 자신을 글로 그려내는 사람이다.'

자신의 모습을 인용으로 그려내면 결국 자신이 아닌 타인이 된다. 어떤 책은 거의 모든 페이지마다 인용을 한 경우도 있었다. 이거 아니지 않나 싶은 생각이 여기저기서 물씬 풍긴다. 내가 하고 싶은 이야기를 쓰는 것인데, 굳이 남의 이야기로 이곳저곳 도배할 필요까지야 없지 않겠냐는 생각이다. 적당히 인용한다면 이견이 없다. 나 또한 누군가의 말을 인용해야 하고, 실제로 인용해본 적도 있다. 다만 독자들이 지루해하지 않는 범위 내에서 인용해야 한다는 의견이다.

어렵게 마련한 나만의 집. 내 나름대로 도배를 하는데 이방은 녹색을 칠해야 한다는 목표를 세웠다고 가정해보자. 그런데 녹색, 연녹색, 하늘색, 진청색 등 비슷한 색깔들이 섞이다 보니까 도대체 제대로 된 색깔에 대한 분별이 어렵다.

그러다 보니 대충 칠하고 만다. 이도 저도 아닌 색깔이 나온다. 그나마 황토색이 아닌 것이 다행이다. 그게 우리네 글쓰기다. 대충 따라 하다 보니까 흥미를 잃는다. 우선 글 쓰는 습관이 나에게서 멀어져 가버린다. 누군가 강제하지 않는 습관이므로 구속력이 없다. 솔직히 글쓰기는 어렵다. 생각만큼 되지 않고 쓰지 않아도 누가 뭐라 할 사람이 없다.

"여보, 뭐해?"

"응, 글 쓰는데."

"뭐? 글 쓴다고? 여보 좋아하는 프로그램 한다. 그만하고 TV 보자."

이 말 한마디면 그냥 녹아버려 소파에 가서 눕는다. 보통의 내 모습이다. 글쓰기를 좋아하는 내 모습이 이런데 글쓰기에 익숙하지 않은 분들은 오죽할까?

그러니까 너도 써라, 글쓰기는 아무나 할 수 있다고 누군가는 외친다. 무엇을 쓰라는 말인가? 사람들은 생각한다. 누군가 쓰라고 해서 쓰긴 써야겠는데 무엇을 써야 할지 모르겠고, 제대로 된 절차라도 알려줬으면 좋겠다고 말한다. 적어도 글쓰기를 원하시는 분들이 시작을 어떻게 해야 하는지를 알아야 절반의 성공이라도 거두지 않을까 싶다. 나침반이 되어 당신을 이끌 예정이니 한눈 팔지 말고 천천히 따라와 주셨으면 좋겠다.

서론 부문에서는 어렵게 생각한 글쓰기를 쉽게 접근해 본다. 써라, 써라, 라고 하지 않는다. 준비되지 않은 선수에게 마라톤 42.195Km를 뛰라는 것과 같은 행위이기 때문이다. 이는 선수를 죽이는 행위다. 짬짬이 5Km, 10Km, 15Km, 20Km에 대한 경험이 쌓여야 추후 25Km를 뛰고 나아가 30Km도 가능하다. 이 과정이 반복되면 마의 35Km와 40Km 거리를 뛸 수 있다고 본다. 나는 그렇게 쓰는 글쓰기를 권유하고자 한다. 이게 가능하기 위해서는 첫째도 습관, 둘째도 습관이다.

003 소재가 무엇인가요?

가까운 곳에서 소재 찾기로 글쓰기 시작해보자. 소재라고 해서 거창한 것이 아니다. 예를 든다면, 아내와 나는 시장에 자주 가는데 그때의 일을 적어 본다.

제일 먼저 도착한 곳은 떡 시장. 떡 종류도 많다. 송편, 절편, 가래떡, 시루떡 등. 이것저것 가격을 묻고 가장 만만한 가래떡 한 묶음을 산다. 가격을 치르고 옆으로 시선을 옮긴다. 마침 출출하던 차에 어묵이 종류별로 놓여있다. 가격대별로 어묵 꼬치에 노란색, 파란색, 녹색, 빨간색 등으로 테이프가 감겨 있다. 주인은 오랜 장사의 노하우로 대충 훑어봐도 무엇을 먹었는지 안다. 계산도 빠르다.

어묵으로 든든히 배를 채웠으니 이제 채소 가게로 발길을 옮긴다. 열무, 시금치, 파, 고추, 가지 들이 보기 좋게 바구니에 담겨 새 주인을 기다리고 있다. 청양고추 한 바구니에 3천 원인데 두 바구니 사면 5천 원에 판단다. 당연한 듯

두 바구니 산다. 여기에 덤으로 채소가게 사장이 한 주먹 가득 보너스를 챙겨준다. 이 맛에 시장에 온다.

채소 가게를 지나 과일 가게로 들어간다. 사과, 배, 포도, 바나나 등이 줄지어 기다리고 있다. 누군가의 간택을 받기 위해 예쁘게 단장하고 기다리는 중이다. 가장 만만한 사과를 집어 든다. 먹어보라고 잘라둔 맛보기용 조각사과 맛이 좋아서다.

자, 어떤가? 시장에 대한 소재를 가지고 시장에 가게 된 경로부터 내가 산 물건들까지 나열하다 보니 어느새 몇 단락이 만들어졌다. 쓰면서 느끼는 것이지만 내가 보게 되는 모든 사물이 소재가 됨을 알 수 있다.

이렇게 시작된 하루하루의 글쓰기들이 모여 자신만의 글쓰기가 완성된다. 하루에 A4 한 장(글자 크기 11 또는 12폰트 정도)을 써내는 일은 어려운 과정이다. 묵묵히 앉아서 생각하는 과정까지 합하면 꽤 많은 시간이 투자된다. 생각하기까지 한 시간, 글을 써나가는 과정이 한 시간, 이렇게 하루에 두 시간씩 글쓰기에 투자한다는 것은 사실 상당히 어렵다. (바쁜 현대인에게 두 시간은 금쪽같은 시간이므로 2시간이 어렵다 판단해서 본론에 가면 1시간 글쓰기를 중점적으로 다룬다.)

직장인의 경우, 야근, 접대나 각종 저녁 행사로 퇴근이 늦는 경우가 많다. 집에 오면 씻고 자기 바쁘다. 현실이 그렇다. 그렇다면 어떤 식으로든 자투리 시간을 마련해야 한다. 어렵겠지만, 바쁜 와중에도 식사하고 화장실 가고, 차 마실 시간은 있다. 이 시간을 최대한 활용해 보면 어떨까? 똘똘한 손전화기(스마트폰) 하나만 제대로 활용해도 글쓰기에 많은 도움이 된다. 우선 메모장 기능으로 소재 거리를 충분히 저장해두자. 점심 메뉴로 무얼 먹었는지? 어딜 갔었는지? 누구랑 갔었는지? 등 모든 것이 소재가 된다. 이 소재들이 모여 훌륭한 글쓰기 밑천이 되는 경험을 해봤으면 좋겠다.

　글을 잘 쓰는 사람들의 습관을 살펴보면 모두 메모를 열심히 한다. 무엇보다도 남이 써 놓은 글을 많이 읽는다. 그 과정에서 필요한 부분은 베껴 쓰기도 해 본다. 나중에 별도로 설명하겠지만 필사(베껴 쓰기)도 글쓰기에 많은 도움이 된다. 글을 읽는 독자에서 스스로 따라 써보는 저자가 되는 간접 경험의 수단이 바로 필사다. 이 과정에서 작가의 숨결도 느끼고 참된 글쓰기의 시작도 알게 된다. 따라 쓰는 과정에서 새로운 창작물이 나오는 경험을 직접 해 보시길 기원한다.

004 소재가 눈에 보이나요?

소재, 다시 말해 '쓸 거리'를 발견하는 시선이 중요하다. 내가 글을 쓰겠다고 마음먹었을 때, 가장 먼저 나를 반기는 것은 컴퓨터 워드 프로그램 속의 깜박이는 커서였다. 왼쪽 한구석에서 첫 번째 단어를 입력해 달라고 아우성치는 커서를 보니까 은근히 도전장을 받은 듯한 감정이 생겨났다. 써 볼 테면 써봐라. 그래? 조금만 기다려. 조금만 기다리면 무엇인가 잔뜩 써 줄 테니까. 그만 써 달라고 울 때까지 써줄게.

시간이 흐르고, 여전히 그 자리에서 커서가 깜박인다. 멍한 눈으로 커서와 눈 맞춤을 하고 있던 내 모습, 웃음만 나왔다. 어이없기도 하고 허탈하기도 했다. 별 것 아닌 거로 만만하게 봤다가 정말 별개 되어 버린 당황스러운 현실.

마음에 여유를 가지고 차분하게 처음으로 돌아가 보았다. 처음 글을 쓰겠다고 마음먹고 자리에 앉았을 때의 느낌이란? 무언가 새로 시작한다는 설렘과 과연 해낼 수 있을까 하는 두려움이 섞인 복잡한 감정이었다. 내가 쓴 글을 누군가 보고 혹시 비난하는 반응을 보이면 어쩌지 하는 우려도 염려스러웠다. 이 것저것 걱정만 해서는 아무것도 할 수 없다는 사실, 무엇인가 실제로 행동으로 옮겨야 그 결과를 알 수 있다는 것이 경험으로 알게 된 소중한 자산이다. 경험만큼 훌륭한 스승도 없다. 겪다 보면 알게 되는 것이 세상 순리 아니겠는가? 타고난 재능도 필요하지만, 꾸준히 밀고 나가는 힘 또한 중요하다.

'쓸 거리'가 무궁무진한 사람이 부러울 수 있다. 그런 면에서는 많은 경험을 한 나이 많은 분들이 글쓰기에 제격일 수 있겠다는 생각을 해보았다. 하지만 현실에서 유명한 작가들을 보자. 젊고 참신한 소재 거리를 가지고 우리를 문학의 바다로 인도하는 젊은 작가들. 이런 결과는 그들의 경험이 결코 무궁무진해서 만들어진 것이 아니다. 평범한 소재를 '특별한 쓸 거리'로 바꾸어 낸 결과다. 작가들의 시선, 그 시선을 닮고 따라가다 보면 어쩌면 우리도 어느 순간 작가가 되어 있을지도 모른다.

본론에 들어가면 소재 찾는 시선을 어떻게 확장할 것인지 상세하게 설명하는 시간을 가질 예정이다. 그러기 위해서 해야 하는 최소한의 활동도 함께 안내해 드린다. 내가 쓰는 이 글의 가장 핵심적인 부분이 본론에 들어 있다고 보면 된다. 그렇다면 서론을 생략하고 바로 본론으로 들어가면 어떨까? 그러기엔 거부감이 든다. 준비 운동 없이 장거리를 뛸 수는 없지 않은가? 마라톤을 예로 들어 설명했듯이 우리는 순서를 지켜나가야 한다.

양이 질을 이긴다는 말이 있다. 많이 써본 사람은 질적으로 글이 향상된다. 신기한 사실은 처음 시작하기가 어렵고, 시작한 이후부터는 어떤 식으로든 글이 써진다는 사실이다. 물론 내용 자체가 자기 마음에 들지 않는 경우도 있다. 괜찮다. 당신과 나는 누가 뭐래도 아마추어 작가가 아닌가? 아마추어이기에 어설픈 내용의 글이 써진다고 마음 편히 생각하면 된다. 일단 양을 늘려 보는 것으로 목표를 잡자. 조금씩 계속해서 글을 써보면 양이 어느새 질을 능가하는 시점이 온다.

이렇게 쓰세요. 저렇게 쓰세요. 나는 이 방법을 강요하지 않는다. 다만, 천천히 따라오시면 이렇게 쓰는 방법도 있고, 저렇게 쓰는 방법이 있다고 알려 드릴뿐 이다. 그 과정에서 본인에게 가장 적합한 방법을 선택하시면 될 것 같다. 맞춤형 신발을 신겨 드리는 것으로 내가 할 일은 다 하는 셈이다.

005 소재를 모으기 위해 메모를 해볼까요?

길을 걷다가 매일 마주하는 풍경이 낯설게 느껴지는 순간이 있다. 하루에도 몇 번이나 오가는 길인데도 불구하고 말이다. 이럴 때의 느낌들을 하나둘 모아 두면 훌륭한 소재가 된다. '늘 오가던 길, 오늘따라 낯설고 설렌다'라고 한 줄의 메모를 남겨두면 이 문장을 가지고 훗날 상상의 나래를 펼쳐 나갈 수 있다. 그 낯선 길에서 요정을 불러들여 판타지 소설의 주인공을 탄생시킬 수도 있다.

글쓰기에 대해 블로그에 하나둘 글을 올리기 시작하자, 아내가 재미난 소재를 던져준다. 제목이 밋밋해 보인다는 것인데, '초보가 생초보에게 쓰는 편지'라는 제목으로 글을 써 보란다. 괜찮은 쓸 거리를 던져줘서 너무 반갑다. 감사한 마음으로 주문받은 소재를 가지고 글을 써 보기로 한다. 아내가 첫 번째 독자이므로 허투루 쓰고 싶지는 않다.

아내의 말이 맞다. 나는 글쓰기 초보다. 글쓰기에 대해 누군가에게 전문적으로 배운 적이 없다. 다만 독서를 통해 많은 분이 쓴 글들을 읽으면서 배움의 시간을 가졌다. 대다수 사람이 글쓰기를 따로 배운 적이 없다. 우리나라 교과 과정에 글쓰기 과정은 없다. 지금은 대학 논술 때문에 억지로 맞춤형 글쓰기 교육을 하고 있지만 자유로운 일상 글쓰기에 대한 교육 과정이 없다. 그런 관계로 책을 통해서 스스로 배워나가야 한다. 책이 우리의 스승이고 교육 과정이 되는 셈이다.

나는 자주 아내에게 글을 써보라고 권한다. 아내는 가끔 단문의 글을 써서 나에게 선물한다. 고맙고도 감사한 글을 짧은 시간 안에 쓰는 실력이 있다. 분명히 글 쓰는 감각이 있는데도 불구하고 생각하는 과정이 어려워 쉽게 도전하지 않는다. 어렵다고 하지만, 주제를 던져주면 곧잘 써내는 모습을 보면서 놀란 적이 많다. 내가 글쓰기에 관련한 글을 쓰는 동안 아내가 조금은 글쓰기와 친숙해졌으면 하는 바람이다.

좋은 소재를 던져준 아내를 위해서라도 초보의 마음에 대해 생각해 보기로 한다. 초보의 마음은 어떨까? 그냥 하얀 종이만 바라보다가 포기하고 싶은 마음, 밑도 끝도 없이 시작해보고 도중에 하차해 버리는 마음, 마음만 급하고 생각 정리가 되지 않는 복잡한 마음 등 각양각색일 것이다. 전적으로 누군가에게 의지라도 했으면 하는 마음도 있다고 본다.

사실 글쓰기는 어렵다. 정해진 비법이 따로 존재하지 않는다. 무작정 글을 쓰고 해서 쓰이는 것은 더더욱 아니다. 빨간 펜을 들고 일일이 교정 작업을 해주는 사람이라도 옆에 있다면 얼마나 좋을까? 현실은 그렇지 않다. 가르쳐 주는 이가 없으니 배울 곳이 없는 것이고, 배울 곳이 없으니 점점 더 멀어지는 것이다. 그렇다고 실망하지는 말자. 요즘은 글쓰기 과정이 보편화하여서 글쓰기 전문학원도 많이 생겼다. 시간적, 경제적 여유가 있는 분이라면 강의 신청을 해서 유료로 글쓰기 수업을 받을 수도 있다. 그렇게 해서라도 무언가를 쓰고 싶어 하는 이들의 바람이 결국 초보의 마음 아닐까 짐작해본다. 이유가 무엇이든, 써보고 싶다는 마음이 간절하다면 그 사람은 이미 초보가 아니다.

우선 어깨에 힘을 빼자. 어깨에 힘이 들어가면 무리가 온다. 욕심이 생기면 글은 부자연스러워진다. 거짓말도 서슴없이 끼어들게 된다. 글은 진실해야 하는데 이미 욕심에 눈이 멀어져 버린 사람은 진실한 글이 보이지 않는다. 가벼운 마음으로 나를 표현해 가면서 글 쓰는 습관을 올바르게 들이는 것이 중요하다.

'초보가 생초보에게 보내는 편지'라는 소재를 선물 받았으니 화답으로 편지를 써봐야겠다. 조금이나마 도움이 되기를 바라면서 말이다.

006 초보가 생초보에게 보내는 편지

'초보가 생초보에게 보내는 편지'를 쓰기 위해 우선 대상 선정이 필요했다. 글쓰기 초보가 나라면 생초보는 누구로 선정하면 좋을까에 대해서다. 멀리 볼 필요 없이 아내로 선정한다. 내가 글쓰기에 관한 글을 쓰게 된 강력한 동기가 바로 아내의 글쓰기였다. 아내는 짧으면서 감동을 주는 글을 곧잘 썼다. 놀랍도록 괜찮은 글인데 본인은 글 쓰는 행위 자체가 힘들단다. 누군가 주제라도 정해주면 좋으련만 처음부터 끝까지 홀로 가는 여행길은 체질에 안 맞다 한다.

아내를 생초보로 대상 선정하고 나니까 어느 정도 범위가 정해진다. 아내의 기준이면 한 달에 한 권, 많게는 두 권 정도 독서를 하고 글쓰기는 특별한 경우가 아니면 하지 않는 사람들로 정하면 될 것 같다. 이 이하의 경우라면 애석하지만, 당신도 생초보가 맞다.

이 글을 읽는 분들이 아내와 비슷한 독서량 혹은 그 이하, 그리고 글쓰기 빈

도수를 가지신 분이라 생각하니 한결 마음이 편안해진다. 아내에게 부탁하는 양식으로 글을 쓰면 되겠다는 방향 설정도 쉽게 된다. 지금까지 쓴 글도 아내에게 이야기하는 양식으로 썼다. 내가 쓴 글을 읽고 아내가 편하게 글쓰기를 하는 모습을 상상하면서 말이다.

지금부터 당신에게 편지를 보낸다. 우선 글쓰기에 앞서 글 읽기, 독서의 중요성이다. 많이 읽으면 많이 읽을수록 좋다. 굳이 글 읽기를 따로 명시하는 이유는 독서의 범위를 책으로만 한정하기 싫어서다. 디지털 문명의 가장 큰 혜택이 정보화의 시대에 살게 해준 점이다. 손안의 스마트폰 하나면 지구 반대편에서 일어난 일까지 수시로 확인이 가능하다. 재미난 볼거리가 참 많다. 특히 기억에 남는 것이 있다면 반드시 기록해두자. 나중에 이것들이 모여 '쓸 거리'가 되어준다.

독서는 자신이 좋아하는 분야부터 시작하자. 요리하는 것을 좋아하는 사람이라면 요리와 관련한 서적을 검색해서 하나씩 읽도록 하자. 낚시를 좋아하면 낚시 관련 서적, 시를 좋아하면 시집, 소설가 지망생은 소설을 장르별로 읽으면 되겠다. 그렇게 좋아하는 분야부터 읽기 시작하면 서서히 독서의 근력이 쌓인다. 그게 모이면 독서력이 되어 나중에 필력으로 이어지는 관문을 여는 열쇠가 된다.

제대로 된 독서는 어떻게 해야 할까? 책이라고 해서 무조건 처음부터 끝까지 읽어야 하는가? 스스로 만든 올가미에서 빠져나오는 것이 우선이다. 모든 책은 소중하다. 하지만 책이라고 해서 무조건 좋은 것은 아니다. 한자(漢字)도 모르는데 논어를 펼쳐놓고 읽을 수 있는가? 도저히 못 읽는다. 결국, 읽다가 포기한다. 추천한 대로 낚시를 좋아하는 사람이 낚시 관련 책을 읽는다고 가정하자. 한 권의 책에서 온갖 기법의 낚시 방법을 배운다. 시간 가는 것도 모르고 책

속에 빠져든다. 가치로 따지면 논어에 비교할 바가 못 된다. 그런데도 몰입의 차이는 하늘과 땅 차이다. 글을 읽고 쓰는 습관은 꾸준히 해야 하므로 될 수 있으면 본인이 좋아하는 분야부터 시작하는 것이 가장 좋다.

내가 생각하는 적절한 독서 분량은 본인이 책을 펼쳐보고 지루함을 느끼지 않는 시점까지로 본다. 지루하다는 것은 재미가 없다는 뜻이고 그렇다면 읽는 분량이 적을 수밖에 없다. 어려운 인문학책은 몇 장만 읽어도 잠이 온다. 내용 자체가 어렵기 때문이다. 그런 책은 욕심부리지 말고 하루에 한 장 내지는 두 장만 읽는다는 목표를 세우고 읽도록 하자. 요즘 인문학책은 한 장만 제대로 읽어도 내용 자체가 어지간한 책 한 권 분량의 깊이와 맞먹는다. 압축해 놓은 글의 가치가 그 정도이니 욕심부리지 않아도 될 성싶다. 분량에 욕심부리는 습관은 오래전부터 이어온 학습의 영향이므로 잘못된 습관은 버리도록 하자.

007 글쓰기 위한 독서 하나

독서와 관련하여 개인적으로 허무했던 경험이 있다. 책을 읽고 서너 달 지나면 상세 내용을 기억하지 못한 적이 많다. 처음엔 나이 때문인가 하는 의구심이 들었지만, 아니었다. 나이 영향이 전혀 없지는 않겠지만, 기록하지 않은 것이 가장 큰 이유였다. 반성하고 또 반성했다. 짧지만 자신만의 독서 일지를 꼭 남기자.

독서를 하다 보면 지루해지는 순간이 온다. 재미가 없어지는 순간이다. 그럴 때는 시선을 다른 곳으로 옮기자. 고단한 몸을 이끌고 억지로 독서를 하면 그 자체가 고문이다. 차라리 소파에 드러누워 TV 시청하면서 쉬는 것이 낫다. 물론 너무 자주 이런 상황이 반복되면 곤란하다.

재미있는 이야기라면 지루해질 틈이 없다. 이어지는 뒷이야기가 궁금해서 오던 잠도 달아나기 일쑤다. 대하소설을 읽으면서 어느 순간 사방이 밝아오는 느낌에 창밖을 봤더니 정말로 동이 튼 것을 본 적도 있다. 재미있는 이야기, 흡입력 있는 소설이 그랬다. 대하소설을 읽는다면 하루에 읽을 분량을 정하고 읽는 것이 좋다. 오늘은 100페이지까지 읽었다면, 내일은 나머지 100페이지를 읽는 식으로 말이다. (50페이지도 괜찮다.) 그렇게 분량을 정해서 보통 300페이지 한 권을 짧게는 사흘, 길게는 일주일이면 읽을 수 있다.

책을 많이 읽는다는 것은 내 안의 생각 바구니에 소재 거리를 차곡차곡 쌓아두는 일이다. 쌓다 보면 어느 순간 흘러넘친다. 그때가 빨리 왔으면 좋겠지만, 무슨 일이든 시간의 힘은 필요하다. 어느 정도 시각이 지나야 그 시점이 온다. 하루아침에 될 일이 아니므로 서두르지 않았으면 좋겠다. 글을 쓰기 위해 자리에 앉았다가 곧장 일어난다면 그것은 바로 독서의 양이 부족했다는 것을 보여주는 증거다. 꾸준한 독서가 꾸준한 글쓰기 습관을 낳는다. 마음의 여유를 가지고 오늘부터라도 한 권의 책을 손에 들자.

독서법 중에서 다독가들이 애용하는 방법이 있다. 여러 권의 책을 바꿔가면서 읽는 일이다. 나도 이런 경험이 있는데 사실 집중도 면에서는 효율성이 낮았다. 한 가지 일을 하고 있을 때 다른 일을 하지 못하는 이에게는 권하지 않는다. 멀티 플레이가 가능한 분은 이 방법이 좋을 것 같다.

인생을 마라톤에 비유하기도 한다. 글쓰기도 마라톤과 유사하다. 꾸준함으로 승부를 봐야 하기 때문이다. 실제로 글을 쓰기 위해서 마라톤을 즐겨 하는 작가도 있다. 바로 1Q84로 우리에게 친숙한 일본 작가 무라카미 하루키다. 하루키는 수십 차례 42.195Km 풀 코스 마라톤에 도전해서 완주했다. 그의 저서 〈달리기를 말할 때 내가 하고 싶은 이야기〉에서 그가 마라톤을 하는 이유를 상세히 보여 줬다. 하루키는 글을 쓰는 행위를 노동으로 봤고, 그 노동을 감당하기 위해 체력을 키워야 하는데 마라톤이 제격이라고 한다. 꾸준히 글을 쓴다는 것은, 꾸준히 노동에 임한다는 것이고 이는 곧 체력이 되어야 가능하다는 사실을 말한다.

글쓰기를 하는 과정 또한 길고 지루할 수 있다. 조금이라도 글을 잘 써보고 싶은 마음이 있다면 이 과정 또한 즐기기를 바란다. 투자한 것도 없는데 소득을 바라지는 말자. 당장 자리에 앉아서 명문장을 써낼 수 없다. 쌀을 씻지도 않고 밥이 되기를 바라지는 말자. 밥을 먹기 위해서는 일단 쌀을 씻어야 하고, 씻은 쌀을 솥에다 안쳐야 하고, 그다음에는 밥솥을 가동해야 한다. 일정 시간이 지나면 고소한 밥 내음이 나면서 밥이 익는다. 이런 과정 없이 밥을 먹고자 한다면 논에 가서 수저를 들고 기다리시는 방법밖에 없다. 온종일 기다려보시라. 밥이 나오나 죽이 나오나.

008 글쓰기 위한 독서 둘

　독서를 위한 시간이 별도로 있는 것이 아니다. 내 경우를 설명하면 자투리 시간 이용이 가장 좋았다. 회사원이었으므로 식사 후 남는 시간은 주로 독서를 한다. 운이 좋아 일찍 퇴근하면 시간을 정해서 책을 읽었다. 아내와 보내는 시간이 많으므로 많은 시간을 독서에 보내지 못한 점은 아쉽지만 어쩔 수 없다. 지나간 시간은 앞으로 부지런히 읽으면서 만회하면 되니까. 분명한 것은 이렇게 모은 시간이 독서의 양과 연결이 된다는 점이다.

　직장인에게 연차 휴가라는 게 있다. 주말을 이용해서 금요일 정도에 연차 휴가를 활용하면 적어도 삼 일을 쉴 수 있다. 이때 권장하고 싶은 것이 북스테이다. 북스테이란 말 그대로 Book(책) + Stay(머문다)의 합성어로 책이 있는 숙박 공간에서 하루든 이틀이든 머무는 것을 말한다. 일전에 신문을 통해 눈여겨본 곳이 있는데 언젠가 나도 한번 이용해 볼 생각이다. 일상을 접어두고 책을 활짝 편 당신에게 이런 장소는 꿈의 장소가 된다. 온종일 읽고 싶은 책을 골라가면서 읽을 수 있다. 가히 천국 아니겠는가? 힐링을 위한 공간, 책이 당신과 함께하리라 믿는다.

'난 도저히 책 읽을 시간이 없다'는 분들이 사실, 문제다. 마지막으로 읽은 책 제목조차도 기억하지 못하는 분들을 보면 안타깝다. 회사원의 경우, 아침 일찍 직장에 나가서 밤늦게까지 야근을 하고 주말까지 회사에 나가야 하는 경우가 많다. 현실이 책을 읽지 못하게 하는지도 모른다. 혹시 대중교통 중에서 지하철을 이용하시는 분들은 이동 시간에라도 책을 읽었으면 좋겠다. 그런 자투리 시간마저 없다면 답이 없다. 도저히 시간이 나지 않는 분들에게 독서를 권한다는 자체가 무리한 부탁인 것을 잘 알기 때문이다. 일과 삶의 균형이 중요한 세상, 지친 당신에게 한 권의 책이 편한 친구가 되는 날이 오기를 기도한다.

우리말 바로 쓰기의 저자이신 이오덕 선생님의 말씀이 기억난다. 지금은 고인이 되신 분이지만 그분이 남긴 글쓰기에 대한 좋은 말씀은 영원히 남아 있다. 특히 자라나는 아이들에게 제대로 글을 쓰는 방법을 인도하신 분이다. 모든 글은 진실해야 하고 그 진실은 아이들의 눈을 통해서 나온다. 거짓된 어른들의 표현을 모방하다 보니까 아이들 글이 왜곡된다. 꾸며진 글이 아닌 삶이 묻어난 진실한 글을 아이들에게 가르쳐야 한다. 이 책을 쓰신 이오덕 선생님의 글쓰기 관련 책들은 일선 교사들이 글쓰기 교재로 활용 중이라 한다. 그만큼 글쓰기에 관해서는 수준 높은 책이고 모범이 되는 책이다.

글을 쓴다는 것은 온전히 자신을 드러내는 일이다. 거짓으로 쓴 글은 거짓을 낳고 진실함은 공감을 불러들인다. 글을 쓴다는 것이 글짓기가 되는 순간, 사실은 멀어지고 거짓만 가까이하게 된다. 어느 순간 글이 막힌다. 계속 거짓말을 쓴다는 것이 어렵기 때문이다. 세상에서 가장 완벽한 뇌를 가진 자만이 거짓말을 늘려서 쓸 수 있다. 모든 것을 기억하는 완벽한 뇌를 가진 이가 그렇다.

그렇지 않다면 보통은 글과 글이 연결되지도 않는다. 온통 글을 지어내기 때문이다. 될 수 있으면 자신이 하고 싶은 말을 진실하게 쓰자. 진실은 오래도록 기억되고 거짓은 잠시만 스치면 안녕이다.

글짓기라는 단어 자체가 무언가 꾸민다는 뜻이 있다. 그런 면에서 제대로 된 표현은 글짓기가 아니라 글쓰기가 되어야 한다. 글쓰기에 있어서 자신이 글을 쓰는 이유가 있을 것이다. 지금부터는 이유에 관해 이야기 나누었으면 한다. 많은 이야기가 묻어둔 장독에서 꺼내달라고 아우성치고 있다. 어서 꺼내줘야 겠다.

⑼ 글을 쓰는 이유 : 표현, 소통, 성취

나는 블로그에 '나의 글쓰기'를 연재한 첫날, 개인적인 소망을 밝힌 적이 있다.

내가 쓴 글을 읽고 많은 사람이 감동했으면 좋겠다.

나도 베스트 셀러 작가가 되고 싶다.

솔직한 내 심정이었다. 소망을 밝히고 시작하니까 마음이 너무 편했다.

송충이는 솔잎을 먹어야지. 너무 높은 목표를 잡았어.

그게 얼마나 어려운 일인 줄 알아? 못 올라갈 나무는 쳐다보지도 마라.

이렇게 생각하시는 분들이 있다고 본다. 비관적이더라도 달게 받아야 할 반응이다. 어디까지나 나의 소망이다. 되고 안 되고는 나의 노력이 증명해 주지 않을까 싶다. 굳이 내 소망을 처음부터 밝히고 시작한 것에는 이유가 있다. 바로 '소망이 글 쓰는 이유 전부가 될 수 없다'는 점을 말하고 싶었기 때문이었다.

속 시원하다. 이 말을 기록으로 남기기 위해 지금껏 참았다. 그 이유를 밝힌다.

우선 글이 무거워진다. 바로 욕심 때문이다. 거창하게 글을 쓰겠다고 접근하는 순간, 글쓰기는 물 건너간다. 처음부터 무리하게 목표를 크고 높게 잡았기 때문이다. 천 리 길도 한 걸음부터라는 것을 잊지 말았으면 좋겠다.

글쓰기 시작하면서 책 한 권을 내야겠다고 목표하는 분들이 많다. 우선 글을 쓰는 능력이 뒷받침되어야 가능한 일이다. 글쓰기도 습관이 되지 않은 사람이 책 쓰는 기법만 익혀서 책을 쓴다는 사실이 우려된다. 제대로 된 글이 나올까도 의문이다. 무엇이 중요한 것인가? 영화 대사가 기억난다. 뭣이 중한디?

'어깨에 힘이 많이 들어갔다'라고 야구 경기에서 해설자가 이야기하는 것을 들어본 적이 있을 것이다. 타자의 처지에서 생각해본다. 타자는 홈런 전문 타자다. 홈런 하나면 역전승할 수 있다. 중요한 순간이므로 선수가 욕심부린다. 홈런을 만들겠다는 생각이 가득하다. 어깨에 힘이 들어간다. 부자연스러운 동작이 이어진다. 스윙이 커져 공을 맞히지 못한다. 삼진 아웃 된다. 쓸쓸히 뒤돌아 들어간다. 경기가 끝난다. 응원하던 팬들이 할 말을 잃는다. 공공의 적 된다. 욕심부리지 말자.

그렇다면 도대체 글 쓰는 이유가 무엇일까? 다양한 사람들이 사는 세상, 이유는 많다. 많은 책을 통해 그 이유를 찾았고, 내가 글을 쓰는 이유와 공감되는 내용을 보고 반가웠다. 그 이야기를 하고자 긴 서두를 펼쳤나 보다. 글을 쓰는 이유를 크게 세 가지로 간추려보았다.

1.표현하기 : 알리고자 하는 내용을 문자로 쓰기

2.소통하기 : 내가 쓴 글로 나 이외의 누군가와 대화하기

3.성취하기 : 원하던 바를 이루어내기

이 세 가지 사항에 대해 하나씩 설명하고자 한다.

1. 표현하기 : 알리고자 하는 내용을 문자로 쓰기

내가 무엇을 말하고 싶은지 글로써 알리는 일이다. 책을 읽고 그 내용을 쓰면서 내가 느낀 소감을 밝힌다. 바로 나만의 서평이 되는 순간이며, 내가 읽은 내용을 알리는 일이 된다. 남이 보는 게 부담스럽다면 자신만의 독서 일기로 남겨도 좋다. 중요한 것은 글로 쓰는 행위이기 때문이다. 사람들은 표현하고자 하는 욕구가 있다. 어떤 식으로든 남이 나를 봐주길 원한다. 그렇다면 글로써 알리고자 하는 내용을 세상에 내놓자. 인터넷이 그 통로가 되어준다.

2. 소통하기 : 내가 쓴 글로 나 이외의 누군가와 대화하기

표현하기의 연장이다. 글로써 표현한 내용을 장롱 안에 꼭꼭 숨겨두는 것도 좋다. 하지만 될 수 있으면 세상에 내놓고 다른 이와 대화를 나누어 보셨으면 한다. 인터넷이 훌륭한 통로가 된다는 것은 경험으로써 아시리라 본다. 누군가 써 놓은 글에 최소한 댓글이라도 달아본 경험이 있을 테니까 말이다. 댓글로 대화를 나누다 보면 어느새 누군가와 친구가 된 자신을 발견할 수 있다. 글쓰기가 즐거워지는 순간이 온다는 뜻이다.

3. 성취하기 : 원하던 바를 이루어내기

마지막 단계다. 자신이 쓴 글로 누군가를 위로하거나, 위로받고 싶었던 글이면 위로의 공감을 얻을 수 있다. 기쁨을 나누면 배가 되고, 아픔과 슬픔은 반이 되며, 나아가 치유가 되는 경험을 하게 된다. 나만 알고 남이 모르는 내용을 알렸다고 가정하면, 정보를 제공하는 역할을 마친 셈이다.

010 글을 쓰는 이유 : 표현하기

사실 무엇을 말하고 싶은지 글로 표현하는 일은 생각만큼 쉽지 않다. 생각은 많은데 정리가 되지 않으니 바깥으로 나오지 않는다. 도대체 무엇이 문제인지도 모르겠다. 그 심정 나도 공감한다. 멍하니 백지만 바라보다 그냥 포기해 버리는 심정을 말이다.

글을 써야 하는 이유는 나를 격려, 치유, 위로 그리고 꾸짖기 위해서다. 이렇게 시작하는 글이 바로 나와 대화를 하는 글이다. 대표적인 글이 바로 일기다. 일기에 표현되어야 할 것은 바로 사건이다. 기본적인 정보인 날짜, 기상정보 정도는 기록한 후에 사건을 기록하자.

'오늘은 종일 비가 내렸다. 내 마음도 그랬다. 후임 사원의 과실로 고객으로부터 불만 사항이 접수되었고 이로 인해 내가 대표로 팀장님한테 꾸중을 들었다. 홍수 같은 비가 온종일 내렸다. 비에 떠내려가지 않도록 기둥에 단단히 나를 묶었다. 내가 떠내려가면 내 가족도 떠내려간다. 사랑스러운 나의 아내가 떠내려간다. 내일은 맑았으면 좋겠다. 반가운 일은 아니지만 어떤 식으로든 지적받을 일이 생길 것이다. 그래도 개떡 같은 내일은 되지 않았으면 좋겠다. 날씨가 맑다면 나의 일도 맑았으면 좋겠다.'

오래전 일인데 정확한 날짜와 시간은 기억나지 않는다. 그랬다면 더 정확한 심정 전달이 가능했을 텐데 아쉽다. 그 날은 정말 회사원이라는 사실이 너무 싫더라. 모든 일이 잘되었으면 좋겠지만 마음먹은 대로 쉽지 않은 것이 인생이다. 회사일 대부분 그렇다. 내 생각과 다른 사람의 생각이 다르다. 아니 사람과 사람이니까 모두의 생각이 나르다. 다른 생각을 가지고 하나의 목표를 달성해야 하는데 뜻대로 잘되지 않는 경우가 많다. 참고 잘 건더 내는 과정이 직장 생활이다.

맛보기로 보인 일기이지만, 글을 쓴 이유가 뚜렷이 나타나 있다. 상사로부터 야단맞는 모습이 싫고, 예상하지 못한 일에 스트레스를 받는 회사원이라는 현실도 싫다는 내용이다. 이 글을 읽고 그나마 위로가 되었다면 당신은 직장 생활에 어느 정도 이력이 쌓인 사람임이 틀림없다.

만약 이 내용을 개인적으로 일기로 보관한다면 그냥 장롱으로 들어간다. 자신과의 대화는 끝이 났기 때문이다. 반면에 인터넷이라는 공간에 표현한다면 어떻게 될까? 실제로 겪은 바를 이야기하면, 정말 많은 분이 격려의 말씀을 남겨주신다. 얼굴 모르는 낯선 이에게서 전해지는 따스함, 사람 사는 세상의 맛을 느끼게 될 것이다. 여기저기 격려의 말도 많이 전해진다. 그 글들을 읽으면 다시 살아갈 수 있는 용기와 힘을 얻는다.

'힘내라고, 버티고 버텨서 멋진 직장 생활하시라고, 시간이 지나면 모든 게 이력으로 남는다고, 그때까지 남아서 행복한 노후를 맞으라고.'

이런 경험을 하게 되면, 당신의 글쓰기는 어느새 독자를 향하는 글쓰기로 바뀐다. 바로 소통하기로 넘어간다는 말이다. 내가 쓴 글이 다른 누군가의 마음을 움직였다는 뜻이다. 내가 써낸 글이라는 돌멩이가 다른 이라는 연못에 풍덩하는 순간이 온 것이다. 이제 그 책임을 져야 하는 순간으로 넘어간다. 표현하기가 이루어지면 소통하기도 자연스럽게 연결된다. 여러분의 글이 점점 발전한다는 것이다. 이제 다른 이를 만나러 갈 시간이다.

011 글을 쓰는 이유 : 소통하기(블로그 소통 하나)

발전된 당신의 글, 본격적으로 소통을 시작한다. 가장 반응이 빠른 경로 중의 하나인, 블로그가 가진 장점은 무수히 많다. 많은 장점 가운데 단점 또한 많다. 인터넷이라는 익명의 공간에서 우리는 준비해야 할 일도 많다. 소통하기에 앞서 주의 사항을 알려주고 싶다.

블로그를 하다 보면 의도치 않게 상처를 받는 경우도 있고, 주는 경우도 있다. 이런 일이 왜 일어나는 것일까? 나는 이것이 글이 가지는 영속성 때문이라고 생각한다. 말은 입 밖으로 한번 새어 나오면 그냥 공중으로 흩어진다. 물론 이 말이 치명적인 독이 되어 누군가의 가슴에 가시로 박혀버리는 경우도 종종 있다. 하지만 그 흔적은 오래가지 못한다. 적어도 그런 말을 했다는 흔적 말이다. 시간이 지나 '내가 언제 그런 말 했어?'라고 오리발 내밀면 그만인 경우도 많기 때문이다. 단, 인간관계가 깨어질 일말의 각오라도 해야 할지도 모른다.

말과 글의 형태는 엄연히 다르다. 글은 일단 어딘가 남겨져 버리면 쉽게 거두어들이기 힘들다. 게다가 블로그란 공간은 '퍼담기', '퍼 나르기'가 가능한 공간이라서 내가 쓴 글이 인터넷 곳곳으로 퍼져 나가는 것은 시간문제다. 한 그루의 나무로 심은 글이 어느 순간 숲이 되어 나를 덮치는 순간이 오는 것도 단시간 내에 가능하다. 그렇기에 더더욱 조심해야 할 공간이 블로그를 비롯한 가상의 인터넷 공간이다.

블로그를 하다 보면 여러 부류의 사람들을 만난다. 가상의 공간이기는 하나 진심 어린 조언과 공감은 많은 위로가 된다. 맛집 탐방이나 여행자들의 기록, 이 모든 글을 통해 간접경험을 하면 어느새 멋진 요리사가 되기도 하고 험난한 산을 넘나드는 탐험가가 되기도 한다. 책을 읽는 것과는 또 다른 간접경험의 산실이 바로 블로그라고 생각해도 무방하다는 것이 나의 입장이다. 조금만 시간을 투자해보면 얻어갈 것이 너무도 많은 시대에 사는 요즘, 정말로 감사해야 할 일이다. 이 모든 게 IT 강국이 이루어낸 결실 아니겠는가? 이럴 땐 정말 대한민국 만세다.

나는 사진 한 장에 글 한 편으로 마무리를 짓는 것을 선호한다. 언뜻 보면 시 같기도 하고, 달리 보면 그냥 평범한 일상을 나열한 것 같기도 하다. 하지만 그 안에 분명히 리듬을 싣는다. 나만의 리듬. 이 리듬이 실리지 않는다면 포스팅을 하지 않는다. 나는 되도록 간략하게 적으려고 노력한다. 최대한 짧은 글에 간단한 사진 한 장만으로도 내 글을 읽는 모든 분이 무한한 상상력을 펼칠 수 있다고 믿기 때문이다. 무언가 생각하게 하는 글, 그런 글을 쓰는 것이 올바른 글쓰기라고 믿는다.

인터넷이 발달하면서 부작용 중의 하나가 속도에 대한 사람들의 자세다. 인터넷 창을 클릭하고 닫기까지 5초도 걸리지 않는다고 한다. 심지어 3초 내외에서 열리지 않으면 닫아 버린다고 한다. 내가 쓰는 노트북은 워드용으로 사용하기 위해 구매한 제품이다. 용도가 워드용이라서 인터넷이 상당히 느리다. 창을 클릭하면 최소한 속으로 열까지 세어야 한다. 그것도 천천히. 시간으로 따지면 대략 20초 내외는 될 것 같다. 그런데도 잘 쓴다. 느긋하게 마음을 먹고 기다리는 것이다. 혹시 꾸준히 봐야 하는 기사가 있다면 여유를 가지고 기다리면 어떨까? 글쓰기를 권유하면서 생활의 자세까지 부탁드리는 게 어울리지 않을지 모른다. 나는 무관하지 않다고 본다. 내가 꼭 봐야 할 기사라면 기다려서라도 보는 인내심을 가지자. 큰 틀에서는 기다리는 것이고 이 기다림은 잠시나마 당신을 의자에 앉혀둘 것이다. 글쓰기 위해 의자에 앉아 머무는 시간이 길어진다는 말이다.

012 글을 쓰는 이유 : 소통하기(블로그 소통 둘)

기존에 언급했지만 내가 쓴 글이 어느 곳에 정착하면 이미 내 글이 아니라는 사실은 변함없다. 글을 쓴 사람은 씨앗을 파는 상인이고 그 글을 받아 읽고 경험한 사람은 수확하는 농부이기 때문이다. 씨앗을 파는 상인도 중요하고 그걸 받아 농사짓는 농부도 중요하다.

가슴 아프지만 한 가지 더 예를 들겠다. 인터넷 블로그와 비슷한 공간인 인터넷 카페의 경우다. 나는 늦은 복학과 휴학의 연속으로 2000년도에도 대학교 3학년 재학 중이었다. 이때 실제로 내가 겪은 일이다.

영어와 관련된 한 유명 베스트셀러가 있다. 아직도 그 명성이 자자한 책이다. 실제로 난 저자가 알려준 대로 따라 해서 효과를 제대로 본 사람이다. 그래서 그 신기한 경험을 인터넷 다음 카페에 글로써 옮겼다. 당시 카페에서 사용한 내 별명은 '크라이스트'인데 특정 종교하고는 무관한 별명이므로 오해는 없으시길 바란다. 내가 올린 경험과 댓글 들은 어느 순간 체험 성공자의 모습으로 다른 이에게 보였던 모양이다.

어느 날 익명의 한 사람으로부터 이메일이 왔다. 카페 회원 중 한 명이었다.

'성공 사례로 보이는데 인터뷰 용의가 없는가?'

'용의가 있다면 언론에 나서서 인터뷰해보시라. 단 영어로 해야 한다.'

자기소개도 없고, 밑도 끝도 없이 참으로 무례하고 건방진 요구 사항이었다. 난 내가 성공했다고 이야기한 적 없다. 카페 회원들이 문의한 내용에 대해 내 경험을 친절히 답변한 일밖에 없는데, 이것이 오해를 낳았던 모양이었다. 싫다고 했더니 그때부터 스팸 수준의 메일이 전해져 왔다.

지금까지 답변한 내용이 다 거짓말이냐?

무슨 자격으로 그런 답변을 달았느냐?

성공자가 아니면 함부로 답글 달지 마라.

인터뷰할 정도로 영어 실력이 향상되지 않았는데 마치 성공자인 것처럼 행동하지 마라. 그렇게 살지 마라. 조심해라 등등.

당황스럽기도 하고 화가 나기도 해서 이메일 답장으로 욕을 해버렸다. 20대의 혈기왕성함이 나에겐 독이었음을 그때 처음 알았다. 답장을 받은 그는 내가 보낸 욕이 담긴 이메일을 사진으로 캡처해서는 인터넷 카페에 올렸다. 기다렸다는 듯이 이어진 마녀사냥 수준의 공격성 댓글. 결국, 난 그 카페를 미련 없이 떠났다. 카페를 떠나고도 한참이나 회원들에게 시달려야 했다. 다시 돌아와달라고 부탁하는 분들과 떠나면서 일말의 양심도 없냐는 질타를 보내는 분들. 내가 남기고 간 많은 글이 독이 되어 나의 목을 죄었다. 그 이후 여러 날 동안 술 독에 빠져 살았다. 괴로웠기 때문이다.

인터넷이라는 공간은 편집할 수 있다. 본인이 PC 사용에 능숙하다면 이것저

것 끼워 맞추기(일명 짜집기)를 해서 타인에게 상처를 줄 수 있다. 악의를 가지고 상대방에게 해코지한다. 글이든 사진이든 수단과 방법을 가리지 않고 공격할 수 있다. 심적으로 여린 분들은 쉽게 상처받는다. 나 또한 그랬다. 인터넷이라는 공간을 현실과 거의 동일시한 결과였다. 모든 사람의 간절한 마음이 내 마음같이 느껴져 베푼 친절이 좋지 않은 결말을 낳았다. 그때의 기억이 지금도 고스란히 남아있다. 조심조심하면서 인터넷을 대하는 자세를 가지게 된 계기였던 셈이다. 여러모로 조심 또 조심한다.

013 글을 쓰는 이유 : 소통하기(블로그 소통 셋)

　사례를 통해 알 수 있듯이 블로그에서 소통할 때 특히 주의할 점은 상호 간의 예의를 지키는 일이다. 내 경우는 카페에서 발생한 일이지만 어딘가에 나의 의견을 표시하고 글을 올린다는 사실은 블로그와 다를 바 없다.

　나의 이웃 중 한 분은 낯선 남성에게 만남을 요청 받았고, 거절하고 나서 까닭 없는 공격을 받았다. 이 남성이 악의를 가지고 이웃의 블로그 주소와 별명을 다른 분들에게 공유하면서 있지도 않았던 일을 말하기도 하고 없던 사실을 꾸며내어 소문냈다. 며칠 지나고 보니까 이미 자신의 계정에는 낯선 이들의 욕이 많다고 했다. 어이가 없어서 블로그를 폐쇄한다고 알려왔다. 슬픈 현실이었고 좋은 이웃을 잃은 것 같아 가슴 아팠다. 전체 공개로 얼굴을 공개하시는 여성 분들은 특히 조심해야 한다. 이런 일이 실제로 내 주변에서 일어났으니 그 피해가 어느 정도인지 알 것 같다. 예전에 내가 경험한 일과 다르면서도 비슷한 아픔이 느껴지는 것은 왜일까?

언급한 대로 이 익명성 때문에 더욱 쉽게 타인에게 접근할 수 있다. 분명한 것은 별명도 자신의 또 다른 이름이라는 점이다. 악성 블로거는 추적하면 아이디가 나오고 이를 신고하는 이도 적지 않다. 차단도 가능하다는 점을 알아야 한다. 가상의 공간에서도 많은 분이 숨 쉬는 또 다른 세상이므로 서로 네티켓을 지키도록 하자. (네티켓 : 네티즌과 에티켓의 합성어, 인터넷에서 상호 지켜야 할 예의)

실명으로 블로그를 운영하시는 분들도 많다. 개인적인 의견이지만 그분들은 일단 이름만 봐도 믿음이 간다. 사람은 자신의 이름 세 글자를 내세우면서 함부로 남을 대하지 않을 것이란 믿음 말이다. 이런 분들을 제외하고는 대부분 블로그 별명으로 활동하시는 분들이 많으리라 본다. 나 또한 이웃들이 지어준 블로그 별명 'The 한결'로 활동 중이다. The는 아내가 붙이라고 해서 붙인 첨가 문자다. 왠지 있어 보여서 그렇게 쓰란다. 그럴싸하다. 아내 말이라 무조건 듣고 본다.

말은 형태가 없으나 글은 형태가 있다. 씻어도 씻기지 않는 주홍글씨가 되어 남을 공격하고 해를 끼친다. 심지어는 죽음으로까지 몰고 가기도 한다. 악성 댓글로 소송을 걸고 스스로 목숨을 끊는 안타까운 사건도 발생하지 않는가? 소통하는 과정에서 서로서로 조금씩만 배려했으면 좋겠다. 그래야 글을 쓰는 입장에서도 편한 마음으로 상대를 대할 수 있기 때문이다.

자유롭게 의사 표현을 하고 긍정적인 피드백을 받는 활동이 건강한 글쓰기 활동이다. 서로의 의견 주고받기(피드백)는 늘 상대에게 도움이 되는 내용으로 이루어져야 한다. 여기서 하나의 팁을 드리자면, 긍정적인 피드백을 하더라도 이유를 밝혀야 한다는 사실이다. 이 내용은 이런 이유로 좋은 것 같다. 마찬가지로 부정적인 피드백이더라도 이유가 있어야 한다. 그냥 싫습니다. 이렇게 표현하지 마시기를 당부드린다.

지금까지 실제로 내가 경험한 사례까지 들면서 주의 사항을 설명한 이유는 무엇일까? 글 쓰는 이유 중에서 '표현하기'가 완료된 당신의 글을 세상에 내보이기 위해서는 '소통하기' 공간이 필요하다. 바로 그 공간이 될 수 있으면 안전한 곳이었으면 하는 바람 때문이다. 칭찬은 고래도 춤추게 한다고 하지 않는가? 부족하더라도 긍정적인 댓글을 달아주길 바란다.

014 글을 쓰는 이유 : 소통하기(블로그 소통 넷)

　소통하기는 내가 쓴 글로 나 이외의 누군가와 대화하기이다. 진실하게 쓴 글은 많은 공감을 낳는다. 단순히 좋아요, 싫어요가 아닌 위로, 격려, 공감, 축하 등의 정성스러운 댓글 말이다. 내가 추천하는 SNS는 장문의 글쓰기가 가능한 블로그이므로 블로그에서의 상황 위주로 설명한다.

　맛집을 다녀와서 블로그에 글을 쓴 경험이 한 번씩 있을 것이다. 자신이 방문한 식당의 전체적인 풍경부터 들어갈 때의 기대감, 입구에서부터 펼쳐지는 낯선 모습, 처음 보는 예쁜 그릇들 등 쓸 것이 너무 많다. 순서대로 하나하나 사진을 찍기 시작한다. 맛집 탐방 같은 경우는 사진 찍는 것을 잊지 말자. 한 장의 사진이 열 줄의 글보다 나은 경우가 많다. 여유로워 보이는 창가에 자리를 잡는다. 풍경이 안에서 보는 것과 밖에서 보는 모습이 확연히 다르다. 풍경에 취해 음식을 기다리고 드디어 주문한 음식이 나온다. 나온 순서대로 하나씩 사진을 찍고 먹고 하다 보니까 어느새 한 상 다 먹어버렸다. 후식까지 마무리하고 자리에서 일어선다.

집으로 가는 내내 기분이 좋다. 이 좋은 기분을 빨리 블로그에 올리고 싶다. 그래서 블로그에 글을 올린다. 반응을 기다린다. 대체로 반응은 두 가지다. 공감(좋아요) 개수와 댓글 수이다. 생각한 만큼 공감과 댓글이 달리지 않아 속상하다. 무엇이 잘못된 것일까 자꾸만 자신이 써 놓은 블로그 글에 눈길이 간다. 아무리 찾아봐도 이유를 모르겠다.

이런 경우 대체로 자랑 위주이거나 홍보의 글이 많다. 자랑만 늘려 놓으므로 외면받는 것이라고 본다. 사촌이 땅을 사면 배 아픈 분들이 있다. 그런 분들은 이런 자랑 위주의 글들은 그냥 무시한다. 독자를 배려하지 않는 한 방향으로의 글쓰기이기 때문이다. 표현하기 단계에서 소통하기 단계로 넘어가기 전 전체적으로 내용을 한번 다듬어보자. 혹시 너무 자랑하는 글이 아닌지? 이 글을 읽고 사람들이 정말 이 가게로 가고 싶다고 느낄만한 매력이 있는지 콕 집어보자.

혼자서만 먹고 맛있다고 끝낼 문제라면 그냥 그대로 덮으면 된다. 하지만 이 글을 읽고 '와, 정말 행복해 보여요. 맛있겠네요. 좋았겠어요. 한번 가보고 싶네요. 부러워요.' 등의 긍정적인 반응을 얻기 위해서는 객관적이면서 솔직하게 써야 한다. 맛을 느끼는 것은 주관적이나 평가는 최대한 객관적으로 하는 그대가 진정한 미식가이다. 특히 홍보성 글을 쓸 때 맛없었는데 과장되게 맛있다고 했다가는 원망 제대로 들을 각오가 되어야 함을 명심하자. 누군가에게 홍보성 글을 제공하고 음식을 먹는다고 무조건 좋다고 할 필요가 없다고 본다. 먹어보고 아닌 건 아니라고 떳떳이 밝히는 자세가 이웃들에게 호감을 산다. 꾸준히 관계가 이어진다.

분명히 내가 쓴 글이고, 정성스럽게 쓴 글인데도 외면받는 경우도 있다. 이런 경우는 정말 속상하다. 그렇더라도 실망하지 말자. 작은 것 하나에 일일이 내 감정을 소모하다 보면 지친다. 글이 어딘가 부족했다고 판단하고 조금씩 글 쓰는 힘을 키워나가면 된다. 고기도 먹어본 사람이 잘 먹는다. 글도 써본 사람이 잘 쓴다. 이 말이 진리임을 알고 일단 써보자. 그러면 언젠가는 고정적으로 읽어주는 독자들이 생긴다. 그때까지 조금만 기다리기로 하자. 짧게는 한 달, 길게는 몇 개월이면 많은 독자가 생긴다.

015 글을 쓰는 이유 : 소통하기(오프라인 소통 하나)

글을 쓰다 보니까 말을 잘하게 되었다는 경험을 한 분들이 많다. 종이에 쓰든, 워드 프로그램에 타이핑하든 글을 써본 사람은 그 글을 밖으로 드러낸다. 가깝게는 가족에게, 멀리는 인터넷상의 얼굴 모르는 사람들에게.

글을 쓰는 가장 중요한 이유는 바로 소통하기이다. 자신과의 대화도 소통이고 얼굴 모르는 이와의 대화도 소통이다. 이 소통을 통해 우리는 외로움을 잊는다. 아픔을 달랜다. 슬픔을 덜어낸다. 기쁨을 누린다.

나는 LG에 근무할 당시, 사내 교육 강사로 활동한 적이 있다. 그때 '나의 살아온 이야기 : 가슴 아팠던 일'이라는 주제로 발표 시간을 가진 적이 있는데 그 경험을 써 보고자 한다. 익명이 보장되어야 하는 민감한 내용이 많았던 관계로 그들의 실명과 자세한 내용은 될 수 있으면 노출을 줄이고자 한다. 노출하기의 한 방법을 소개해 드리는 순간이므로 주의 깊게 읽으시길 바란다.

우선, 강사인 나부터 쓴 글을 발표했다. 사전에 작성해 놓은 실제의 내 글이었다. 글을 쓴다는 것과 쓴 글을 읽는다는 것(그것도 남들 앞에서)은 확연히 다르다. 그야말로 대화가 이루어지는 순간이기 때문이다. 내 글을 내가 읽는데 목이 메서 쉽게 읽지 못했다. 특히 나 자신이 힘들었던 시절의 이야기이므로 온몸이 떨리고 아파서 몇 번을 쉬어가면서 읽어야 했다. 다 읽고 나니까 속이 후련했다. 다 듣고 나서 다른 이들이 들려주는 격려의 박수와 말들이 얼마나 큰 힘이 되던지. 온몸에 짜릿한 전기가 통하는 느낌이었다.

　내 발표에 이어 우선 A 직원의 사연을 기록해 보기로 한다. 거듭 실명을 밝히지 못하는 점 양해를 부탁드린다.

　수업 중에 무관심해 보이는 얼굴로 유독 장난이 심했던 직원이었다. 밝고 쾌활하기에 마냥 근심 걱정 없이 살아온 친구인 줄 알았는데 그게 아니었다. A 직원이 들려주는 이야기는 듣는 그 자체로 힘이 드는 내용으로 가득 차 있었다. 초등학교 2학년에 부모가 이혼하고, 두 분 다 각자 다른 인연을 만나 재혼을 했다고 한다. A 직원과 A 직원의 어린 동생은 외할머니 손에서 자랐는데 늘 외할머니로부터 구박을 받았다고 한다. 부모의 이혼 사유가 마치 그들 때문이라는 듯이 매일같이 밥도 제대로 먹지 못했다고 하니 어린 A 직원의 삶이 얼마나 고단했을까? 나중에 어른이 되면 외할머니 집부터 나와야겠다고 이를 악물고 살았다고 한다. 발표할 당시에는 이미 성인이므로 동생은 대학교에 진학한 상태이고 자신은 동생의 학비와 생활비를 벌면서 함께 생활하고 있는데 무척이나 행복하다고 했다. 동생을 위해 자신의 학업은 연기한 상태였다. 대학교는 동생이 대학을 졸업한 후에 가겠다고 했다. A 직원은 많은 박수와 격려를 받음으로써 위로를 받았다. A 직원의 살아낸 이야기에 감동을 한 모든 이들이 아낌없이 안아주고 격려해주었다. A 직원은 글쓰기가 주는 행복한 경험이 처음이라고 했다.

글은 치유의 힘을 가지고 있다. 표현하는 자체만으로도 마음의 상처가 낫는 경험을 쌓게 된다. 짧은 기록이지만 글을 쓴다는 것은 이렇게 자신을 치유하는 행동이 된다. 위의 사례처럼 글로써 소통한 경험이 있는가? 그렇다면 당신은 이미 글을 써야 하는 이유를 몸소 체험한 것이다. 그 체험을 살려 지금이라도 펜을 들자. 책상으로 가서 노트북을 열자. 그리고 쓰자. 나를 기록하자. 나를 쓰자.

016 글을 쓰는 이유 : 소통하기(오프라인 소통 둘)

A 직원이 발표하고 나서, 참가한 모든 교육생이 스스럼없이 자신이 경험한 아픔을 글로 표현했다. 아픔으로 쓴 글들을 고통스레 읽었고 시원한 눈물로 씻는 순간이었다. 그 날 교육이 끝나고 모든 교육생은 가슴 속을 짓누르던 짐 하나를 덜어낸 것 같다고 했다. 마음의 짐 덜어내기라는 교육 목표를 달성하는 순간이었다.

교육 프로그램 같은 특수한 상황, 여러 사람이 모인 가운데 발표하는 것은 어느 정도 비밀이 보장되므로 대화하기가 가능하다. 반면에 내가 추천하는, 주로 표현하는 블로그라는 공간은 어떨까? 익명성이 보장되는 공간이라는 점을 고려하면 쉽게 표현할 수 있다고 생각할 수 있다. 여기서 조금만 신중하게 생각해 주시기를 당부드린다.

글쓰기는 세상에 자신을 드러내기이므로 마냥 감춰둘 수 없다. 소통하기 위해서는 시일이 걸리더라도 조금씩 공개를 하는 것이 좋다. 그 과정이 어려우므로 시간적인 개인차를 두자. 될 수 있으면 믿음이 가는 이웃이 많아졌을 때 공개하는 것이 좋다. 상처 난 가슴에 또 멍들고 싶지 않다면 시간적 여유를 두자. 자라 보고 놀란 가슴 솥뚜껑 보고 놀란다. 이런 사태를 사전에 방지하고자 부탁드리는 말씀이므로 기억해 주셨으면 좋겠다.

살아가면서 힘들고 아픈 기억은 누구나 있다. 그 기억들을 그냥 가슴에 묻고 사는 경우가 많다. 이게 모이면 시작도 끝도 없는 한(恨) 된다. 내 안에서 병이 되어 나중에는 몸이 아픈 경험을 하게 된다. 모든 병은 마음으로부터 온다. 그 전에 꺼내서 다독이는 글을 반드시 써야 한다.

모든 병의 원인은 스트레스다. 뜻하든 뜻하지 않든 스트레스는 일상에 존재하는 형태가 없는 실체다. 이 형태 없는 실체가 쌓이면 병 된다. 잘하고 싶은 마음이 모여 잘하면 좋은데 그렇지 못하면 대부분 스트레스를 느낀다. 어떻게 보면 욕심이 쌓여서 스트레스가 된다고 보면 맞다. 우리 삶이 적당히 욕심부려서는 살기 어렵다고 느끼는 분들이 많다. 그렇다 보니까 계속 스트레스가 쌓이고 아픈 분들이 늘어나는 악순환이 계속되는 것이다.

스트레스는 매일같이 쌓이는데 이걸 풀 데가 없으니 만만한 게 술과 담배, 음식 아니겠는가? 모든 병의 씨앗은 스트레스이지만 그 씨앗이 자라도록 양분이 되는 것이 바로 술과 담배, 음식으로 생각하면 된다. 술을 적당히 마시면 오히려 건강에 도움이 된다고 한다. 음식도 마찬가지다. 적당히 먹는 음식은 살아가면서 에너지를 만드는 필수 조건이다. 하지만 담배는 무조건 건강에 안 좋다. 정신적으로 좋다고 하는데 일시적이다. 그 순간의 아픔을 피하고자 담배를 피워대는 것은 자신의 생명선을 태우는 것과 같다. 18세부터 43세까지 25년간 피우던 담배를 끊고 새로운 삶을 사는 사람이 바로 나다. 그러니까 내 말을 믿어도 된다. 아니라고 의심하는 사람은 부지런히 태우시라.

　내가 쓴 글로 대화하기는 나와 다른 분들과의 적극적인 소통이다. 아픈 마음을 하나씩 끄집어내 세상에서 말리도록 하자. 축축하게 젖은 고통스러운 마음, 따뜻한 햇볕에 말려 빳빳하게 만들자. 세상에는 햇볕처럼 따스한 분들이 많다. 용기를 내서 도전하는 당신의 모습을 상상해본다.

017 글을 쓰는 이유 : 소통하기(자신과의 소통)

가장 효과적인 방법이 다른 분들과의 대화이지만 실상은 그렇지 못한 분들이 많다. 혼자 사는 분들이 많은 요즘, 이 문제는 심각하다. 혼자서 밥 먹고, 술 마시고, 잠자리에 든다. 혼자서 깨어나 모든 것을 해결해야 하는 세상이고, 시대적인 흐름이라 거스를 수 없다. 사람은 누군가와 함께 어울려야 보기 좋다. 그래서 사람 인(人)은 두 사람이 기대어 선 모습이 아니겠는가?

블로그를 통해 내가 하고 싶은 이야기를 하는 것은 그나마 다행이다. 혼자 살면서 블로그가 낯설다는 분들에게 어울리는 방법은 없을까 생각해본다. 오래 전부터 내가 자주 애용하는 방법을 소개한다. 간단하다. 하고 싶은 말을 글로 적는다. 조용히 쓴 글을 읽어본다. 나름대로 시원하다 느꼈을 때, 쓴 글을 곱게 지운다든지 아니면 찢어서 버린다. 애써 쓴 글이 아깝다면 자신만의 장롱에 보관하자. 캐비닛 한구석일 수 있고 책상 서랍 가장 깊숙한 곳이어도 좋다. 필요할 때 꺼내서 볼 수 있는 곳이면 된다. 이렇게 해서라도 글을 쓰고 표현함으로써 자신과의 대화를 완성해보자. 매일같이 쌓이는 스트레스가 조금씩 사라지는 경험을 당신도 느끼길 바란다.

어떻게 쓰는지 방법을 모르겠다는 분을 위해서 내가 쓴 글을 하나 공개한다.

제목 : 당신이 내 아내다

당신을 아내로 맞이하며 수줍게 털어놓았던
행복하게만 해줄 자신 없다던 내 고백을 받아준 당신

곱게 빚은 송편들처럼 늘 당신은 정성스럽다
'당신이 내 아내다'라고 말하는 내가 좋다

떡 기술 배우고 싶다고 먼 길도 마다치 않고 길 나선 당신
오늘은 비도 내리고, 당신 언제 오나 창밖만 연신 두리번

무릎 아프다며 하소연하던 어제, 무심한 척 눈치만 살폈더니
눈 사위가 실룩샐룩 아련하다

망할 놈의 비, 후딱 그쳤으면……

비는 내리고 오라는 아내는 오지를 않고, 시간이 참 지루했었다. 그래서 쓴 글인데 이웃 분들의 반응이 좋아서 마음이 한결 가벼워지는 경험을 했다. 무릎이 아픈 아내이기에 내리는 비가 야속했는데 글을 쓰고 나니까 오히려 미안했다. 비 때문에 아내를 한 번 더 생각하게 됐으니 얼마나 고마운 존재인가. 훌륭

한 글의 소재가 되어준 비에게 감사할 따름이었다. 이웃 분들의 긍정적인 반응이 이 글을 공개로 전환한 나를 응원하는 것 같았다. 기분도 좋아지고 시간도 잘 흘러갔고 '도랑 치고 가재 잡은 셈'이다.

018 글을 쓰는 이유 : 성취하기(치유)

글 쓰는 이유 중 마지막인 성취하기 단계로 넘어왔다. '당신은 글을 통해 무엇을 얻고자 하는가'에 대한 단계이다. 나는 글쓰기를 통해 타인과의 소통을 원했고, 내가 알고 있는 정보에 대해 알려주고 싶었으며, 배우고 싶어서 시작했다. 그 과정에서 즐거움을 얻고자 하는 것이 내가 성취하고자 하는 바였다. 내가 쓴 글이 많은 도움이 된다는 댓글과 공감을 볼 때마다 힘이 난다. 적어도 내가 원하는 바는 이루어가고 있다.

당신의 글쓰기는 무엇을 얻고자 하는가? 나는 이것을 치유 적인 면, 계발 적인 면, 그리고 예술 적인 면으로 생각해 보았다.

1. 치유(나를 치유하기) : 나의 아픔을 내 안에서 끌어내어 다독이기

2. 계발(나를 찾아가기) : 생각을 글로 쓰고, 글로써 나를 발전시키기

3. 예술(나를 불태우기) : 나의 재능을 문학/학문/예술적으로 드러내기

쓰고 보니 너무 거창하다. 하나씩 풀어서 설명한다.

치유(나를 치유하기) : 나의 아픔을 내 안에서 끌어내어 다독이기

바쁘게 돌아가는 세상, 날마다 당신은 피로에 지치고 남들로부터 상처받는다. 상처받은 당신의 영혼은 쉴 틈이 없는 관계로 겉으로 드러나지 않고 안으로만 숨는다. 안으로 숨고 숨어 이제 더는 찾아볼 수 없다. 오직 당신만이 그 존재를 알 수 있다. 이제 그 상처를 밖으로 드러내기로 하자.

사내 교육 강사로서의 경험을 이야기했지만 '고백을 통해 아픔이 치유된 경험'을 하나 더 이야기한다.

나는 직장 생활을 16년 조금 넘게 했다. 술자리에서 후임들로부터 상담을 많이 받았는데, 후임들의 고민 상담은 잘 들어주면서 정작 내 고민은 해결하지 못했다. 그때 나는 글을 썼다. 나와 만나는 시간, 일기를 쓰면서 조금씩 불만을 지워갔다. 불만이 사라지니까 신기하게도 아픈 마음이 어루만져졌다. 글로 표현한 것뿐 인데도 무언가 시원했다.

운동선수에게 러너스 하이(Runner's High)라는 고비가 있다. 특히 달리기할 때 숨이 깔딱 넘어갈 듯하면서 심장이 터질 듯한 순간. 이 순간을 넘어섰을 때 오는 감정이 바로 러너스 하이다. 죽을 듯이 아프다가도 이 고비만 넘어가면 편안한 상태가 이어진다. 나에게 글쓰기가 그랬다. 못 견디게 괴롭고 아팠던 순간을 종이에 적었고, 그렇게 적은 일기가 나를 치료해 주었다.

당신에게 이런 경험이 있다면 나의 경험담이 공감될 것이라 믿는다. 반드시 글로 쓴 것이 아니라도 괜찮다. 혹시 말을 많이 해서 시원하게 풀렸다는 경험이 있다면 그것 또한 내가 겪은 경험과 비슷한 경우라고 본다. 말과 글은 형태만 다를 뿐, 추구하는 바는 같다. 의사소통의 도구이자 치유의 명약이라고 말씀드린다.

019 글을 쓰는 이유 : 성취하기(계발)

계발(나를 찾아가기) : 생각을 글로 쓰고, 글로써 나를 발전시키기

글을 쓰다 보면 어느 순간 내 글이 발전했다는 것을 느낀다. 처음에는 한 줄 적는 것도 힘에 겨웠는데 몇 단락을 쉽게 쓰는 모습을 보고 놀란다. 글쓰기에 대해 두려움이 사라졌다는 반가운 소식이다. 스스로 표현하는 것에 익숙해졌다는 뜻이기도 하다. 그때 가만히 뒤를 돌아보라. 자신이 처음 쓴 글을 찾아서 읽어보면 얼마나 발전했는지 금방 알 수 있다. 연장도 자주 쓰면 녹슬지 않는다. 가만히 두니까 녹슨다.

조금 먼 미래를 이야기해 본다. 지금 일상의 기록을 쓰면서 먼 미래를 생각한다는 것은 너무 앞질러간 생각일 수 있다. 이 부분에서 나는 반대 의견을 편다. 지금 당신이 쓰는 일상의 글쓰기가 나중에 훌륭한 책이 될 가능성이 있다는 점이다. 당신의 삶을 기록한 역사책이 될 수 있다. 누군가의 삶은 분명히 교훈을 담고 있다. 배울 것이 반드시 한두 가지는 있다. 대표적인 사례로 이순

신 장군이 직접 집필한 난중일기를 들 수 있다. 병영을 기록하면서 그 날의 일들을 소소히 기록하였다. 백성들의 일, 자신의 심정, 나라의 상황을 기록하고 이것이 모여 난중일기가 되었다. 생각을 글로 쓰고 스스로 발전한 경우다. 기록의 힘은 장군의 위대함을 한껏 더 높인다.

일상의 기록 중에서 특별한 일을 기록한 글만 따로 모아두면 자신만의 자서전도 될 수 있다. 내가 쓴 글을 아들과 딸, 며느리, 손자, 손녀가 읽는다고 생각해 보시면 지금 글 쓰는 행동의 가치를 알게 될 것이다. 당신이 쓴 지금의 일상이 바로 당신이 살아낸 당신의 역사이기 때문이다. 기록의 힘은 이토록 대단하다.

이제 생각을 글로 쓰는 것에 어느 정도 기초가 마련되었다. 그 글이 모여 나를 발전시킨 경험을 겪는 중이다. 앞으로 어떻게 될 것 같은가? 적어도 표현하는 것에 두려움이 없으니 거침없이 글을 써 내려 갈 수 있을 것이다. 여기서 눈치가 빠르신 분들은 내가 쓰고자 하는 글의 방향을 짐작할 수 있으리라 본다. 바로 일상 글쓰기로 들어갈 준비가 끝이 났다는 말이다. 기초가 마련되었으니 이제는 응용할 시기가 되지 않았는가? 초보가 되었으니 겁먹지 말자. 이미 자동차에 시동을 켜고 시내를 거쳐 겁도 없이 고속도로에 들어온 상태다. 고속도로를 지나 당신은 일상 글쓰기라는 연못가에 주차까지 마무리했으므로 겁낼 것 없다.

일상 글쓰기라는 연못까지 당신을 모셔오기 위해서 이토록 긴 글을 쓴 것인지도 모른다. 이제 당신은 연못에서 일상 글쓰기라는 물을 마셔야 한다. 점점 글쓰기가 재미있어지는 모습을 발견했다면 영광이다. 그 기쁨을 함께 나누었으면 좋겠다.

일상이란 당신이 살아나가는 하루하루를 말한다. 눈을 뜨면서 감는 순간까지 일상은 이어진다. 그 일상을 하나씩 기록하다 보면 어느새 자신은 발전한다. 어제의 나와 오늘의 나, 그리고 내일의 나는 분명히 다르다. 그건 글로 써 본 분들만이 알 수 있다. 기록하지 않은 삶과 기록한 삶의 차이가 명확하다.

시간이 지나 남는 게 있느냐 없느냐의 차이를 넘어서 다가올 미래에 남길 것이 있음을 말해주기 때문이다. 당신은 왜 사는가? 왜 살기에 그토록 치열한 삶을 살아가고 있는가? 당신이 살아온 과거, 살아있는 현재, 살아보지 못한 내일이 당신의 이름으로 남는다. 생각을 글로 쓰고 글로써 자신을 발전시키자. 당신의 흔적을 남기는 유일한 길은 글쓰기임을 잊지 말자. 당신은 이미 작가다. 삶이 당신의 소재가 되어 당신을 훌륭한 작가로 키워낸다.

020 글을 쓰는 이유 : 성취하기(예술)

3. 예술(나를 불태우기) : 나의 재능을 문학/학문/예술적으로 드러내기

글을 쓰는 이유, 성취하기 단계에서 가장 어려운 예술 분야이다. 이제 막 초보에 진입했는데 벌써 예술 작품을 쓰라는 말이 아니다. 나를 불태워서 그 안에서 문학적인, 학문적인, 예술적인 기질이 있는지 찾아보자는 말이다.

나는 블로그에 내가 쓴 소설을 연재한 바 있다. 그래 봐야 단편 몇 개이고, 장편은 하나뿐이다. 중요한 것은 수량이 아니라 그걸 했느냐 하지 않았느냐의 차이다. 써본 사람들은 안다. 그게 얼마나 힘이 드는 과정인지를. 그 힘듦을 이해하기 위해서는 써봐야 한다.

글을 쓰다 보면 어느 순간 시나 에세이라도 한번 써보고 싶은 순간이 있다. 굳이 시나 에세이라고 형식을 딱 정해서 쓸 필요는 없다. 자유롭게 쓰면 산문시도 되고 에세이도 되는 것이 일상의 글이다.

예술적인 글쓰기는 사실 어렵다. 전문 작가의 영역이므로 이제 막 생초보에서 벗어난 당신은 무리하게 도전하지 않아도 된다. 일상 글쓰기를 통해 글쓰기 근력을 키운 후에 도전하면 되기 때문이다. 그래도 쓰고 싶은 분은 이렇게 했으면 좋겠다. 소설은 이야기 펼치기이므로 이야기 위주로 쓰자. 단 분량에 얽매이지 말자. 원고지 몇 장, A4 몇 장 이런 식에 얽매이면 글을 못 쓴다. 그냥 재미난 일상의 이야기라고 생각하고 조금씩 써보는 습관이 중요하다. 인물, 사건, 배경 등을 너무 심각하게 생각하다 보면 하고 싶은 말이 나오지 않는다. 먼저 줄거리부터 생각해서 기록해 보자. 이 단락을 쓰면서 잠깐 생각한 내용을 소개한다.

옛날 옛적에 호랑이가 살았는데, 사람들은 호랑이가 무서워서 매일 숨어 살았다. 하루는 사람들이 호랑이를 잡자고 큰 구덩이를 팠다. 그런데 호랑이는 구덩이에 빠지지 않았다. 결국, 호랑이를 잡으려고 이름난 포수를 불렀는데, 총 두어 발에 호랑이가 죽었다. 이렇게 간단하게 호랑이를 잡고 보니 마을 사람들은 용기가 났다. 이웃 마을의 호랑이까지 잡기로 한 것이다. 너도나도 포수를 따라서 호랑이를 잡으러 다녔다. 그렇게 해서 잡은 호랑이에게서 가죽을 벗겨냈다. 그 가죽을 팔아서 많은 돈을 벌었고 그래서 행복하게 잘 살면 좋은데 그렇지 못했다. 사람의 힘으로는 잡기 힘든 어마어마한 크기의 대왕 호랑이가 있었기 때문이다.

쓰고 보니까 이제부터 이야기를 만들어갈 차례가 된 것 같은데 여기서 줄인다. 나머지는 당신의 상상에 맡기고 싶기 때문이다. 당신이 직접 저 줄거리를 가지고 여기저기 살을 붙여 보자. 혹시 아는가? 그렇게 쓴 이야기가 동화책으로 나올 절호의 기회가 될지? 미래는 아무도 모른다. 오직 쓰는 사람만이 조금씩 써 나갈 뿐이다.

〈노인과 바다〉로 유명한 작가 어니스트 헤밍웨이의 일화를 소개한다. 짧은 단편이었지만 너무 큰 울림으로 내 가슴에 남아 있는 문학적인 이야기다.

어느 날, 어떤 유명한 비평가가 헤밍웨이를 찾아와서는 자극적인 말로 도전장을 내밀었다. 헤밍웨이의 명성에 조금이라도 먹칠을 하고자 도전했던 비평가였다.

'만약 당신이 여섯 단어로 단편 소설을 써서 사람들을 울릴 수 있다면 당신이 이긴 것이다.'

잠시 생각에 잠긴 헤밍웨이는 이런 글을 남겼다.

'For Sales Baby Shoes, Never Worn.'

(아기 신발을 판매합니다. 한 번도 신어보지 못했습니다.)

비평가는 엄지손가락을 치켜세우면서 돌아갈 수밖에 없었다. 헤밍웨이의 명성을 직접 겪은 것이다.

짧은 문장에 슬픔이 잔뜩 묻어나던 일화였다.

021 글을 쓰는 자세 하나

복습이 필요한 분들을 위해 지금까지 이야기한 내용을 간단히 정리해 드리고 싶다. 물론 나를 위한 복습이기도 하다.

글을 쓰고 싶다고 밝히고 나서 가장 먼저 한 일은 소재 찾기였다. 일상에 놓여 있는 모든 평범한 것들을 특별하게 바라보는 시선에서 소재가 만들어진다고 말씀드렸다. 그다음에는 다양한 경험을 위해 독서를 권해드렸고, 어떻게 하면 효과적인 독서가 되는지도 언급했다. 무엇보다도 중요한 글 쓰는 이유에 대해 표현하기, 소통하기, 성취하기로 나누어 단계별로 설명해 드렸다. 특히 소통하기의 주요한 경로인 블로그에서의 주의사항까지도 의견을 말씀드렸는데 기억하고 계시리라 믿는다. 마지막으로 성취하는 단계에서의 치유, 계발, 예술적인 면에 대해서도 언급 드렸다.

모든 글쓰기의 목적은 소통이다. 글쓰기 위한 소재 찾기, 소재가 되는 실마리가 되어줄 독서, 그렇게 해서 쓴 글을 드러내기. 이 모든 것이 소통하는 데 필요한 과정들이다. 이미 언급한 대로 당신은 생초보에서 초보로 막 승진한 상태이므로 긴장을 풀고 천천히 따라와 주셨으면 좋겠다. 초보의 가장 강력한 무기는 두려움이 없다는 것이다. 하룻강아지 범 무서워하는 것 봤나? 일단 지르고 보자.

글은 사람이다. 모든 글은 사람을 향한다. 나도 사람이고 당신도 사람이다. 모든 사람은 존중받을 권리가 있다. 가진 것이 많고 적음에 따라 사람을 다르게 대하지 말자. 아는 것이 많고 적음에 따라서도 마찬가지다. 글 쓰는 사람은 항상 자신을 낮은 위치에 두고 글을 썼으면 좋겠다. 내가 낮아져야만 남들이 나에게로 온다. 흐르는 물이 높은 곳으로 거슬러 오르지 않듯이 말이다. 독자를 생각해서 글을 써 달라는 부탁을 드린다. 여기에 전하고자 하는 핵심이 있다. 바로 글쓰기의 자세이다. 글쓰기를 하면서 가져야 할 자세에 관해 이야기를 나누고자 한다.

글은 거울이다. 글은 자기 자신을 표현하는 수단이자 남들과 소통하는 매개체다. 내가 남에게 좋지 않은 감정을 가지고 글을 쓰면 상대방은 바로 안다. 남들과 소통하고자 쓴 글이 고통을 주는 글이 된다. 잘못된 소통은 고통을 낳는다. 글을 쓸 때는 객관적인 입장에서 사실에 근거해서 써야 한다. 그렇지 않으면 자신이 써 놓은 글에 의해서 자신이 갇히는 경험을 하게 된다. 사회로부터 고립이 될 수도 있다. 주관적인 의견에 치우쳐 객관적인 사실을 놓치지 말자.

글은 물이다. 노자의 도덕경에 상선약수(上善若水)라는 말이 있다. 흐르는 물처럼 사는 게 제일 좋다는 말이다. 연어처럼 물을 거슬러 올라가는 특수한 경우가 아니라면 자신의 몸과 마음을 객관적 흐름에 맡기자. 자기주장을 하겠다고 논리적이지 않은 감정적인 글을 써서 곤란한 지경에 처하는 신문 기사를 본 적 있다.

글은 글이다. 글이 하나의 수단이 되면 독으로 변한다. 내가 말하고자 하는 수단은 바로 명예, 돈, 허영심 등 자기 과시용으로 쓰이는 글을 말한다. 내가 읽은 많은 글쓰기 책 중에서 글을 쓰고 책을 내면서 달라지는 인생을 설명한 책들이 많았다. 맞다. 나도 아직 내 이름으로 된 책은 없지만, 글을 쓰면서 인생 자체가 달라지는 경험을 하고 있다. 세상을 바라보는 관점이 바뀌었다는 말이다. 이게 변질되어 명예, 돈, 허영심의 도구가 되는 일은 바람직한 글쓰기가 아니다. 애초에 돈을 바라고 글을 쓴다면 그 글에서는 돈 냄새가 난다.

022 글을 쓰는 자세 둘

글은 순수하게 글로써 대중들에게 읽혀야 한다. 그 과정에서 부수적으로 따라오는 것이 명예, 돈이라고 본다. 무엇이 우선인지를 항상 염두에 두고 글을 썼으면 좋겠다.

돈에 대한 절실함은 돈키호테를 쓴 유명한 작가 세르반테스의 명언에 잘 나타나 있다.

'절실한 소망은 돈 지갑을 뚫는다'

몰락해가는 기사의 삶을 소설로 표현하면서 그 자신의 고달팠던 인생이 이 한 줄의 글에 잘 나타나 있다. 돈이 절실한 상황에서 글을 쓰긴 했지만, 돈만 바라고 쓴 소설이 아니다. 그의 소설은 돈 뿐만이 아니라 문학적 가치로써 더 크게 보상받았다.

글은 관계 맺기이다. 나와 타인이 한층 가까워지는 일을 말한다. 글을 쓴 사람은 최초의 독자가 된다. 최초의 독자가 세상에 글을 드러내면 만나게 되는 모든 독자가 글쓴이와 또 다른 관계를 맺게 된다. 저자와 독자라는 관계가 맺어지는 것이다. 여기서 독자는 글쓴이의 심정으로 바뀌게 된다. 글이 저자의 손을 떠나는 순간 그 글은 바로 독자의 글이 된다. 읽는 이의 환경, 배경지식, 현재 상황에 따라 해석이 달라진다. 이때 글이 많은 공감과 위로가 된다면 독자는 저자를 한없이 신뢰하게 될 것이다. 그렇지 않다면 두 번 다시는 찾아보지 않는 책으로 바뀔 수 있다. 저자와 독자가 완전히 이별하는 순간이 된다는 말이다. 관계 맺기의 핵심은 공감과 위로, 그리고 감동이다. 부디 좋은 관계 맺기를 해서 꾸준히 읽는 독자를 확보해 주시기 바란다.

여기서 잠깐, 일상에서 관계 맺기는 어떻게 하는가? 우선 모든 사물에 의미를 부여하면 된다. 집 앞을 산책하면서 풍경을 찍는데 아내가 묻는다. 평범한 풍경을 왜 그리 찍냐고? 나는 말한다. 평범해 보이는 모든 사물에 의미를 부여하면 특별해진다고. 이름 없는 모든 풀에 나만의 이름을 부여하면 그 풀은 나와 관계가 맺어진다고. 아내의 고개가 좌우로 흔들린다. 아무튼, 글 쓰는 신랑한테 말로는 못 당한다고.

글은 소통하기이다. 장기 자랑이 아니라는 말이다. 글로써 자신을 뽐내려고 하지 말자. 조금 잘 쓴다고 우쭐대지도 말고 그렇다고 못쓴다고 주눅 들지도 말자. 표현의 자유가 있는 우리나라 대한민국 아닌가? 자유롭게 표현하고 창의적으로 생각하자. 그렇게 표현한 글들이 하나둘 모이면 당신도 잘 쓸 수 있다. 괜히 주눅 들어 안으로만 숨어들면 영원히 못 쓴다. 자신을 가지고 친한 친구와 대화를 나눈다는 가벼운 마음으로 글을 쓰자.

익명의 블로거들로부터 악의가 담긴 악성 댓글을 대하면 속이 상한다. 나도 사람인지라 참는 데는 어느 정도 한계가 있다. 그냥 무시하다가 어느 순간 접근을 차단한다. 글쓰기를 권유하는 취지에서 시작한 글인데 마치 자랑인 듯이 늘어놓지 말라는 분들이 있다.

블로그에 글을 연재하면서 많은 분이 공감과 댓글로 위로와 격려를 해주신다. 글이 또 다른 글을 낳고, 글이 사람과 사람을 잇는다. 건너지 못할 다리는 없다. 건너지 못하는 사람이 있을 뿐이다. 글쓰기라는 다리를 가벼운 마음으로 건너보자. 당신의 발걸음에 축복을 빈다.

먼 훗날 이런 글이 나에게 전달되어 오기를 소망한다면 욕심일까?

'사람의 향기가 나는 당신, 당신의 글은 향기롭습니다. 오래도록 향기롭기를!'

제2장
소재를 찾는 여행

023 당신의 어릴 적 기억을 더듬어 보세요

준비과정을 거쳐 왔으니 '바라보는 자세에서 적극적으로 책상에 앉아 글 쓰는 자세'로 임해 주셨으면 좋겠다.

글은 나로부터 시작되어야 한다. '나는 누구이며, 어떤 삶을 살았는가?'부터 시작되어야만 시선을 넓혀갈 수 있다. 글쓰기의 우선순위를 나로 정하고 글을 쓰자.

태어나는 순간을 기억하는 사람은 없다. 인간은 어느 정도 사물을 알고 의사소통이 시작되는 시점부터 기억하게 된다. 물론 당신의 기억 창고에는 훨씬 이전의 기억이 저장되어 있을 것이다. 많은 학자가 그것을 증명한다. 다만 보통 사람들은 그것 자체를 기억하지 못할 뿐이다. 존재는 하나 기억하지 못하는 사실은 이미 망각으로 보면 된다. 중요하지 않은 사실이며 인상 깊었던 일들이 아니므로 기억할 가치가 사라진 것들에게 안녕이라 말하자.

나의 일곱 살 때 기억 중 하나를 들려준다. 세 살 터울 작은 형님과 관련된 일이다.

학교에 얼마나 가고 싶었던지 작은 형님 가방을 메고 마을을 돌아다닌 적 있다. 그러던 중 가방에 흠집이 좀 났는데, 그 날 작은 형님한테 많이 맞았다. 작은 형님과는 이때부터 티격태격했던 것 같다. 한번 맞고 나니까 반항심이 생겨 자꾸 대들었고 그러다가 맞는 악순환이 되풀이됐다. 그냥 고집부리지 말고 져 줬으면 맞지나 않았을 텐데 지금 생각하니까 억울하다. 성인이 된 어느 날 따지면서 물었다. 가방에 흠집 낸 것은 내가 잘못한 일이나 때린 것은 형님이 잘못했다고. 그러니까 사과하라고. 별걸 다 기억한다고 오히려 구박만 받았다. 할 말 없었다.

이 글을 읽고 누군가는 공감해 줄 거라 믿는다. 나는 그 공감에서 위안을 받고자 한다. 이야기하고 보니까 글쓰기 덕분에 작은 형님 생각도 나고 얼굴에 미소가 번진다. 전화 한 통 해야겠다. 그 다음에 기억나는 일화는 앞니가 빠진 기억이다. 초등학교 입학한 그해의 일이다.

문방구에서 쭈쭈바를 사서 시골길을 걸어 집으로 가던 중이었다. 최대한 아껴서 먹었는데도 쭈쭈바의 단물은 금세 녹아서 물로 변했다. 그나마 남은 얼음 몇 조각을 먹어 보겠다고 쭈쭈바 껍데기를 이로 물어뜯었다. 그때 갑자기 턱, 하고 무언가 걸린다. 온몸에 전기가 통했다. 앞니 두 개 중의 하나가 덩그러니 쭈쭈바 비닐에 박혀 있었다. 허전한 그때의 느낌. 혀끝으로 느껴지던 그 허전함. 무서움. 얼마나 무서웠던지 쭈쭈바 껍데기랑 앞니를 들고 후다닥 뛰어서 집으로 갔다. 어머니께 앞니를 보여 드렸더니, 무어라고 말씀하시면서 지붕 위로 던지셨다. 앞니 중에서 윗니니까 지붕에 던지면서 소원을 비셨다. 까치야 까치야 헌 이 줄게 새 이 다오. 이렇게 소원을 빌었던 기억이 있다. 이 글을 쓰

79

고 보니까 돌아가신 어머니 생각에 가슴 한쪽이 아려온다. 나에게 어머니는 영원히 그리운 존재로 남았다. 늘 그립고 고마운 존재다.

이 글의 큰 제목은 〈나를 쓰다〉이다. 왜 〈나를 쓰다〉라고 제목을 정하고 글쓰기 시작했는지 이제 짐작이 가시는가? 처음 글쓰기 시작했을 때 그 출발점은 바로 나였기 때문이다. 나로부터 시작한 글쓰기가 많은 이야기를 불러온다. 잊힌 기억들이 하나씩 살아나는 경험을 해보시길 바란다. 일상 글쓰기의 필요성에 대해 글을 쓰면서 나를 세상에 드러내는 것은 즐거운 일이다. 두려워할 필요 없다. 세상에는 따스한 분들이 많다. 물론 모질고 악성 댓글만 전문으로 달면서 기쁨을 느끼는 사람도 많다. 괜찮다. 그것 정도는 가볍게 무시하면서 글을 써 나가시길 바란다.

이제 당신의 어린 시절 이야기가 참 궁금하다. 이 글을 읽으신 분 중에 어린 시절 이야기를 써서 블로그에 공개하시는 분들이 있다면 기쁜 마음으로 읽겠다. 그 추억을 함께 나누고 싶다. 우리는 이웃 아닌가? 오실 땐 단골 이웃, 안 오실 땐 남! (이 글을 블로그에 공개한 후에 상당히 많은 이야기를 전달받았다. 이 자리를 빌려서 다시 한번 감사드린다.)

024 나의 어릴 적 기억을 들려 드립니다

추억으로의 초대, 즐거운 기억을 꼽자면 아마도 소풍을 기억하는 분들이 많을 것이다. 평소에 마음껏 먹어보지 못한 과자와 음료수들, 그리고 가보지 못한 소풍 장소들이 기억날 것이다. 이 기억들을 살려서 글을 써보자. 재미난 추억 여행으로 당신을 초대해 보자. 이미 당신 안에 많은 추억이 있지 않은가? 소풍 가는 날 아침의 기억, 다시 어머니를 소환해서 기억을 떠올려 본다.

나의 소풍 날 아침 풍경

뽀스락 소리에 잠에서 깬다. 전날 밤새도록 뒤척였는데도 눈은 말똥말똥하다. 정신이 금방 든다. 평소 같았으면 어머니께서 몇 번을 불러야 겨우 눈을 뜨던 나. 막내였던 나는 늘 어머니께서 부르시다가 결국은 어깨를 흔들어서야 잠에서 깼다. 소풍 가는 날 아침 풍경은 늘 한결같다. 네모난 안방이 있고 한쪽 곁에 어머니께서 김밥을 돌돌 말고 계신다. 나는 그때 잠에서 깬다. 김에서 나는 뽀스락 소리가 아침을 연다. 물론 훨씬 이전부터 고소한 음식 냄새에 내 의식은 이미 잠을 몰아낸 후다. 부스스 일어나 어머니 곁에 가서 앉는다. 어머니는 김밥 꽁다리 하나를 내 입에 넣어주신다. 참새 새끼처럼 동그랗게 벌린 입으로 넙죽 받아먹는다. 어서 가서 씻고 와서 밥 먹자고 하신다. 씩씩하게 '네'라고 대답하고 수돗가로 후다닥 달려간다. 찬물로 얼굴을 씻는다. 겨울이 오기 전에는 웬만해서는 시골에서 찬물밖에 없다. 괜찮다. 오늘은 소풍 가는 날이니까. 우리 집 똥개 쫑이도 그렇게 이쁠 수가 없다. 몇 번이나 입맞춤하고 안고 놀다 보니까 아침 해가 떠오른다. 나는 방으로 뛰어들어가 어머니께서 별도로 준비해주신 김밥 한 줄로 아침을 대신한다. 나의 소풍 날 아침은 그렇게 열린다.

그 날의 풍경을 당신에게 글로써 보여줬는데 읽을 만했는지 묻고 싶다. 여기서 글쓰기의 중요한 기술이 하나 들어가 있다. 바로 직접적인 감정 표현이 아닌 보여주기의 감정 표현이다. 기쁘다, 슬프다, 아프다를 직접 말로 하는 것보다는 보여주는 것이 더욱 큰 전달 효과를 가져온다. 내 글도 그런 효과가 있었으면 해서 이렇게 표현했다.

소풍 이야기를 하다 보니까 이번에는 좀 아련한 기억 하나를 소개한다. 김밥에 소시지를 넣느냐 마느냐에 따라 신세대 엄마, 구세대 엄마를 판가름하던 어릴 적 이야기. 지금 생각하면 철없던 시절의 이야기인데 당시에는 화가 많이 났다.

수루매 김밥

나는 어머니께서 싸주신 수루매 김밥이 참 좋다. 수루매는 오징어를 뜻하는 일본말인데 경상도에서 흔히 사용되는 말이다. 진미채로 불리기도 하는 고운

결을 가진 쥐치포도 여기에 포함된다. 가늘고 긴 조미 반찬으로 많이 쓰인다. 짭조름하면서 달콤하게 고추장에 버무려 프라이팬에 살짝 익혀낸 수루매로 싼 김밥. 이 김밥은 다른 재료가 필요 없다. 단 하나 단무지만 같이 넣어주면 된다. 내 입에는 이 김밥이 세상에서 가장 맛있는 김밥이다. 당시 시골에서 그나마 고급스럽게 내놓는 밑반찬을 김밥 재료로 쓴 셈이다. 초등학교 4학년 소풍날, 부반장(그때 내가 반장이었음)이 나에게 와서 묻는다.

반장, 반장 김밥에 소시지가 있나, 없나? 애들이 자꾸 소시지 안 넣은 김밥이라고 놀리던데. 그래서 내가 확인하러 왔다 아이가?

내 얼굴은 고추장 빛깔로 변했고, 난 도시락 뚜껑을 닫아버린다. 삼 형제 중에서 막내인 나(큰 형님과 나이 터울이 많음)의 어머니는 내 친구 어머니들보다 연세가 많으신 구세대 어머니인 것은 맞다. 화가 난 나는 큰소리로 한마디 한다.

'소시지 넣었다. 넣었다카이~. 저리 가라 가시나야!'

이 기억은 아내에게 몇 번이나 말한 적 있다. 아내는 얼굴도 모르는 부반장을 무척이나 미워한다. 이게 추억이 불러낸 기억 중의 하나인데 이 이야기를 하면서 아내 손을 한 번 더 잡는다. 내가 일전에 이야기하지 않았던가? 글쓰기를 하면 부부 금실이 좋아진다고. 마찬가지로 대화를 많이 나누어도 금실은 자연스레 좋아진다. 남편들이 착각하는데, 아내들은 이런 작은 이야기에도 공감한다. 남편들이여! 오늘부터 글을 쓰자. 빨리 노트북을 열고 무엇이라도 쓰고 보자. 당신의 추억부터다.

025 누구에게나 아픈 기억이 있다

소풍과 김밥에 대한 어린 시절 이야기를 올리고 보니까 어머니 생각이 간절하다. 돌아가신 지 벌써 19년이나 지났는데도 늘 가슴이 아프고 숨이 턱 막힌다. 내 나이 스물다섯에 갑작스레 사고로 돌아가신 어머니. 그 아들이 지금 마흔넷이라는 중년의 나이가 되어 버렸다. 19년의 세월은 긴 시간이다. 늘 그리움으로 채워나갔던 시간의 모임들. 무척이나 길었지만 지나고 보니 금방인 것 같기도 하다. 단 한 번만이라도 봤으면 좋겠다고 소원을 빌던 때가 많았다. 불가능하다는 것을 알면서도 부질없이 빌고 또 빌었다. 다행히 꿈속에서나마 몇 번 만났으니 그걸로 위안 삼는다. (퇴고 시점이 2018년이었으므로 20년을 꽉 채워버렸다.)

사람들은 아픔이 무엇인지 안다. 알기 때문에 의도적으로 피하려고 하는 본능이 있다. 나 또한 그렇다. 나 혼자만의 아픔은 늘 나와 함께 한다. 그 치료법은 나만이 알고 있는 방법으로 해결해야 한다. 누군가 들어는 줄 수 있으나 뿌리 깊이 박힌 상처는 쉽게 뽑히지 않는다. 결국, 내가 선택한 방법은 바로, 글쓰기였다.

글 쓰는 이유 중에서 성취하기 단계에서 설명한 치유하기가 바로 이런 글들을 말한다. 나와 상처를 정면으로 마주해야 하며 그것을 글로 표현해야 한다. 그 상처로부터 시선을 회피하면 영원히 상처 속에 묶이게 된다. 상처라는 깊은 늪에서 빠져나오기 위해서는 글쓰기라는 동아줄을 잡으시길 부탁드린다.

상처에 대한 치유하기는 일기 쓰기를 통해 해결해보자. 일기는 오로지 나만 볼 수 있는 글이다. 굳이 공개하지 않아도 된다. 반면에 그 효과는 크다. 내가 나에게 하고 싶은 모든 이야기를 두서없이 적다 보면 무언가가 저절로 정리된다. 감정의 정리는 나도 모르게 스스로 자리를 잡는다.

일기가 하나의 문학 작품이 된 사례로 유명한 '안네의 일기'를 기억하실 것이다. 독일군의 박해를 피해 은신처에 숨어 지내던 유대인 소녀 안네 프랑크의 일기. 1942년부터 2년 동안 숨어 살면서 느꼈던 공포감, 두려움, 이성 친구에 대한 고민, 부모님과의 갈등뿐만 아니라 자기 자신에 대한 반성과 희망을 고스란히 적은 글들이 모여 문학 작품이 되었다. 간략히 기억을 상기시켜 드리면 1942년부터 일기가 시작되고 1944년 8월 1일로 일기는 끝이 난다. 1944년 8월 4일 안네의 가족은 결국 독일군에게 체포되어 수용소로 끌려가게 된다. 이후, 안네는 유대인 포로수용소를 떠돌다가 이듬해 3월에 독일의 베르겐 베르젠 수용소에서 15세의 짧은 생을 마감하게 된다.

안네의 일기는 15세로 세상을 떠난 어린 사춘기 소녀의 글임에도 강력하고 훌륭한 문학적 가치를 지닌다. 그 어린 소녀가 쓴 글이 많은 이들에게 전쟁의 참혹한 실상과 두려움을 일깨우는 계기가 되었다. 글이 가지는 무한한 에너지를 그녀는 알고 있었을까? 그녀의 일기가 세상에 더없이 밝은 에너지를 품게 하는 씨앗이 된 사실을. 전쟁은 누구에게도 되풀이되어서는 안 되는 아픈 역사이며 현실이다. 우리는 이러한 사실을 안네의 일기에서 배우고 나라를 잃은 설움을 통해서 수차례 배우지 않았던가? 일기 쓰기의 소중한 가치를 어린 소녀가 우리에게 가르쳐 주었다. 이런 값진 가르침을 굳이 마다하지 않았으면 좋겠다. 이제 슬슬 일기장을 펼쳐 드는 이가 보이는 것 같다. 다행이다. 나의 글이, 안네의 일기가 당신을 움직이게 했으니 기쁜 마음으로 오늘을 산 것 같다. 기록하는 당신의 삶에 늘 행복만이 가득하기를 기원한다.

026 하루를 살면서도 수많은 사연이 생겨난다

아직도 글쓰기를 주저하는 분들이 많으리라 본다. 그 심정 나도 잘 안다. 늘 말씀드리지만 괜찮다. 서두른다고 될 일이 아니란 것을 나는 잘 안다. 그러니까 당신도 조바심낼 필요 없다. 너무도 당연한 일에 생의 에너지를 낭비할 필요 없다.

일기 쓰기를 강조하는 이유는 딱 한 가지다. 무언가 꾸준히 써야 하는데 가장 쉽게 접근이 가능한 분야가 바로 자신의 하루 생활이기 때문이다. 꾸준히 쓰는 습관이 모여 자연스러운 글쓰기가 이루어진다. 여기서 하나의 도움이 되는 비법을 일러드린다. 하루를 크게 보지 말고 작게 나누는 일이다. 이를테면 아침에 볼일이 있어 현관문을 나서 엘리베이터에서 겪은 일을 써 보는 것이다.

2017년 10월 26일 맑은 아침의 풍경, 엘리베이터 안에서

현관문을 나서서 엘리베이터 버튼을 누른다. 내 집은 13층. 오래된 아파트라 엘리베이터가 느린 속도로 나를 향해 올라온다. 15층이 꼭대기 층인데 다행히 나는 꼭대기는 아니므로 시간을 조금 아낀다. 무슨 이유인지 7층에서 멈춘 엘리베이터가 올라오지 않는다. 시간은 흘러가는데 모든 풍경이 정지한 듯한 느낌. 걸어서 갈까 망설이던 찰나에 엘리베이터가 내려간다. 이런 당황스러운 경우가 있나? 나는 무언가 잘못되었음을 안다. 바로 엘리베이터 버튼을 제대로 누르지 않은 것이다. 바쁜데 괜히 7층 사람만 애꿎게 나무란 듯하다. 느려도 내가 걷는 것보다는 빠를 거란 생각에 다시 기다린다. 이번에는 정상적으로 내가 기다리는 13층까지 올라온다. 후다닥 문을 닫고 내려가기를 기다린다. 아침 시간이란 그런 것 같다. 늘 같은 시각에 마주하는 사람들이 많다. 엘리베이터 한 번 놓친 까닭에 층마다 아이들과 세대 주민들을 만난다. 만약 앞의 엘리베이터를 탔더라면 만나지 못했을 사람들이다. 아이들은 늘 웃음이 많다. 밝게 인사하는 모습에 조금 전의 상황은 잊고 밝게 웃는다. 모든 일에는 의미가 있는 것 같다. 이 사람들을 마주하라고 엘리베이터를 놓친 것으로 생각하니 마음이 편하다. 이렇게 오늘 하루가 열린다. 엘리베이터는 이웃들을 만나는 작은 방인 셈이다. 이웃과의 사랑방.

이 정도만 써도 당신은 훌륭하게 일기를 쓴 셈이다. 아주 잠깐의 기억이 한 단락 큼지막한 분량으로 글이 되었다. 하루 동안 일어난 모든 일을 세세하게 기록하기에는 시간이 많이 부족하다. 저녁을 먹고 누웠더니 TV 보기 바쁘다. 그러다 보면 구속되지 않은 글쓰기는 남의 일이 된다. 이 흘러간 시간은 어쩔 도리가 없다. 하지만 잠들기 직전에 글을 쓴다면. 당신이 잠자리에 들기 30분 전에 조용히 일기장을 열고 한 움큼 기억을 남겨 둔다면 어떨까? 그날 하루의 정리도 되고 글쓰기 습관도 들이고. 도랑 치고 가재 잡는 글쓰기가 일기임을 기억하자.

하루를 살면서도 수많은 사연이 생겨난다. 가만히 생각하면 그 안에 우리가 반성해야 할 내용이 반드시 있다. 반성뿐이겠는가? 축하, 격려, 희망 등의 소재가 하루 안에 고스란히 담겨있다. 꺼내서 읽어보고 쓰도록 하자. 꺼내서 읽는 과정은 쓰기 전의 생각하기 과정이고, 생각 후에는 써보자. 자꾸 써야 늘어난다.

가을이 무르익어 찬 바람을 대비해야 할 시절이 다가왔다. 낮 동안에는 따스한 바람이 불다가 아침, 저녁으로는 춥다. 환절기에 유념해야 할 것이 바로 감기 아니겠는가? 애석하게도 감기에는 약이 없다. 하지만 글쓰기에는 약이 있다. 일기를 비롯한 생활 글을 꾸준히 쓰는 것이 바로 약이다. 보약이면서 습관을 낳는 황금알이다. 아직도 망설이는가? 망설이는 그대에게 외친다. 겁 없는 글이 천 리 간다.

(일기에서 보셨듯이, 이 26회를 쓴 날이 2017년 10월 26일, 가을이었음)

027 몇 줄 기록이라도 남겨보는 것이 좋다

남의 일기장을 훔쳐보는 것이 얼마나 재미있는지 아는가? 무슨 말을 하고 싶어서 이러는 것일까? 다름 아니라 자신이 써 놓은 일기를 적어도 한 달 지난 뒤에 읽어보라는 말이다. 꼭 다른 사람이 쓴 글처럼 느껴질 것이다. 그때 얼마나 그 글이 재미있는지 확인도 가능하다. 만약 그 글들이 유치하고 앞뒤 맞지 않는 엉망인 글이라는 것을 발견한다면 당신은 충분히 발전한 것이다. 한 달 사이에 글쓰기 습관이 생겼고, 글을 읽는 눈이 생긴 까닭이다. 글을 읽는 눈이 생기다 보니까 그 눈에 맞는 글을 쓰려고 노력한다. 이 과정이 바로 당신의 성장기인 셈이다.

글 읽는 눈을 갖게 해준다는 데 아직도 일기 쓰기를 망설이는가? 정해진 양식은 없다. 자유롭게 쓰면서 양식을 만들어갔으면 좋겠다. 일기도 제법 근사한 양식으로 쓰면 훌륭한 에세이가 된다. 일자 별로 차곡차곡 모아두셨다가 특별히 좋다고 여겨지는 부분들을 하나로 엮어보면 멋진 에세이 한 권이 나온다. 이 기간이 얼마나 걸릴까? 그것은 전적으로 당신에게 달렸다. 책 한 권이 보통 300페이지라면 하루에 한 장씩 쓴다고 가정하면 충분히 가능하다. 내가 지금 사용하는 글자체는 HY 신명조이고 글자 크기는 12이다. MS 워드를 사용 중이고 이 기준으로 말씀드리면 A4 용지의 2/3 정도 된다.

그래도 짐작이 되지 않는 분들을 위해 한 번 더 설명해 드린다. 지금 당신이 읽고 있는 이 분량 정도다. (바로 이 세 번째 단락까지가 A4 용지의 2/3가 된다.) 대략 3단락 정도면 하루 치는 충분하다는 뜻이고 이게 300일만 모이면 한 권의 책이 된다는 뜻이다. 물론 분량 면에서 그렇다는 뜻이고, 출판하지 않는다면 굳이 한 권으로 묶으실 필요는 없다. 나 또한 매일 쓰지는 않았다. 속상한 일이 있거나 아니면 아주 기쁘거나, 이도 저도 아니면 슬프거나 하는 일이 있을 때 썼다. 물론 생각이 많을 때 생각을 정리하고자 일기를 쓰기도 했다. 그때는 정말 워드가 아닌 손가락을 눌러가면서 글을 썼는데 어느 순간부터는 워드 프로그램을 활용한다. 확실히 차이가 있다. 눌러 쓴 글씨와 타이핑해서 쓴 글씨는. (여기까지 2/3 ^^)

그렇게 쓰라고 했는데도 괴롭다고 못 쓰는 분들이 있다. 반드시 있다. 그런 분들은 이런 예를 들면 어떨까 싶다. 아이들이 놀이터에서 뛰어놀던 모습처럼 글을 써보는 일이다. 내가 사는 아파트 단지 아래로 놀이터가 있다. 낮 동안에는 아이들 웃음소리가 끊이지 않는다. 무엇이 그토록 즐거울까 궁금해서 내다보면 별 것 없다. 별 것 없는데도 너무 재미나게 논다. 바로 이렇게 해야 한다는 것이다. 글쓰기는 아이들이 놀이터에서 놀듯이 재미나게 써야 한다. 매일 쓰되 어린아이가 놀이터에서 즐겁게 놀듯이 그렇게 글을 써야 한다.

모든 글은 자기 자신에게서 나와야 한다. 그러려면 우선 즐거워야 글들이 살아서 춤춘다. 재미로 즐기면서 신나게 쓰는 것이 최고로 글을 잘 쓰는 비결임을 밝힌다. 글자들이 종이 위에서 뛰어노는 모습, 타이핑하는 속도를 못 따라가서 글자가 늦게 나타나는 경험을 해 보시라. 분명히 당신에게도 그런 경험이 생길 것이라 믿는다. 나는 요즘 여러 번 이런 경험을 한다. 내 노트북이 성능이 낮아서 그런 것이 아니다. 손가락에서 흥이 돋고, 그 흥을 이어받아서 글자들이 막 춤추는 모습을 몇 번이나 보았다. 얼마나 즐거운 일인지 꼭 경험하시길 바란다.

　일기 쓰기가 어렵다고 느끼시는 분들은 사실 어떤 말로도 설득이 어렵다. 여전히 글 쓰는 자체를 두려워하신다는 증거이기 때문이다. 오늘 극약 처방을 해 드린다. 안되더라도 엉덩이를 의자에서 떼지 말라. 꼿꼿하게 앉아서 글이 써질 때까지 버텨 보시라. 종이가 뚫어지라고 모니터를 쳐다보시라. 어느 순간 한 단어가 나온다. 한 단어가 한 줄을 낳는다. 그 한 줄이 모여 한 문단이 된다. 이 악물고 엉덩이 힘주고 앉아서 버티는 당신의 모습을 상상해본다. 당신이 승자가 된 모습을!

028 누군가에게 쓰는 편지(부탁, 거절, 고백, 사과)

오늘은 일기 쓰기를 벗어나서 누군가에게 말을 걸기로 글을 썼으면 좋겠다. 편지쓰기가 그것이다. 편지 중에서 가장 쓰기 어려운 것이 부탁, 거절, 고백, 사과의 편지다. 순서대로 하나씩 설명을 해 볼까 한다. 전자 편지도 편지 일부이므로 같은 범주로 둔다. 설명이 끝나면 이 네 가지는 시리즈로 하루에 한 편씩 글을 이어갈 예정이다.

우선 부탁하는 편지다. 무언가를 부탁할 때는 정말 자존심 내려두고 써야 할 경우가 많다. 특히 돈이라도 꿔달라고 부탁할 때는 더더욱 그렇다. 말이 어려우면 글도 어려운 법이다. 어릴 적에 돈을 빌리러 다니는 어머니 모습을 보면서 그 어려움을 짐작하면서 자랐다. 어른이 되고 보니 돈 말고도 부탁할 일이 너무나 많다. 회사에서는 물량 좀 많이 배정해 달라고 늘 부탁드리는 글을 고객사 담당자에게 보냈다. 가격 좀 높게 올려달라고 부탁하고, 다른 회사보다 우리 회사 제품을 많이 써달라고 부탁드렸다. 고객사에서 계획하고 있는 신규 제품에 대한 정보를 달라고 몇 날 며칠이고 매달리면서 부탁한 적도 있다. 목구멍이 포도청이라 이런 부탁의 날들이 매일같이 이어진다. 어쩌겠는가? 그 과정에서 성과가 나오지 않는가? 피하지 못하면 즐겨 주시길! 일상에서 누군가에게 부탁하는 일도 다르지 않다. 부탁하는 사람과 받는 사람의 입장은 같다. 서로가 서로에게 부담이 된다.

반면에 거절하는 것은 어떨까? 회사 대 회사인 입장이라 거절이 쉽다고 생각할 수 있다. 사실은 그렇지 않다. 담당자를 만나서 차라도 한잔 마시면 그들도 힘듦을 털어놓는다. 가끔은 내 선에서 할 수 있는 부탁이 아니라서 곤란한 경우가 있다. 이럴 때는 정말 답이 없다. 요청하신 대로 해드리지 못해서 대단히 죄송하다. 그런 진솔한 답변을 들을 때는 조용히 물러선다.

일상에서도 거절하는 이가 더 미안해하는 경우가 많다. 왜 그렇겠는가? 부탁을 들어주는 사람은 그만큼의 여유가 있다는 뜻이다. 물질이든 마음이든. 어떤 부탁이라도 다 들어주는 사람은 여유가 많다. 궁금하시면 부탁해보시라. 어느 정도 수긍이 될 것이라 본다. 부탁의 이면에는 늘 거절의 어두움이 있다. 빛과 어둠이 함께 존재하듯이 이 둘은 떼려야 뗄 수 없다. 부탁이 어려운 만큼 거절 또한 어려운 것임을 안다면 조금은 쉽게 부탁하는 편지를 써보자. 상대방도 나만큼 어려운 상태라는 것을 알면 마음이 조금은 편안해진다. 이심전심이랄까? 뭐 그런 감정. 부탁하는 내 마음을 다 받아주는 사회는 언제 오려나?

고백하는 글은 어떤 글일까? 수줍게 미소 짓는 당신, 당신은 사랑꾼이다. 연애편지도 고백이요, 아내와 남편에게 보내는 편지도 고백 편지다. 가족이 가족에게 보내는 편지도 고백이요, 선생님이 제자에게 보내는 것도 고백이다. 사랑을 싣고 보낸 모든 편지는 고백으로 보시면 되겠다. 떡 본 김에 제사 지낸다고, 생각난 김에 첫사랑에게 편지라도 써 보시길 부탁드린다. 부부싸움은 당신의 몫이다.

끝으로 사과하는 글이다. 부탁, 거절과 함께 자존심을 내려놓아야 하는 것이 바로 사과하기이다. 마음을 다해 상대방에게 쓴 글은 상대방의 마음을 움직인다. 진심 어린 사과는 돈독한 이웃 관계를 만들지만 그렇지 않으면 관계는 틀어진다. 살아가면서 사과하는 일이 없으면 좋으련만 현실은 그렇지 않다. 미안하다, 죄송하다, 앞으로는 그러지 않도록 주의하겠다. 수도 없이 많은 사과의 틈바구니에서 살아간다. 당신의 어깨가 무겁다는 사실이 나를 슬프게 한다. 하지만 기운 내자. 우리에게는 글쓰기라는 강력한 엔진을 가진 자동차가 있지 않은가? 어디서나 떳떳한 모습으로 살아가는 당신의 모습이기를 늘 응원하고 또 응원한다.

⁰²⁹ 누군가에게 쓰는 편지(부탁)

일기 쓰기를 통해 글쓰기 근력을 키워가고 있는 당신, 이제 일기를 겨우 쓰는 상태인데 다른 글쓰기를 언급하니까 힘들지도 모르겠다. 최대한 힘들지 않도록 쉽게 안내해 드릴 테니까 부담을 가지지 않았으면 좋겠다.

모든 글은 자기 자신에게서 나와야 한다고 했다. 그 첫 출발점이 바로 일기 쓰기이고 이 일기 쓰기의 확장인 자신에게 부탁하는 편지를 써 보는 일이다. 내가 나에게 쓰는 부탁의 편지를 예로 들어본다.

나에게 쓰는 편지 - 나에게 부탁한다

내 몸이 내 몸 같지 않다. 생각도 내 생각 같지 않다. 팔, 다리가 따로 놀고 머리는 늘 잡생각이 넘친다. 눈은 책을 향하지만, 마음은 자주 다른 것에 집중한다. 한숨이 잦아지고 툭하면 멍하니 창밖을 바라본다. 이래서는 안 되는데 자꾸만 이러고 있다. 나에게 부탁한다. 나에게 불어 닥치는 이 기분 나쁜 감정을 몰아내 주었으면 좋겠다. 우선 몸을 바로 하고 내가 지금 하는 글쓰기에 집중하자. 이 글쓰기를 통해 나를 그려내자. 나를 쓰다 보면 저절로 치유되리라 믿는다. 나에게 부탁한다. 나는 금방 좋아질 것이고, 걱정해서 걱정이 없어지면 걱정 없겠음을 잘 안다. 내가 나를 가장 잘 아니까 이런 부탁도 하는 것이다. 이젠 일어서서 자신감 있게 써 나가자. 나를 써 나가자.

솔직한 내 심정을 써 봤다. 글쓰기 시작한 이유도 나를 제대로 바라보기 위해서였고 지금도 여전히 나를 바라보는 중이다. 나는 내가 어떤 상태인지를 가장 잘 안다. 작년의 나와 오늘의 나는 확연히 다름을 안다. 그 다름이 지금은 어색할 뿐이다. 늘 앞만 보고 달려오다가 어느 순간 모든 것을 내려놓은 심정. 늘 한 단체에 소속되어 있다가 오롯이 나 자신으로 살아낸 일 년. 지나간 일 년이라는 시간이 나를 새로운 모습으로 살게 한 것 같다. 안정된 생활 속에서 불안정한 생활로 가는 버스를 갈아탄 죄라고나 할까? 피그말리온 효과에 기대를 걸어본다. 긍정의 에너지는 긍정의 결과를 낳는다는 것을 믿는다.

여기서 피그말리온 효과에 대해 잠깐 설명해 드린다. 조각가 피그말리온은 아름다운 여인상을 조각하고 이 여인상을 갈라테이아라 이름 짓는다. 세상의 어떤 여자보다도 더 아름다웠던 갈라테이아를 피그말리온은 진심으로 사랑하게 되고, 이를 사랑의 여신 아프로디테가 그 사랑에 감동하여 여인상 갈라테이아에게 생명을 부여한다. 간절히 원하면 이루어진다는 그리스 신화에서 유래된 피그말리온 효과. 나는 이 피그말리온 효과를 기대하면서 나 자신에게 부탁하는 것이다.

글을 쓰면서 삶을 다르게 바라보기 시작했고, 스스로 달라져 가는 모습을 보면서 매일 부탁한다. 항상 건강을 유지해 달라고 부탁하고, 늘 글을 쓸 수 있도록 생각이 넘쳐나길 부탁한다. 내가 나에게 하는 부탁은 한도 끝도 없다. 누가 볼 염려도 없으니 부끄러움도 없다. 마음 편하다. 약한 모습도 보이고, 때론 강한 모습으로 이야기하기도 한다.

당신은 당신에게 부탁할 일이 없는가? 오늘 이 글을 읽고 자리에 돌아가면 잠깐 생각을 해보자. 생각을 마치면 일기를 써 본다. 오늘의 일기 쓰기는 부탁하는 글을 써 보도록 하는 것이 어떨까? 오늘의 일기 소재를 친절히 가르쳐 드린다. 자신에게 부탁하는 글쓰기. 써 보면 괜찮은 느낌이 들 것이다. 소망하는 내용을 부탁 조로 써봐도 좋을 것이고, 고쳐 나가야 할 나쁜 습관도 부탁 조로 글을 써 보자. 그러면 진짜로 자신의 몸과 마음이 바뀌는 경험을 할 것이다. 온 우주에 나의 소망이 담기면 그에 못지않은 효과가 오는 법이다.

030 누군가에게 쓰는 편지(거절)

부탁하는 것보다는 사실 거절하는 것이 입장면에서는 낫다. 일단 누군가 무엇을 부탁할 때는 상대적으로 나에게 기댈 것이 있다는 뜻이다. 그게 금전이든, 일이든 말이다. 살아보니까 내가 부탁한 일은 많은데 부탁받은 일은 많지 않았던 것 같다. 늘 내가 아쉽게 부탁한 일들만 자꾸 기억나는 이유는 무엇일까? 부탁하는 자체가 어려웠다는 뜻이다.

희미한 기억을 부여잡고 거절하는 편지를 쓰도록 해보는 시간이다. 이제 당신도 갑의 위치에 서 보는 절호의 기회다. 언제 한 번 마음 놓고 갑의 위치를 누려볼 것인가? 지금 이 시각부터다. 먼저 마중물 글로 나의 경험을 들려 드려야 순서일 것 같다. 내가 그려나가는 갑의 모습을 한 번 감상해 보시기 바란다.

대학교를 졸업하고 첫 직장에 입사한 시절, 총무과 과장이 카드 신규 가입하란다. 과장 부인이 카드 관련 일을 하는데 도와달라는 말이었다. 1차 거절, 2차 거절, 3차까지 거절했다. 그때는 하룻강아지 범 무서운 줄 모르는 신입 사원이었으니까 가능했던 것 같다. 나는 신용카드가 필요 없어요. 이 말 한마디에 그 과장은 입맛을 다시며 물러섰다. 깔끔한 거절이었다.

대학 선배로부터 보험 권유가 있었다. 미안하지만 난 보험에 가입할 여건이 안 된다고 잘라 말했다. 그 이후로 선배하고 연락이 없다. 별로 친하지 않은 선배였기에 거절도 쉬웠다. 연락해도 그만, 안 해도 그만인 사이였기에. 이 보험 권유를 하기 전까지 일절 연락이 없던 선배인데 전화번호를 어떻게 알았는지 궁금하기는 하다. 내 동기 중 누군가는 보험을 들었으리라.

마트에 가면 호객을 하는 판매자가 있다. 당장 필요한 물건이 아닌데도 덤으로 준다는 미끼 상품으로 유혹한다. 한참 구경하다 보면 살까 말까 망설여지기도 한다. 필요 유무를 따져봐서 아니다 싶으면 돌아선다. 판매자가 등 뒤로 부르는 소리가 들리지만 한 번 돌아선 마음은 돌이킬 수 없다. 물건을 살 때는 이 거절의 힘이 살림살이에 도움이 된다. 쓸데없이 돈 쓰는 사례를 막아준다.

친한 이가 아닌데도 식사를 같이하자는 연락을 받는 경우가 있다. 이유를 모르니까 궁금하기는 한데 딱히 만나고 싶은 마음이 일지 않는다. 그런 경우에는 확실하게 거절 의사를 밝힌다. 우리가 서로 밥 먹을 사이는 아님을 밝힌다. 너무 냉정해 보이지만 현실은 현실이다. 밥 먹는 자체도 중요하지만, 그 자리의 분위기도 중요하다. 친하지 않은 사람과 밥을 먹는다는 것은 소화가 되지 않는 음식을 억지로 목구멍으로 밀어 넣는 것과 같다. 내 경우에는 그렇다. 그럴 때 먹는 밥은 꼭 체하거나 뒤끝이 좋지 않다.

이렇게 글로 쓰다 보니까 부탁만큼이나 거절이 어렵다는 것을 다시금 느낀다. 글 쓰는 자체도 어렵다. 거절에 관한 기억이 별로 없는 것도 그렇고 그런 기억을 불러오는 것도 힘겹다. 부탁과 거절은 늘 빛과 어둠처럼 함께 다니는 존재인가 보다. 빛을 바라고 부탁한 것이 어둠이라는 거절을 불러오면 난감하다.

부탁한 사람도 어렵고 거절한 사람도 어렵다. 우리는 사람이니까, 따스한 심장을 가진 사람이니까 어려운 것이리라.

(마중물 : 옛날 우물가 옆에 수동 펌프로 물을 길어 올리던 시절, 우물가 물을 끌어 올리기 위해 물 한 바가지를 붓고 신나게 펌프질 한 기억이 있다. 이게 마중물인데 이 물로 우물에 있는 물을 퍼 올리는 것에서 유래한 말이다.)

031 누군가에게 쓰는 편지(고백)

고백하는 편지를 써 보는 시간이다. 고백하는 글은 내 마음을 예쁘게 글로 써서 상대방에게 잘 보여야 하는 글이다. 그러기 위해서 가끔은 시집을 꺼내 시인이 되어 보기도 한다. 연애할 때 기억하는가? 세상 모든 노래가 다 나를 위한 노래 같다. 콩깍지가 껴도 단단히 낀 셈이다. 썼다가 지우고, 다시 쓰고 하기를 몇 번이나 반복한다. 그러다가 밤을 꼴딱 새운다.

내 마음을 실어 보내는 일, 고백의 힘은 굉장하다. 새로운 관계를 만들어나가는 씨앗이 된다. 징검다리가 된다. 이 중요한 글을 쓰는데 쉽게 써 나가는 사람들은 드물다. 단어 하나를 적더라도 오래도록 생각을 해야 한다.

나는 블로그에 아내에게 고백하는 글을 가끔 올린다. 리듬을 실어서 시처럼 써 내려간 적도 있고 그냥 일상 글쓰기처럼 편하게 쓴 적도 있다. 그중에서 하나를 선택해서 소개한다. 낯 간지러워도 참고 읽어주시길!

제목 : 당신이라서 참 다행이다

가보지 않은 길을 함께 걸어가는 설렘
두려움도 거칠 것도 없이 차분히 한 걸음씩, 내디딘다

참 많은 날이 우리 앞에 펼쳐져 있어 정말 행복한 일이다
겪어보지 않아도 알 것만 같은 기다림이 즐겁다

다른 이가 아닌, 당신이 내 옆에 있어 참 좋다
당신이라서 참 다행이다

〈아내에게 수줍게 던져보는 고백 하나, 고백은 늘 쑥스럽다〉

이 글을 쓰고 나서 아내의 얼굴을 다시 바라본다. 글만 썼을 뿐인데도 한결
더 예쁘고 사랑스럽게 보인다. 고백하는 글은 쑥스럽게도 하지만 더 좋은 관계
를 만들어가는 중요한 계기가 된다. 휴대 전화로 화면을 캡처한 후에 사진을
보내줬더니 굉장히 좋아한다. 지난번에 쓴 글도 저장해서 간직하고 있는데 이
글도 함께 저장해 둔다. 낯간지럽게 이런 글 왜 쓰냐 하면서 은근히 좋아하
는 모습이다.

표현하는 힘은 고백을 진실하게 한다. 진실한 고백은 불편한 관계를 부드럽
게 바꾸어준다. 한 자씩 꾹꾹 눌러서 쓴 정성스러운 손편지는 상대의 마음을
움직인다. 워드 프로그램이 발달한 요즘, 사실 손편지는 추억으로 남겨져 있
다. 마흔넷의 중년이라는 시간대를 사는 내 경우에는 손편지가 유행이었는데
지금은 그렇지 않다. 휴대 전화의 빠른 진화가 세상을 바꾸어 놓았다. 오죽하

면 이별도 휴대 전화 메신저로 하겠는가? 문자 한 통 달랑 보내고 헤어지자는 말, 요즘 추세가 그런가 보다 한다.

고백은 진지해야 한다. 솔직해야 한다. 거짓으로 쓴 글은 표가 난다. 거짓으로 쓴 글의 결과는 거절이다. 경험한 내용을 적는데 이 사람이 실제로 겪은 일인지 아닌지는 몇 문장 읽어보지 않아도 알게 된다. 다른 사람의 경험을 자신이 한 것처럼 꾸며서 쓰지는 말자. 진실함이 진실한 관계를 만들고 좋은 사람을 곁으로 불러들인다. 솔직한 고백이 당신을 사랑이라는 비단길을 걷게 할 것이다. 꽃길을 걷기 위해서라도 솔직한 내 마음을 글로 써 보자. 그게 당신의 고백이고 나의 고백이나. 거절은 잠시지만 부끄러움은 영원히 간다. 부끄러운 당신이 되지 않기 위해서라도 솔직한 글을 쓰도록 하자.

032 누군가에게 쓰는 편지(사과)

　내 잘못을 인정하고 누군가에게 사과하는 글. 고백하는 글과는 성격이 다르다. 부탁, 거절처럼 자존심을 내려놓아야 하는 글이다. 어려운 글 중에서도 가장 어려운 글이 아닐까 싶다. 이 편지를 시작으로 당신은 세상에 대해 참 많이 미안한 마음이 들 것 같다. 살아가면서 사과하는 일이 없으면 오죽 좋을까? 늘 현실은 반대로 움직이는 것 같다. 소망과 따로 노는 현실.

　직장 생활을 하면서 주로 쓰게 되는 사과의 편지를 예로 들어 보겠다. 실제로 내가 겪은 경험이므로 쓴다는 것 자체는 힘들지 않으나 기억을 다시 돌려본다는 사실이 힘들다. 그때의 힘들었던 경험이 오늘의 나를 있게 한 원동력이기도 하지만 아픈 기억은 쉽게 잊지 못하는 것 같다.

　예상치 못한 장비의 결함으로 샘플 제작이 늦어졌습니다. 이로 인해 요청하신 납품기일에 제품을 전달할 수 없을 것 같습니다. 대단히 죄송합니다만, 일주일만 시간을 더 주시면 고맙겠습니다. 긍정적인 검토를 부탁드리며 늦더라도 꼭 회신을 부탁드립니다. 다시 한번 진심으로 죄송합니다.

주로 납기와 관련하여 사과의 편지가 많은 곳에서 살아가는 당신, 아마 직장인일 것이다. 물론 개인 사업체를 운영해도 납기 관련한 사과의 글은 단골손님인 셈이다. 늘 존재하는 문제이므로 솔직히 문제가 된다는 것을 고객들에게 알리자. 양해를 구하고 시간을 벌자. 그것이 사과한 당신이 벌어들이는 시간이라는 결실이다. 미래의 신용이다. 정말로 미안하다, 진심으로 죄송하다, 앞으로는 절대로 그러지 않겠다. 수없이 많은 사과의 물결 속에서 헤엄치는 당신의 모습이 당신의 가정을 지킨다. 힘들지만 글쓰기를 통해 스트레스를 풀고 부지런히 사과의 편지를 적어보자. 그게 우리의 삶이고 살아가는 비결이다.

사실 나는 이런 마음도 있었다. 내 진심을 실어 보냈으니 이제는 그 편지가 나를 대신해서 일할 것이다. 나는 이 고민에서 한 발짝 물러났다. 나머지는 당신의 선택이다. 내 편지를 읽고 고민해야 할 당사자는 바로 고객, 당신이다. 이렇게 생각하면 마음이 한결 가벼웠었다. 진심으로 죄송하지만 돌이킬 수 없는 현실이라면 애써 고민할 필요 없다는 것이 내 생각이다. 사과의 편지를 쓰면서 매우 힘들었으니 이제는 기다리는 일뿐이다. 고객사 담당자는 분명히 전화를 걸어올 것이다. 자초지종을 설명해 달라고 할 것이고, 이때 글로 쓴 내용을 최대한 상세히 설명하면 된다. 힘들게 한 사과인 만큼 고객사 담당자도 당신의 고민을 접수하고 심각하게 검토할 것이다. 사과의 편지가 거두어들일 긍정적인 결과를 말이다.

사과하고 나면 마음이 한결 편안해진다. 표현하기까지가 힘들지 표현하고 나면 후련해지는 경험을 누구나 겪게 된다. 내 마음에 들어앉은 고민 덩어리가 글을 읽는 이에게 옮겨가 버리는 기분을 말이다. 그 후련함을 당신도 느껴봤으면 좋겠다. 이 글을 읽고 나서 당장 누군가에게 사과해보자. 생각해보면 무언가 나올 것이다. 늦게까지 술을 마셔서 미안하다. 일찍 도착해야 하는데 조금 늦어서 미안하다. 생일인데 깜박 잊어버려서 죄송하다. 이런 일은 뒤져보면 얼마든지 나온다. 찾아보고 상대방에게 사과의 편지를 써보자. 당신의 발 없는 글이 상대방을 하늘 높이 들어 올린다. 날개 없는 글이 온 세상을 돌아다니게 한다.

033 소재를 찾아 떠나자(눈 이야기 하나)

주위를 둘러보면 글쓰기 시작하는 방법은 많다. 자기 자신을 기준으로 일기, 에세이, 자서전 등과 같은 사실적 글쓰기를 비롯하여 감수성을 동반한 문학적인 시, 소설 그리고 기술이 요구되는 시사적 글쓰기 유형인 논술, 칼럼 등이 있다.

내가 추천하는 글쓰기는 일상 글쓰기이다. 엉덩이를 책상에 붙이고 적어도 한 시간을 글 쓰는 일에만 투자한다면 그걸로 만족이다. 조건이 있다면 매일 써야 한다는 점이다. 매일 쓰지 않고 하루쯤 빼먹는다면 그 다음 날 보충해서야 한다. 습관은 한번 무너지면 계속 무너진다.

쓸 거리가 없어서 못 쓴다는 사람들이 많다. 당연하지만 한편으로는 틀렸다. 내가 내린 결론은 쓸 거리가 없는 것이 아니라 쓸 거리를 찾지 못한다는 것이 원인이다. 이 글을 시작한 가장 중요한 목적이 바로 쓸 거리를 찾는 여행을 떠나는 것이다. 제대로 된 여행이라면 당신은 분명히 글 쓰는 습관이 생겨날 것이고, 그렇지 않다면 어느 순간 글쓰기와 이별한 후일 것이다. 이 글의 주제이자 목적인 '글 쓰는 습관들이기'는 바로 이 소재 찾기에서 시작한다. 찾은 소재를 펼치고 이를 마무리하는 과정이 핵심이다.

이제 당신이 가진 소재가 어디에 숨어 있는지 찾아보도록 하자. 우선 신체부터 시작한다. 일단 거울을 꺼내 보시기 바란다. 얼굴을 바라보기 위해서다. 얼굴 중에서도 눈을 먼저 바라보자. 뚫어지듯이 5분간 거울을 쳐다보기 바란다. 딱 5분이다. 타이머 기능을 활용해서 5분간 바라본 후 거울을 덮자. 이제 눈을 감고 눈과 관련해서 상처 난 기억을 불러 보도록 한다. 심리적인 것이 아니라 육체적인 상처를 기억해 내야 한다. 마찬가지로 시간은 5분이다. 5분을 넘기면 반칙이다. 반드시 5분을 지켜 주시기 바란다. 5분 땡! 자 이제 바라보기 5분, 기억 부르기 5분의 결과를 알려 드리겠다.

거울 속에 비친 내 두 눈을 쳐다봤다. 뚫어지듯이 봤다. 아무 생각 없이 계속 바라만 봤다. 몇 분 남았나 궁금해서 타이머를 보려고 눈동자를 아래로 연신 굴려 봤다. 1분은 지났구나. 그럼 4분 남았네. 2분 지났구나. 이제 3분만 쳐다보자. 아~ 시간 참 느리게 간다. 굉장히 시시하다. 이런 걸 왜 시키는지 모르겠다. 드디어 5분을 다 채웠는데 이젠 눈을 감고 5분을 생각하란다. 눈을 감으면 타이머도 볼 수 없다. 내가 제시한 방법이지만 조금 웃겼다. 이게 뭐 하는 짓이람? 내가 나를 나무랄 수도 없다. 하지만 글로 쓴 대로 5분간 눈의 상처에 대해 생각해 봤다. 잊고 있었던, 잊고 싶었던 기억 하나가 떠올랐다.

상처 난 내 눈과 야구공에 관한 이야기다. 중학교 2학년 체육 시간, 소프트볼 경기를 하던 중이었다. 나는 중앙 수비를 담당하는 중견수였고 상대 팀의 4번 타자가 방금 배트를 휘두른 시점이었다. 엄청난 높이로 소프트 볼이 공중으로 날아올랐고 내가 잡기만 하면 경기가 끝나는 상황이었다. 분명히 공이 떨어지는 지점으로 가서 야구글러브(야구장갑)를 펼쳤는데 시야에서 공이 사라졌다. 정확히 말하면 2시의 태양과 거의 일직선이 되어 내 눈이 공을 바라보지 못하게 된 상황이 펼쳐진 것이었다. 찰나의 시간 후 나는 오른쪽 눈을 부여잡고 운동장에 쓰러졌다. 큼직한 소프트 볼이 글러브에 들어가지 않고 내 오른쪽 눈 근처에 떨어져 버린 것이었다. 아픈 것은 둘째치고 어찌나 부끄럽던지! 왜 그런 생각이 들었는지 모르겠다. 사춘기라서 남의 시선이 더 겁났던 것 같다. 경기는 중단되었고 나는 양호실로 실려 갔다. 팔다리는 멀쩡했으니 손은 눈가를 누르고 내 두 발로 걸어갔다. 눈언저리에 피가 조금 났다. 그 날 이후 야구공만 봐도 피하는 버릇이 생겼다. 그 이후 야구 경기를 관람하는 방향으로 자세를 바꾸었고 지금은 그것조차 귀찮아서 보지 않는다. 아마도 피하고 있는 것이리라. 내 오른쪽 눈이 정답을 바라보고 있는 것 같다.

어떤가? 내 이야기를 접하고 나니까 당신도 어떤 기억이 나는가? 이젠 당신 차례다.

034 소재를 찾아 떠나자(눈 이야기 둘)

쓸 거리를 찾기 위해 최소한의 준비 시간과 동작을 설명해 드렸다. 바라보기 5분, 기억 부르기 5분의 결과는 놀랍다. 이 준비과정 10분이 나머지 글을 만들어나가는 50분의 씨앗이 된다. 눈치채셨겠지만 글을 쓰면서 꾸준히 생각하는 일은 되풀이된다. 생각이 생각을 불러오고 그게 글이 되는 현상을 겪었을 것이라 믿는다.

눈에 대한 기억으로 친하게 지내는 이웃님(아가사님)께서 좋은 경험담을 들려주셨다. 눈이 좀 큰 이유로 빛에 민감해서 늘 미간을 찌푸리고 다녔던 어린 시절이 생각나셨다고 한다. 감사하게도 내가 쓴 글을 읽으면 잊혔던 기억들이 스멀스멀 머릿속을 탈출하려고 한다는 좋은 소식과 함께.

다른 이웃님(바둑이님)의 재미있고 유익한 글도 소개한다.

눈 이야기를 들으니 예전 야구 경기를 하다 공에 이마를 맞았던 기억이며,

시장에서 큰소리로 "살림에는 눈이 보배~~" 하시며 나물을 팔던 할머니 생각이 났습니다. 눈이란 것이 사람들의 판단의 제1선에서 영향을 주게 되는 것이 떠올려집니다. 연인들 사이에도 콩깍지가 끼기도 하고, 유혹에 홀딱 넘어가는 것도 눈으로부터의 정보 인식이겠지요. 눈으로 보고 하다 보니 어떤 사람은 성공투자를, 어떤 사람은 실패한 투자를 하기도 하고요. 딴 곳을 쳐다보다가 미처 발견 못 한 곳에 부딪히기도 하는 이런 여러 가지 일들이 눈으로부터 비롯된다는 것을 생각하면, 말씀하신 눈을 정말 소중하게 다뤄야 하고 진정한 가치를 볼 줄 아는 능력 있는 눈으로도 훈련해야겠구나 하는 생각이 들었습니다.

또 다른 이웃님(효치님)의 아찔한 경험담도 소개한다.

초등학교 4학년 때 일이 떠오릅니다. 아침 자습시간으로 전 열심히 뭔가 쓰고 있었죠. 지금은 정확히 기억이 안 나지만 그랬던 것 같아요. 제 기억에 남자아이 둘이 몸싸움을 하고 있네요. 덩치가 큰 아이와 다른 아이는 보통인 것 같아요. 점점 내게로 다가오는 거예요. 저는 제 자리에 가만히 있었죠. 두 아이가 맞잡은 손에는 연필이 쥐어져 있었어요. 보통인 아이가 힘에 밀리면서 내 쪽으로 밀쳐지더니 그 연필이 내 눈을 찔렀습니다. 지금 생각하니 끔찍하네요. 남자아이들은 아랑곳 안 하고 선생님께서 오시니깐 제자리로 돌아갔고 전 고개만 푹 숙이고 있었죠. 쉬는 시간에 화장실 거울을 보니 환자부위가 혈관이 터져서 뻘겋게 피가 그 안에 고인 듯했어요. 무서워서 선생님께 말도 못 하고 계속 머뭇거리다 나중에 말씀드렸는데 선생님이 어떻게 대처했는지는 기억에 없네요. 마침 다음 날부터 일주일간 농번기 방학이어서 쉴 수 있어서 마음은 놓였지만, 거울 볼 때마다 무서워서 참다못해 엄마한테 말했네요. 엄마가 놀라더니 그 덩치 큰 아이 집으로 쫓아갔어요. 동네에 사는 아이라 어디 사는지는 알고 있었거든요. 그 아이 엄마가 연고를 사줘서 연고를 눈에 넣고 쉬는 동안

누워만 있었던 기억이 납니다. 다행히 나아서 천만다행이었던 어린 시절을 떠올렸네요. 어린 마음에 그 남자아이 혼날까 봐 말 못 하고 끙끙거렸던 아이가 엄마가 되었네요.

공교롭게도 나도 누군가 내 눈을 볼펜으로 찌른 적이 있다. 그 기억에 새삼 몸이 부르르 떨렸다. 어찌나 놀랐던 일인지. 착한 소녀가 엄마가 된 모습이 눈에 선하다. 얼마나 놀랐을지 생각하니까 괜히 그 남자아이가 미워진다.

(이 경험담을 책으로 엮는다는 소식을 접하시고는 흔쾌히 내용 기재를 허락하셨고, 함께 기쁨을 나누고 싶다고 하신다. 감사 또 감사 드린다.)

035 소재를 찾아 떠나자(눈 이야기 셋)

눈은 진실을 바라보는 창이다. 신체 중에서 가장 먼저 언급한 이유다. 글은 진실해야 한다고 처음부터 강조했었다. 진실한 글을 쓰기 위해서 가장 먼저 바라봐야 할 것이 눈이다. 바라보기 5분은 그래서 중요하다. 제대로 바라봐야 그 안에 녹아 있는 소재들을 캘 수 있다. 눈을 뜨고 본 모습에서 발견하지 못한 당신의 기억, 눈 감고 5분이면 서서히 떠오른다. 이때 눈을 뜨고 기록해 나가면 된다. 이제 당신의 5분 보기, 5분 기억, 50분 글쓰기는 습관으로 향한다.

본론부터는 준비 운동 없이 바로 실전 글쓰기로 들어간다. 써야 할 숙제, 당신과 내가 풀어나가야 할 과제가 너무 많기 때문이다. 머뭇거리다가는 생각들이 날아가 버린다. 촘촘하게 그물로 묶어서 달아나지 못하게 빨리 써 내려가자.

나는 아내가 나를 똑바로 바라보면서 경고할 때 한 번씩 겁을 낸다. '내 눈 똑

바로 바라보고 이야기하세요'라고 하면 덜덜덜, 까지는 아니지만 겁은 난다. 딱히 죄지은 것도 없는데 한 번씩 그럴 때마다 겁난다. 소심한 남자의 기억을 한쪽 들여다볼 기회를 드린다. 이럴 때 나는 늘 발가벗겨진 기분이 든다. 어찌하겠는가? 날 것의 나와 마주하는 일이 곧 당신과 만나는 나의 글이므로.

오래 전의 일인데 금연과 관계된 기억이다.

나는 하루에 0.7갑을 피우는 평범한 담배 꾼이었다. 모르는 분을 위해 설명하자면, 담배는 1갑에 20개비로 구성된다. 3일에 2갑을 피우는 나로서는 수시로 검문당하는 것이 일이었다. 아내가 가끔 물어본다. '오늘 담배 몇 개비 피웠어요?'라고. 그럼 번개같이 대답한다. '글쎄 남은 담배 개수 한번 볼게.' 라고. 나는 알고 있었다. 내가 몇 개비 피었는지를. 그런데도 기어이 담배 개수를 확인하고 대답한다. 어, 정상적으로 피웠네. 많이 안 피웠어. 걱정하지마. 그렇게 대답하고는 가슴 한쪽이 찔린다.

내가 금연한 지도 벌써 1년이 훨씬 지났다. 2016년 8월 15일이 나의 금연 시작일이다. 광복절을 기념하여 마지막으로 그 전날 담배를 태우는데 어찌나 쓸쓸하던지. 나는 금연하라는 아내의 제안에 흔쾌히 응했다. 그 이유는 이 좋은 세상을 아내와 오래도록 함께 살아가고 싶어서다. 아내나 나나 형제는 여럿 있다. 다만 두 사람이 머무는 우리 집에는 단둘이다. 내 건강을 지켜야 아내도 지킨다. 금연은 그 작은 실천의 하나일 뿐이다. 이 글을 쓰면서도 담배 생각이 나지 않는 걸 보면 영원히 이별한 것 같다.

쉽고도 어려운 것이 이것이다. 눈을 바라보면서 진실을 이야기하고 그걸 글로 표현해야 한다. 글 쓰는 이가 가장 먼저 가져야 할 기본자세다. 당신이 거울과 마주할 때 가장 먼저 봐야 할 곳도 당연히 눈이다. 눈의 속삭임을 피하지 말고 정면으로 마주하자. 솔직한 당신의 글이 읽는 이에게 감동이 되고 삶의 태도를 바꾸게 하는 힘을 준다.

사람들은 자신이 없거나 무엇인가 숨기고자 할 때는 의식적으로 눈을 피한다. 상대의 눈을 똑바로 바라보지 못하고 얼버무린다. 이유가 뭘까? 눈동자의 움직임이 당신의 상태를 보여주기 때문이다. 불안정한 눈동자의 움직임은 당신이 거짓을 말하고 있음을 보여주는 결과이다. 거울을 보라고 한 이유는 이제 충분히 설명된 것 같다.

036 소재를 찾아 떠나자(눈 이야기 넷)

눈은 눈물과 관련된 기억이 많은 신체 부위다. 눈물은 기쁠 때나 슬플 때 내 감정의 조각들이 툭 하면 튕겨 나오는 곳이기도 하다. 사십 대 중반이 되니까 시도 때도 없이 눈물을 글썽거리는 경우가 많다. 드라마 볼 때 조금만 가슴 찡한 장면이 나오면 두 눈을 끔벅끔벅한다. 억지로 눈물을 참기 위해서다. 사건 사고를 볼 때도 남 일이 아닌 것 같아 가슴이 아프면서 또 끔벅끔벅한다.

아직도 잊히지 않는, 영원히 잊히지 않을 기억 중에 세월호 침몰 사고가 있다. 전 국민이 바닷속으로 가라앉는 세월호를 바라보면서 얼마나 숨이 갑갑했을까? 그 속에 갇혀 있던 아이들의 두려움이란? 아직도 유리창을 두드리며 구조를 요청하던 많은 아이의 모습이 눈에 선하다. 일부 몰지각한 어른들의 행동으로 사라져간 수많은 생명. 그들의 죄를 묻자면 한도 끝도 없지만, 인간의 영역으로 죄를 논하기 어렵다. 신이 존재한다면 신들이 그들을 심판해서 영혼마

저 추방해 버리는 판결을 내려주셨으면 좋겠다. 그 날의 잊지 못하는 또 다른 장면을 내 기억에서 건져내어 당신께 보여드린다.

　나는 세월호를 다른 모습으로 기억하고 있다. 그날 고향 친구 중 한 명이 교통사고로 세상을 떠났다. 교통사고로 숨진 친구만 벌써 두 번째였다. 지금도 고향에서는 열 명 남짓한 고향 친구가 명절 때마다 뭉쳐서 소주 한 잔 마시며 세월을 안주 삼는다. 그 친구 중 한 명이 이젠 볼 수 없는 곳으로 간 날, 세월호에서 물에 잠긴 수많은 생명과 함께 한 날이기도 하다. 세월호가 깊은 바닷속으로 침몰하는 장면을 고향 친구의 장례식장에서 다른 친구들과 함께 시청했다. 내 친구들은 그 날의 기억을 잊으려야 잊을 수 없게 되었다. TV에서 세월호에 대해 언급하면 나는 떠나간 친구 얼굴부터 기억하게 되니까 말이다. 눈물은 마른 듯 흘러내리는 신기한 힘이 있다. 영혼을 적시는 샘물인 셈이다.

　눈이 불러온 기억 속에 눈물의 샘이 있다. 상실, 부재로 통하는 눈물의 샘이다. 누군가 또는 무언가를 잃는다는 일이 상실이고 그로 인해 사라지는 일이 부재다. 부재, 존재하지 않는 것은 곧 사라지는 일이다. 사람들은 누군가 사라지는 것이 두려워 눈물을 흘린다고 본다. 적어도 나는 그렇다. 누군가 부재하면 보지 못하고, 보지 못하면 잊히고, 잊히면 영원히 잃는 것으로 생각된다. 잊지 않기 위해서 해마다 누군가를 그리워하고 마음 아파하는 것이리라. 조금 전까지 나와 함께 있던 소중한 누군가가 사라져가는 일은 슬픈 일이다. 아픈 일이다. 부재가 두렵다.

　당신의 눈 속에 담긴 눈물이 어떤 빛이 나는지 궁금하다. 살아내느라 많은 고생을 한 당신, 얼마나 많은 날을 눈물로 지새웠을까 싶다. 힘들고 지쳐 쓰러질 무렵, 잠시 흘린 눈물의 힘을 나는 알기 때문이다. 오늘만 울자. 오늘까지만 슬퍼하고 내일부터는 웃자. 이렇게 맹세한 날들도 많았으리라. 내 안에만 상처가 있지는 않다. 우리는 모두 나름대로 비슷한 상처와 다른 아픔을 지니고 있으리라. 그 속에 흘리는 눈물도 사람이기에 늘 따스함을 안고 흘렀으리라 믿는다. 당신이 흘린 눈물에 감사한 하루다. 당신을 살아있게 한 감동적인 생명수이기 때문이다.

글을 쓰면서 당신이 흘리지 못한 눈물을 흘려도 괜찮다. 잊혔던 사람을 떠올리고, 그리워하면서 글을 써보자. 그 과정에서 흘러내리는 눈물을 지우지 말고 그대로 기록해두자. 당신의 아픔을 치유하는 신비한 힘을 가진 씨앗이다. 그 씨앗을 소중히 간직해야 앞으로 무럭무럭 자라나는 나무의 모습을 볼 수 있다. 피하지도 말고 모른 척 외면하지도 말자. 일어난 일들을 정면으로 마주하고 도란도란 풀어나가자. 그것이 우리가 해야 할 일이고 써야 할 글이다.

037 소재를 찾아 떠나자(눈 이야기 다섯)

눈으로 시작된 글이 눈물로 이어지는 과정을 지나고 있다. 눈물에 관한 기억은 수없이 많다. 웃음만큼이나 큰 범위로 삶의 큰 자리가 눈물의 자리다. 당신에게 눈물의 기억이 많은가? 웃음의 기억이 많은가? 아직 생각해보지 않았다면, 지금부터라도 생각해 보셨으면 한다. 그 기억들이 당신의 글쓰기 소재가되어 당신을 도울 것을 믿는다.

글쓰기를 하면서 가진 마음가짐 중에서 가장 중요한 것이 바로 사람을 향하는 마음이다. 모든 글은 사람을 향해야 한다고 수차례 강조했었다. 지금 이 순간도 구구절절 당신에게 글쓰기를 권하는 이유가 바로 글쓰기 효과의 소중함때문이다. 당신이 글을 쓰게 된다면, 당신은 세상을 다른 시각으로 바라보는눈을 가지게 된다. 사람을 다른 각도에서 바라보고 생각하고 느낀다. 잊을 만

하면 나는 이 말을 반복할 것이다. 모든 글은 사람을 향해야 한다는 사실을!

눈물로 기억되는 어릴 적 영화가 하나 있다. 초등학교 2학년 즈음에 학교에서 단체관람으로 상영한 영화였는데, 당시에 200원씩 냈던 것으로 기억한다. 영사기를 가진 떠돌이 상영관 아저씨가 시골 초등학교에 들러 영화를 보여준 것이다. 제목은 〈엄마 없는 하늘 아래〉이다. 네이버에 검색해보니까 1977년 작품이고 이원세 감독이 제작해서 3편까지 나온 영화로 확인된다. 초등 2학년 1982년도 즈음에 이걸 봤으니까 대략 5년이 지난 후로 보인다. 이 중에 내가 본 것은 1편이다. 줄거리를 보니까 어릴 적에 봤던 영화 내용과 일치한다.

내가 쓴 글을 읽으면서 많은 분이 어린 기억을 떠올리고 즐거워하셨다. 잊고 있었던 친구가 기억나 만났다는 분, 전화하시는 분도 계셨다. 즐거운 글쓰기의 기억들이 하나둘 늘어나는 셈이다. 반갑고 기쁜 일이다.

글쓰기는 사람을 향하며, 이는 곧 소통을 의미한다. 소통하므로 모든 이에게 좋은 기억도 불러일으키고 슬픈 기억도 끄집어내게 만드는 것이 가능해진다. 나는 이 글쓰기를 권하는 글을 통해 나 자신이 한 뼘은 커졌다는 것을 느낀다. 당신의 도움으로 내가 성장한 것이다. 나도 성장하고 당신도 성장하는 길, 내 글과 당신의 답글이 보여준 고마운 결실이다.

웃음과 울음은 받침 하나 차이다. 'ㅅ'과 'ㄹ' 사이에 건널 수 없는 징검다리가 놓여있는 셈이다. 그 가운데 눈물이 흐르고 웃음과 울음이 징검다리가 된다. 삶이란, 당신이 건너야 할 디딤돌과 내가 놓아야 할 받침돌의 모임이 아닐까 싶다. 그것이 모여 삶이라는 따스한 징검다리가 되는 것이라 믿는다.

'ㅅ'은 한자의 人(사람 인)과 'ㄹ'은 乙(둘째 을)과 글자 모양이 비슷하다. 글쓰기를 할 때 사람이 최우선시 되어야 하는 이유는 '사람이기에 웃음을 지녀야 하고', '사람이기에 둘째라면 서러워 울음이 된다'라고 믿기 때문이다. 웃음을 품고 사는 사람이기에 人(사람 인)의 할 일은 많다. 반면에 乙(둘째 을)의 일은 줄었으면 좋겠다. 아! 너무 기뻐서 흘리는 눈물은 예외로 둔다. 사람이 너무 기분이 좋거나 기쁘면 눈물이 나지 않던가? 그 좋은 일은 예외가 되면 안 된다. 슬프고 아픈 일에 흘리는 당신의 눈물, 乙(둘째 을)을 빼고 人(사람 인)을 넣는 일만 가득하기를 소망해본다. 나는 늘 글쓰기를 권유하면서 얼굴을 알지 못하는 당신의 미래를 위해 소원을 빈다. 우리 모두 다 함께 행복하게 잘 사는 세상을 기원한다.

038 소재를 찾아 떠나자(코 이야기 하나)

눈 바로 아래에 위치한 코로 옮겨가 본다. 거울을 가져와서 코를 5분간 바라보시고, 거울을 잽싸게 덮은 후 다시 눈을 감고 코를 생각하시라. 이제 코에 관련한 기억을 불러보시기 바란다. 준비되셨으면 글을 이어가 주셨으면 한다. 늘 그랬듯이 나부터 먼저 솔선수범해 드린다.

난 자주 코피가 난다. 그것도 딱 한쪽 코, 오른쪽 코에서만 그렇다. 지금까지 이유를 모르고 살다가 얼마 전 이비인후과를 들러서 그 이유를 알았다. 비중격만곡증으로 오른쪽 코뼈가 얼굴 중앙을 기준으로 왼쪽으로 휘었다가 오른쪽으로 꺾인 후 아래로 놓여있는 것에서 발생한 증세였다. 이 증세를 보이는 한국인이 꽤 되는 것으로 의사가 말을 했다.

어찌 되었든 난 지금까지 이 증세로 인해 자주 코피를 흘렸다. 원인을 알았으니 치료가 남았는데 코 수술을 하란다. 수술하면 최소한 3일은 양쪽 코를 막고 있어야 한단다. 게다가 숨도 제대로 못 쉰다. 양쪽 코를 막아 버리니 입으로

만 살아야 하는 갑갑한 시간이 두려웠다. 수술을 위해 각종 검사를 마무리하고 집으로 왔다. 아무리 생각해도 무서워서 못하겠다. 다음번 방문 때 의사에게 말했다. 수술 안 하고 살아도 괜찮을 것 같으니까 하지 말자고. 아까운 검사 비용만 날렸다.

코가 막히면 머리가 떵한 증세를 겪게 된다. 우리 인체는 신비로움 그 자체다. 하나의 인체 기관이 문제가 생기면 연쇄적으로 다른 기관에 그 영향이 미친다. 코 막힘이 심할 때는 코 소독을 하지만, 생활에 불편함은 늘 친구가 된 지 오래다. 이런 나의 코 막힘이 어떨 때는 글쓰기를 방해할 때가 많다. 생각이 막히면 코도 막히는 신기한 증세를 겪는다. 글이 막히지 않기 위해서 부지런히 가습기도 틀어둔다. 이제 찬 바람이 부는 시점이라 가습기는 온종일 집안에 습기를 제공한다. 이 가습기가 있어야 내 코가 건조해지지 않고, 그래야 코피가 나지 않는다.

글쓰기를 이야기하다가 코 이야기를 하니까 생뚱맞을지도 모르겠다. 낯선 소재에서 평범한 일상 이야기로 전환하는 순간이기에 그렇게 느껴질 것이다. 분명히 내가 언급한 비중격 만곡증은 생소한 증세다. 이 증세를 통해 생활의 불편함을 글로 표현해 보고, 이 글을 읽는 당신도 불편함을 느낄 것이다. 내 글이 주는 효과는 이런 것이다. 나의 아픔이 그대로 전달되어 당신도 느끼게 되는 것이다. 이심전심처럼 내 마음이 당신의 마음으로 전해지는 것이다.

처음 아내를 만났을 때 자주 코 샤워를 했는데 그게 안쓰러워 보였다고 했다. 식염수를 늘 소지할 수 없으니 임시방편으로 화장실에서 그냥 물로 코 샤워한다. 그러고 나면 한참을 코가 맹맹한 상태로 있게 된다. 코맹맹이 소리가 나면 귀엽다기보다 안쓰럽단다. 어쩌겠는가? 불편해도 그냥 이렇게 살아야지.

이 글을 읽고 나면 잠시만 더 생각해보자. 5분 쳐다보고, 5분을 생각했는데 여전히 쓸 거리가 없다는 분들이 계실까 염려된다. 코와 연관된 기억이 없다면 생김새에 관해서 이야기하는 것도 좋을 것 같다. 예를 들면, 콧대가 너무 낮아서 늘 콤플렉스로 작용한다는 내용과 함께 심각하게 성형 수술을 고민해봐야겠다는 글을 쓰는 것이다. 콧대를 높이기 위해 실제로 많은 분이 성형 수술을 한다. 남자든 여자든 외모가 경쟁력이 되는 세상을 살고 있으므로 당연한 듯이 한다. 물론 신체를 훼손하지 않는 것이 효도의 시작인 것이라 손도 안 대는 사람도 분명히 많다. 부분이 전체를 대신하지 않았으면 하는 바람이다.

039 소재를 찾아 떠나자(코 이야기 둘)

오늘은 코가 하는 인체의 기능과 생김새에 대해서 글쓰기를 해본다. 당신의 고개가 갸웃거리는 것이 보인다. 글쓰기를 같이 하자면서 코 이야기를 하고 있으니 이상한가? 우리는 지금 신나게 춤추고 있다. 무슨 춤? 바로 소재 찾아내는 춤 말이다. 이것이 내가 당신에게 말하고 원하는 글쓰기 스타일이다. 소재를 캐기 위해 여기저기 기웃거리면서 글을 쓰는 습관을 들이는 것이다.

먼저 기능에 대해 나열해본다. 인체에서 코가 하는 가장 중요한 일은 호흡이다. 호흡하지 않는다면 생명이 있는 모든 생명체는 사라진다. 죽는다는 표현보다는 사라진다는 표현을 쓰고 싶다. 호흡하지 못함은 곧 죽어서 사라지는 것과 같기에 완만한 표현을 쓴다. 감기 때문에 코가 막히면 입으로 숨을 쉬는 데 많이 불편했을 것이다. 입으로 헉헉 숨을 쉬면 결국 목까지 감기가 올라오는 경우가 많다. 코감기가 목감기로 번져가는 것이다. 건강한 코가 건강한 목을 만들고 건강한 호흡을 만든다.

　다음은 코 생김새에 관해서 이야기해 본다. 코 생김새에 따라서 인물이 확 달라지는 경우가 많다. 성형 수술이 유행하는 이유가 아마도 그런 이유일 것이다. 개인적인 의견을 드리자면 생김새로 인해 힘든 심정이면 수술에 반대하진 않는다. 조선 시대라면 몰라도 현대의 우리 세대는 외모도 경쟁력이 되는 시대다. 늘 심적으로 우울함을 불러오는 조건이라면 과감히 선택하자. 그것이 당신이 자유로워지는 지름길이다. 원인을 알았다면 어떤 식으로든 대처해 나가야 한다. 당신의 선택을 응원한다.

　생김새로 누군가를 놀리면 안 되는데 이상하게 어릴 적에는 유독 친구들끼리 많이 놀렸다. 코 큰 친구는 코주부라는 별명으로, 살찐 친구는 먹깨비란 별명으로 놀림을 받았다. 어릴 적에는 왜 그리 모든 것이 짓궂었을까?

　코하니까 생각나는 것이 우리의 아픈 역사다. 바로 코 무덤 이야기다. 임진왜란 당시 왜군은 전쟁의 전리품으로 우리 백성들의 신체 중 코와 귀를 베어갔다. 버젓이 왜국으로 건너가 무덤까지 만들어 현재까지 존재한다니 할 말이 없다. 우리나라 대한민국 국민이 왜국을 싫어하는 이유가 이것만은 아니리라. 과거의 잘못을 부정하고 반성하지 않는 나라에 미래는 없다. 왜국의 미래는 없다.

　소재 찾는 것이 이제는 조금 가벼운 마음이 드는지 묻고 싶다. 눈으로 시작된 소재 캐기 탐사가 이제 막 코에 이르렀다. 콧방귀 뀌면서 멋지게 글을 쓰고 계신다면 얼마나 좋을까 상상해본다. 이 글을 읽는 동안 당신의 엉덩이가 의자에 붙어 있다면 절반은 성공이다. 이것 또한 습관의 한 조각이라고 생각했으면 좋겠다. 설마 편안하게 소파에 누워서 스마트폰으로 글을 읽고 계신단 말인가? 설마? 흠. 설마가 사람 잡는다. 이 글을 읽는 동안만이라도 의자에 가서 앉아계시기를!

　아내가 코감기에 걸렸다. 지난주 여고 동창생들이랑 부산 여행을 계획하길래 흔쾌히 보내줬다. 토요일 아침 기차를 타고 출발한 아내가 밤늦게 집으로 왔다. 기차역까지 마중과 배웅하는 것은 오롯이 나만의 몫이었다. 아내가 기차 타고 떠나가는데 어찌 그리 바람이 매섭던지. 잠깐 코끝이 찡긋했다. 바람 때문에 그랬다. 정말이다. 믿어주시기 바란다. 흠흠. 그렇게 영화의 한 장면처럼 기억되면 좋으련만. 헐~ 다녀와서는 다음 날 시름시름 앓았다. 근육통으로 끙끙거리더니 월요일은 코감기, 화요일부터는 몸살감기에 걸렸다. 여행 가서는 신나게 놀았던 것 같다. 낮 동안 감천 문화 마을과 이기대 공원을 걸어 다녔더니 감기에 걸린 모양이다. 바람이 꽤 차가웠고 무엇보다 먼 거리를 걸어서 체력이 떨어졌나 보다. 골골골 거리는 게 안쓰러워 여기저기 주물러준다. 한동안 고생할 것 같다. 에고 내 팔자야. 이게 뭐 하는 신랑 노비인지 모르겠다. 아이고. 설거지도 내 몫이구나. (2017년 11월 4일, 아내가 여고 동창생과 여행 후 감기 걸림)

040 소재를 찾아 떠나자(코 이야기 셋)

글쓰기를 목적으로 코가 하는 인체의 기능과 생김새에 대해서 생각해봤다. 정말 다양한 일을 우리의 코는 당연하게 해낸다. 다양한 일을 당연하게!

조금만 유식하게 접근해 보기 위해 말 나온 김에 네이버 씨에게 물어본다. 코에 대해서 더 알려달라고 검색 버튼을 씩씩하게 눌러본다. 역시 네이버 씨는 똑똑하다. 아는 게 정말 많다. 호흡, 냄새, 면역 방어까지 친절히 설명해준다. 우리가 이야기 나누었던 호흡과 냄새, 면역 방어가 비슷한 내용으로 기재되어 있는 것을 보니 반갑다. 상식으로만 해도 충분한 것 같다. 한 가지 더 보탠다면 목소리 울림통이란다. 성대의 진동으로 만들어진 목소리는 코안과 코곁굴을 지나며 그 소리가 더욱 크게 울리는데, 이때 코의 구조와 두께에 따라 사람마다 다른 목소리가 나온단다. 감기에 걸리면 코맹맹이 소리가 나오는 것도 코안과 코곁굴의 점막이 부어올라 평소와 다른 울림이 생겼기 때문이란다. 오늘 좋은 것 하나 배웠다. 고마워 네이버 씨! 이 글을 읽는 당신도 좋은 지식 하나 나누어 가진 셈이다.

코에 관한 글을 쓰다 보니까 직장에 다닐 때 동료의 일이 기억난다. 좀 지저분한 이야기인데 참고 읽어보시길 바란다. 날씨가 춥고 덥고를 가리지 않고 늘 코를 자주 푸는 선임이 있었다. 여름에도 그렇고 겨울에는 더더욱 그랬다. 무엇인고 하니, 식사하던 도중에 코를 푸는 행위다. 우와! 정말 밥상 엎을 뻔했다. 여름 복날에 팀원들이 다 같이 삼계탕 먹으러 갔을 때였다. 뚝배기에 담겨 나온 삼계탕은 보기만 해도 보신이 되는 기분이다. 신나게 먹기 시작하고 5분 지났나? 패앵~ 팽팽. 하는 이상한 소리가 들려 쳐다보니 문제의 그 선임이었다. 시원하게 코를 풀더니만 이어서 식사를 계속한다. 어이가 없었다.

사람은 매너라는 것이 있어야 한다. 매너가 없다면 눈치라도 있어야 한다. 본인이 불편하다고 그걸 해소하기 위해서 남의 편함을 방해하면 안 된다. 나 외에 다른 이들도 다 식사하고 있다면 당연히 배려해야 한다. 내 코를 편하게 하자고 코를 푸는 행위, 남의 밥에 재 뿌리는 것과 같다. 가래 들끓는 소리와 팽이 팽팽 도는 소리는 식욕을 달아나게 한다. 성인이라면 해야 할, 하지 말아야 할 행동은 구분하도록 하자. 혹시 나는 그런 적이 없는가 한 번쯤은 반성해 보시고 그런 행동이 있었다면 고치자. 이 글이 당신의 나쁜 습관을 고치게 한다면 기쁜 마음으로 그 과정을 지켜보겠다.

다시 글쓰기로 돌아와서 코의 기능 중 냄새에 대해 추가로 이야기를 나누어 볼까 한다. 아내는 싫어하지만, 개에 관한 이야기다. 우리는 흔히 누군가 냄새에 민감하면 개코같다고 한다. 개 코! 개의 코는 사람보다 60배나 발달하였다고 네이버 씨가 그런다. 냄새를 잘 맡는 이런 능력 때문에 마약이나 폭약 탐지견이 공항에서 대활약한다. 여행 가실 때 공항에서 이런 탐지견들을 만난다면 놀라지 말고 칭찬해 주시라. 단 내 아내는 예외다. 보나 마나 전방 100m에 개가 나타나면 얼어붙어서 꼼짝 달 짝 못할 것이므로. 미안하다! 네 죄는 없다. 다만 무서워하는 우리 죄가 큰 것이다. 너그럽게 이해하거라 탐지견아.

내 코는 비중격 만곡증 때문에 냄새에 둔감하다. 비중격 만곡증이 무엇인지 일전에 설명해 드렸으니 다시 안 드린다. 이 코뼈 휜 현상 때문에 냄새에 둔해서 여간 불편한 게 아니다. 특히 장 냄새를 잘 못 맡는다. 된장찌개를 그토록 좋아하는데 그 냄새를 잘 못 맡는다. 집 안에 있으면 맡는데, 누군가의 집에서 맛있게 끓이는 냄새는 못 맡는다. 저녁이 되면 아파트에 각종 찌개 냄새가 올라오곤 하는데 나는 알아맞힌 경우가 드물다. 아내에게 물어보면 늘 무슨 찌개라고 설명해준다. 이럴 때 아내는 측은한 눈길로 나를 쳐다본다. '괜찮아! 내가 있잖아.'라면서.

041 소재를 찾아 떠나자(코 이야기 넷)

　코에서 나는 소리를 콧소리라고 한다. 노래를 흥얼거리면 콧노래가 된다. 기분 좋은 일이 있을 때는 나도 모르게 콧노래를 부르곤 한다. 흥얼흥얼 옆에 누가 있든 없든 간에 그렇게 흥얼거린다. 글쓰기를 노래 부르듯이 해볼 수 없을까? 즐거운 마음으로 가볍게 의자에 앉아 모니터를 바라보면서 글을 써 보자. 노래하듯이 즐겁게! 노래를 잘 못 부르는 음치라서 노래가 싫다면 글쓰기도 싫어하려나?

　즐거운 콧노래는 어깨를 넘어서 다른 이에게 그 음이 전달된다. 함께 흥얼거리면서 따라 부른 기억이 많다. 찌찌 뽕~ 이라나? 동시에 같은 노래가 생각이 나서 흥얼거린 경우도 있다. 아내하고 내 경우에 그렇다. 어떤 특정된 장소를 지나다 보면 그렇게 되는 경우가 있다. 대구에는 김광석 거리가 있는데 그곳에 가서 김광석 노래를 흥얼거리면서 걸어간 적도 있다. 두 사람이 약속이라도 한

듯이 같은 노래를 콧노래로 부른 것이다.

코에서 나는 즐거운 소리, 즐거운 노래를 생각하면 기분이 좋다. 당신의 기분도 한결 좋아졌으리라 믿는다. 혹시 아직 무언가 안 좋은 기분이 남아있다면 콧노래를 흥얼거려도 괜찮다. 흥얼거리면서 즐겁게 손가락으로 자판을 열심히 두드려 주시길 바란다. 그렇다고 너무 세게 쳐서 부서지면 안 되니까 살살 하시길.

코에서 나는 소리 중 상대방에게 조심해야 할 행동이 있다. 콧방귀에 얽힌 기억을 하나 들려드린다. 상당히 오래전에 직장에서 일어난 일 중의 하나인데, 직급 차이가 크게 나던 직원의 일이다. 목요일이었다. 날짜는 기억나지 않는데 요일만 기억난다. 업무 지시를 하고 돌아서는데 문제의 직원에게서 '홍, 체'라는 이상한 소리가 들렸다. 그 직원은 주말에 어디론가 여행 가려고 계획하고 있었다고 한다. 하필 해당 주말 이후 월요일까지 중요 보고를 해야 하는 게 못마땅했던 모양이었다. 임원이 시키는 일이라 팀원들의 보고 하나하나가 제대로 모여야 팀 보고가 가능한 상황이었다.

회사 일은 회사 일이고 개인 일은 개인 일이다. 철저히 분리되어야 한다는 것이 요즘 젊은 2030세대들의 마음인 듯하다. 적어도 내가 느끼기엔 그런 것 같다. 나도 그런 마음에는 반대의 여지가 없다. 나 또한 일과 생활의 균형 있는 삶을 원하기 때문이다. 단 특수한 경우에는 예외를 둬야 한다. 그것이 단체 생활을 하는 직장인의 피할 수 없는 업무의 성격이다. 팀워크가 발휘되어야 하나의 성과가 나오는 업무가 상당히 많다. 이 경우도 예외는 아니다. 팀원들이 같은 생각을 가지고 이른 시간 안에 해결해야 다음 일들이 순차적으로 잘 해결된다. 문제의 그 직원에게 조금 전에 한 행동에 대해 무슨 뜻이냐고 물었다. '아니에요. 별 뜻 없어요. 그냥 그랬어요'라고 낭창하게 대꾸한다. 난 그 태도가 더 마음에 들지 않아서 결국 화를 내 버리고 말았다. 행동 가려가면서 하라고 제대로 혼을 냈다. 나중에 알았다. 해당 직원의 고약한 버릇을 고치는 데 상당한 시간이 걸렸음을.

  콧방귀는 누군가의 행동이나 말이 가소롭다는 뜻을 표현할 때 보이는 행동이다. 직장의 경우 후임이 선임에게 하는 행동으로는 적절치 않다. 사회에 나와서도 마찬가지다. 친구끼리 이야기를 할 때 무심결에 콧방귀를 뀌다가 다툼이 생길 수도 있다. 상대방의 기분을 나쁘게 하는 행동이므로 주의하면 좋겠다.

042 소재를 찾아 떠나자 (입 이야기 하나)

다음 차례는 입이다. 눈, 코, 입은 얼굴에서 가장 핵심적인 부분이다. 핵심적인데 거울 없이는 볼 수가 없다. 볼 수 없으니 더 조심하라는 뜻으로 알고 세상을 살아가는 지혜를 가졌으면 좋겠다. 상상해보시라. 먹물같이 깜깜한 밤, 길거리를 걸어가는데 가로등도 없어 혼자 조심조심 걸었던 기억이 있는가? 보이지 않는다는 것은 항상 주의를 기울이라는 뜻과 같다. 늘 조심하면서 세상을 살자.

거울을 꺼내 5분 들여다본 후 덮고 5분 생각, 이어서 글쓰기를 하실 것이라 믿는다. 입이 하는 가장 큰 일은 먹는 일이다. 먹는 즐거움이 없으면 살 수 없다. 먹는 것에 별로 관심이 없다는 사람도 먹는 순간에는 즐겁다. 나는 입이 짧다는 말을 자주 들었다. 음식이 있어도 먹을 만큼만 먹고 수저를 놓아버린다. 서른 중반이 지났을 때부터인가 음식에 대한 내 습관이 변했다. 먹는 즐거움을 안 것이다. 먹으니까 즐겁고, 즐거우니까 자꾸 먹게 되는 경험을 하게 되었다. 마흔이 넘어서면서도 이 습관은 고쳐지지 않아 지금은 아랫배가 조금 나온 상태다. 그렇다고 몸무게가 늘어나고 그런 일은 잘 없다. 먹어도 잘 찌지 않는 마른 체질이라 계속 먹어도 걱정이 없다. 오히려 너무 안 쪄서 신경이 쓰일 정도다. 이쯤에서 내 경험담을 들려 드려야 순서일 것 같다.

아내와 절친한 동생의 아기 돌잔치 때 일이다. 오랜만에 뷔페를 먹는다는 사실이 즐거웠고, 그날 음식이 전반적으로 맛있었다. 맛있으니까 몇 접시를 비워가면서 먹고 있는데 아내가 눈치를 준다. 그만 먹으라고. 먹으러 왔냐고? 누가 보면 집에서 밥 굶기는 줄 알겠다고 그런다. 그러거나 말거나 일단은 양이 차도록 먹어볼 요량으로 여기저기 기웃거린다. 내가 좋아하는 초밥은 종류별로 다양하다. 물고기 종류만 여러 종류다. 문어, 피조개, 연어, 참돔, 우럭, 볼락, 새우 등 일일이 열거하기에는 너무 많다. 초밥 한 조각씩만 채워왔는데도 거의 열 조각이 넘는다. 잡채와 육회는 환상이다. 금방 해온 음식이라 먹어도 먹어도 자꾸 먹게 된다. 붉은 색상에 번지르르한 참기름의 유혹은 참기 어렵다. 소고기 찜과 돼지고기 찜, 게다가 잘 먹지 않던 닭강정까지 맛있다. 그날따라 왜 그리 식욕이 펄펄 넘치던지 이유를 모르겠다.

과일도 싱싱하고 채소류도 신선하다. 후식으로 놓인 아이스크림도 맛있다. 다 맛있으니까 이것저것 마음껏 먹는다. 문제는 자꾸 먹으니 빈 접시는 쌓여가고 치워줄 사람이 없었다는 것이다. 보통은 테이블 사이를 왔다 갔다 하면서 치워주는 직원이 있다. 그날따라 그곳에는 없는 것 같았다. 아내가 눈치 줄 만 했다. 아쉽지만 몇 접시 더 먹지 못하고 수저를 내려놓았다.

축하할 일에 음식이 빠지면 섭섭하다. 맛있는 음식은 두고두고 생각이 난다. 이것이 먹는 즐거움이고 입이 하는 멋진 일 중에 하나다. 말이 많은 당신에게 에너지를 채워주는 입구, 바로 당신의 입이다.

먹는 것을 이야기하다 보니까 몸무게가 신경 쓰인다는 분들이 많다. 아내는 조금만 음식을 많이 먹었다 싶으면 여지없이 체중계에 올라간다. 먹고 금방 살이 찌지는 않을 텐데 말이다. 그냥 웃음만 나온다. 나는 어지간해서는 몸무게가 확 줄거나 늘지 않는다. 이런 내 몸을 아내는 늘 부러워한다. 아내의 체질은 나와 반대이다. 물만 마셔도 살이 찐단다. 누구 몸이 이상한지 잘 모르겠다. 어찌 되었든 아무리 많이 먹어도 일정한 무게를 유지하는 내 몸을 아내는 부러워한다. 먹고 싶은 것 실컷 먹어서 얼마나 행복하냐고 되묻는다. 그건 그렇다. 인정한다.

043 소재를 찾아 떠나자(입 이야기 둘)

　사람의 모든 말은 입을 통해서 나온다. 바르고 고운 말도 많은데 비속어를 사용하는 분들이 늘어서 걱정이다. 요즘 청소년들이 쓰는 용어 중에서 말을 줄여서 쓰는 경우를 많이 접한다. 간혹 모르는 용어는 검색해서 알아보는 경우도 있다. 시대의 흐름이고, 살아있는 언어라는 관점에서는 그런 언어도 주의 깊게 듣는 자세가 필요하다. 언어는 소통의 수단이므로 청소년과 대화를 한다면 알아야 한다. 권장하지는 않아도 필요하다면 학습이 필요한 것이 바로 시대의 언어다.

　몸에 좋은 약은 입에 쓰다고 한다. 보약이 그렇다. 나도 가끔 보약을 지어 먹는다. 그다지 허약한 체질은 아닌데 마흔이 넘고 보니까 체력 보강 차원에서 먹는다. 그렇다고 자주는 아니고 간혹 먹는다. 멀쩡한 몸이 한의원에 가면 어기저기 쑤시곤 한다. 왜 그런지는 모르겠다. 떡 본 김에 제사 지낸다고 한의원 온 김에 침이나 한 대 맞을까 하는 마음이 든다. 무릎도 쑤시는 것 같고 허리도 결리는 것 같은 착각. 한의원에 가면 괜히 그런 마음이 든다. 멀쩡한 몸이 여기 저기 봐달라고 아우성치는 것 같다. 이 글을 읽고 누군가는 속으로 웃을지도 모르겠다. 아직 어린 것이 쯧쯧~

글쓰기에 있어서 신중하고 또 신중하다 보면 글이 막힌다. 이때는 오히려 말이 많은 사람처럼 글을 많이 늘여놓는 게 좋다. 많이 써 보고 줄이면 된다. 말과 글이 다른 점은 이것이다. 써 놓은 글을 내 마음대로 늘였다가 줄이는 것이 가능하다. 말은 입 밖으로 나가면 되돌릴 수 없지만, 글은 지웠다 다시 쓰면 된다.

입은 입술부터 목구멍까지 연결된 신체 부위다. 목에서 울리는 소리가 입을 통해 말이 되어 나온다. 말을 잘 알아듣기 위해서는 입술 모양을 자세히 봐야 한다. 그런 의미로 입술 이야기를 해보자. 지금 내 입술은 피로 때문에 부르튼 상태다. 고단하고 지치면 간혹 물집이 생기고 터지면서 입술이 엉망이 된다. 상처가 나서 쓰리고 나을 때까지 많이 불편해진다.

입 모양을 자세히 봐라. 아내가 늘 나에게 충고하는 말이다. 불행하게도 이어폰을 장기간 사용한 나에게 신체적인 결함이 하나 생겼다. 귀와 관련한 내용인데 심한 이명에 시달리고 있다. 게다가 소음성 난청으로 난청 지수도 심하다. TV에서 남자 배우들의 목소리를 잘 듣지 못한다. 저음으로 구성된 소리는 거의 들리지 않는다. 들리긴 하지만 그 내용을 짐작하지 못한다. 그냥 웅웅웅 하는 느낌의 소리다. 벌써 이 증상이 3년 이상 지속하여 이제는 만성이 된 상태다. 잘 듣지 못하게 되면서부터 상대방의 입을 자세하게 쳐다보는 습관이 생겼다. 대화하면서 눈을 가장 많이 쳐다보지만, 눈과 함께 입술 모양도 유심히 살핀다. 혹시 중요한 내용을 놓치지는 않나 싶어서다. 상대방은 자신이 말하는 것에 관심을 두는 내 모습이 싫지는 않았던 것 같다. 단점이 장점이 되는 순간이다. 현실을 그대로 인지하고 적응하면서 살아야지 별다른 방법이 없다.

시골에서 나고 자란 나는 서리와 관련한 기억이 많다. 지금은 인심이 야박해서 문제가 되지만 어릴 적에는 어느 정도 용서가 되었다. 나누어 먹는 인심이랄까? 어찌 되었든 서리하는 날은 입이 호강하는 날이다. 콩 서리를 했을 때가 기억난다. 많이는 못 먹고 몇 포기 뽑아 들고 들판에서 구워 먹던 기억이다. 조그만 모닥불을 피우고 콩을 구워 먹으면 그 맛이 일품이다. 고소한 것이 과자처럼 별미다. 한참 먹다가 친구들 얼굴을 보면 웃음이 절로 난다. 콩 껍질을 손으로 벗겨내고 먹지만 손이 시커먼 숯을 만지다 보니 입술이 금세 까매진다. 먹는 재미와 보는 재미가 쏠쏠했다. 먹을 것이 귀했던 시절, 콩은 건강한 자연식 간식이었다.

044 소재를 찾아 떠나자(입 이야기 셋)

입에 관하여 이야기하고 있으니 이제는 입안을 들여다보자. 혀가 보이고 저 멀리 목구멍에 목젖이 보인다. 치아들도 가지런히 놓여있다.

치아를 보니까 오래전에 앞니 빠진 사연을 읽은 기억이 나는가? 쭈쭈바를 먹다가 빠져버린 앞니만 생각하면 웃음이 난다. 이웃님 중에 키바코 님은 사과를 먹다가 앞니가 빠진 사연이 있었다. 사과에 박힌 앞니, 나보다 더 황당했지 싶다. 다른 이웃님 나무늘보 님은 할머니에 관한 어릴 적 기억을 들려주셨다. 치아는 항상 무명실을 칭칭 감아서 뺀 후 지붕 위에 던지시고, 넘어져서 들어오면 빨간 약을 바른 후 오징어 뼈를 갈아서 상처에 뿌려주셨다고 한다. 발목 삐끗해서 들어가면 노란 치자 물을 우려서 밀가루 반죽 후 발라주시기도 하셨단다. 소중한 기억을 공유해 주셔서 감사드린다.

입안에서 가장 부지런한 동작을 보이는 것은 혀다. 치아는 음식이 들어오면

바빠지지만, 헛바닥은 늘 바쁘다. 피곤하고 지칠 때 입술이 부르트는 것 외에 입안에 헛바늘이 돋는 경우가 많다. 나이 마흔이 넘을 때부터 헛바늘 돋는 횟수가 부쩍 늘어났다. 쉽게 고단해지고 예전만 하지 못한 것이 눈에 드러난다. 헛바늘이 돋아나면 적어도 보름 정도는 고생한다. 치아에 부딪힐 때마다 느껴지는 고통은 누군가 바늘로 헛바닥을 찌르는 것 같다. 음식 먹을 때는 또 얼마나 아린 통증을 안겨주는가? 혀에 생긴 증세로 바늘 같은 통증을 안겨다 주는 헛바늘. 누가 지은 이름인지 모르지만 이만큼 잘 된 표현도 드물 것 같다.

입안에 헛바늘이 돋아나면 바르는 약이 있다. '알보칠'이라는 약인데 이거 바르면 엄청난 통증이 밀려온다. 면봉에 약을 묻혀서 헛바늘을 지그시 누르고 있어야 하는데 통증이 심해 참기 어렵다. 광고에 보면 걸음이 어려운 어르신도 이 약만 바르면 춤을 춘다고 한다. 가히 그 통증이 짐작될 만하다. 쓰고 보니까 웃음이 난다. 이 약 바르면서 얼마나 아파했던지 그 고통이 생각난다. 사람이 너무 아프면 웃음이 나던가? 울음인지 웃음인지 흐느끼는 소리가 나게 된다. 바로 이 약의 효과다.

음식을 먹다가 입안이 헐어버린 경험이 있을 것이다. 대체로 화상을 입어서 헐어버린 경험이 가장 많다. 뜨거운 국물이나 찌개를 먹다 보면 자주 경험한다. 분명히 후후 불어가면서 먹는데도 여지없이 입천장이 국물에 덴다. 이제 곧 겨울인데 그 경험을 들려드린다.

아내하고 시장을 가면 꼭 거쳐 가는 곳이 있다. 겨울이 다가오면 길거리에서 자주 먹는 간식거리, 바로 오뎅으로 알려진 어묵이다. 오뎅은 일본식 표현이고 우리 말은 어묵이 맞다. 투박한 글씨로 오뎅이라고 써 놓은 메뉴판을 보면 정감이 간다. 서민들의 먹거리에서 빠지면 서운한 음식이다. 아내하고 나는 보통 다섯 개 정도씩 먹는다. 두 사람 합해서 열 개는 먹어야 자리를 떠난다. 이때 빠질 수 없는 것이 바로 어묵 국물이다. 분명히 먹을 때는 못 느끼는데 계산하고 돌아서면 입안이 헐어 있다. 국물에 덴 것이다. 천천히 먹었다 생각하는데도 쉽게 데어 버리는 체질인 것 같다. 그날 저녁은 매운 음식을 피해야 한다. 그렇지 않으면 온 입안이 통증으로 미각을 잃어버리기 때문이다. 국물에 덴다 할지라도 그 맛을 입이 기억하고 있으므로 매번 먹게 될 것이다. 먹는 자에게 복이 있나니.

입 이야기를 한창 나누고 있는데 누군가 또 물어온다. 도대체 글쓰기는 언제 가르쳐 주냐고? 수차례 언급하는 말이지만 나는 당신에게 글쓰기 비법을 전수하는 것이 아니다. 일상 글쓰기 습관을 들이도록 돕는 중이다. 이 습관이 쌓여야 본격적인 글쓰기가 가능해진다. 내가 써서 보여 드리는 글은 자발적인 참여를 이끄는 글이다. 글쓰기를 두려워하는 당신에게 이런저런 방법, 내가 겪어본 경험을 들려주는 일이다. 그 과정에서 글 쓰는 재미를 느끼시고 글을 쓰기 시작하신 분들이 많다는 사실이 나를 즐겁게 한다.

⁰⁴⁵ 소재를 찾아 떠나자(입 이야기 넷)

독서를 강조하는 말 중에, '하루라도 책을 읽지 않으면 입안에 가시가 돋는다'는 말이 있다. 안중근 의사가 옥중에서 이 글을 남기며 널리 알려진 말이다. 소재를 찾는 과정으로 눈, 코, 입을 지나고 있는데 이 말이 기억에서 사라지지 않는다. 소재 찾는 어려움을 겪는 이유 중의 하나가 부족한 독서 경험도 있기 때문이다. 초반부에 독서의 중요성에 대해서 언급한 바 있다. 풍부한 독서 경험은 글의 양과 질을 풍요롭게 만든다.

입 안의 상처에 관해 이야기를 나눴다. 헛바늘과 입 안에 상처가 나던 경험은 가히 즐거운 기억은 아니다. 하지만 글로 표현하고 나니까 즐겁지 않은가? 한 문장 한 문장 모여서 재미있는 추억거리가 쌓이니까 말이다. 내가 경험한 아픈 기억이 누군가에는 재미있는 경험이 될 수 있다. 앞니가 쭈쭈바에 걸려 빠졌던 아픈 기억이 당신에게 흐뭇한 어린 시절로 돌아가는 공짜 티켓을 안겨다 준 것처럼.

입 안에 맴돌기만 할 뿐 잘 표현하기 어려운 말이 있다. '미안해, 사랑해, 고마워'라고 해서 한때 TV 프로그램에 '미사고'로 유명했던 말이다. 이걸 바깥으로 잘 드러내야 사랑받고 사랑하면서 사는데 쉽지 않다. 특히 남성분들은 더더욱 이 말에 어려움이 많을 것이다. 경상도 남자들이 대체로 무뚝뚝한 분들이 많다고 한다. 힘들더라도 입안에 담아두지 말고 입 밖으로 드러내자. 시대가 바뀐만큼 사람도 달라져야 한다. 표현하는 것이 부끄러운 일이 아님을 살아가면서 느껴보시길 바란다. 표현한 대로 눈에 보이게끔 되돌아오는 사랑이 커진다는 사실을 빨리 깨우치시길 바란다.

내가 쓴 글이 어색하다 느낄 때가 있다. 반드시 있다. 이때는 소리 내어 읽어보시길 바란다. 자신이 쓴 글을 직접 읽어보면 알 수 있다. 이건 말이 안 되는 것 같은데 하는 느낌이 있다. 그런 부분이 바로 고쳐야 할 문장들이 놓인 곳이다. 읽다가 숨이 차다면 긴 글을 썼다는 증거다. 엄밀히 말해 문장이 길다는 말이다. 이럴 때는 끊어서 쓰는 것을 추천해 드린다. 문장은 짧으면 짧을수록 좋다. 만연체라고 해서 긴 문장이 좋을 때도 있지만 대체로 짧은 문장이 잘 읽힌다. 잘 읽히는 글을 많이 쓰는 사람이 잘 쓰는 것이다.

이를 검증하는 가장 좋은 방법이 바로 입으로 소리 내어 직접 읽는 일이다. 읽어보면 내가 쓴 글이지만 어색한 부분이 보인다. 그 부분을 찾아서 고치는 연습만 제대로 하면 퇴고의 기초 과정을 배우는 셈이다. 말이 나온 김에 맛보기 학습하는 의미에서 퇴고란 말에 대해 그 유래를 살펴본다.

퇴고란 문장을 다듬고 어휘도 적절한가를 살피는 일을 말한다. 당(唐)나라의 시인 가도(賈島)가 나귀를 타고 가다 시 한 수가 떠올랐다. 그것은 조숙지변

수 승퇴월하문(鳥宿池邊樹 僧推月下門)인데, 뜻은 '새는 연못가 나무에 자고 중은 달 아래 문을 민다'이다. 여기서 달 아래 문을 민다는 퇴(推)보다는 두드린다는 고(敲)로 하는 것이 어떨까 하고 골똘히 생각하다가 그만 경조윤(京兆尹 : 서울시장 정도의 벼슬) 한유(韓愈)의 행차 길을 침범하였다. 한유 앞으로 끌려간 가도는 자신이 쓴 시를 생각하다가 그랬다고 자초지종을 설명했다. 이야기를 다 들은 한유는 노여운 기색 없이 한참을 생각하더니 "중이 문을 민다는 퇴(推)보다는 두드린다는 고(敲)가 좋겠군" 하며 가도와 행차를 나란히 하였다고 한다. 이 일화는 당시기사(唐詩紀事)에 실린 고사(故事)에서 생겨난 말로 이때부터 시나 글을 고치는 깃을 퇴고라고 하였다고 한다.

글쓰기를 하면서 입으로 말하는 과정이 얼마나 중요한지 알아보았다. 내가 쓴 글을 입으로 읽는 행위가 곧 퇴고의 시작점임을 명심해 주셨으면 한다.

046 소재를 찾아 떠나자(귀 이야기 하나)

소재를 찾아 떠나는 여행 시리즈는 이제 눈, 코, 입을 지나 귀에 머문다. 귀도 마찬가지로 거울을 꺼내야 볼 수 있다. 거울의 용도는 충분히 아시리라 본다.

소음성 난청과 이명에 관한 기억은 아직도 선명하다. 소음 공해로 인해 청각에 장애가 생기는데 이를 소음성 난청이라 한다. 이명은 귀에서 울리는 소리이다. 2014년 1월 19일 일요일, 독서와 함께 주말을 마무리하던 저녁 시간이었다. 갑자기 귀에서 쉬익 하는 바람드는 소리가 들리는가 싶더니 연속적으로 삐~하는 기계음이 들리기 시작했다. 형광등이 고장 나면 그런 소리가 나는 경우가 있다. 위잉~하는 기계음 말이다. 혹시나 해서 거실 등을 만지는데 아내가 뭐하냐고 묻는다. 이상한 소리가 나서 살피는 중이라니까 아내는 그런 소리 안 들린다고 그런다. 재차 물어봐도 대답은 같았다. 잠시 앉아서 귀를 막아보았다. 도대체 무슨 일인지?

귀를 막으니까 그 소리가 더 크게 울려 퍼진다. 내 안에서만 울리는 소리, 귀의 비명인 이명(耳鳴) 증세였다. 다음 날 병원으로 가서 소음성 난청 진단을 받았다. 그와 함께 이명 증세에는 별다른 치료 약이 없다는 슬픈 소식도 함께 전달받았다. 유명한 한의원을 찾아다니며 침을 맞고, 약을 쓰고 했는데 결국 지금까지 차도가 없다. 초반에는 잠들 때 괴로운 시간이 이어졌다. 계속 울려 퍼지는 소리 때문에 잠드는 것이 상당히 힘들었다. 백색 소음의 효과를 보기 위해서 휴대폰으로 관련 앱을 내려받아서 들어도 봤지만 소용없었다. 결국, 혼자 이겨내는 수밖에는 별다른 방법이 없었다. 마음을 가라앉히고 내 마음의 소리를 듣기로 했다. 내 안에서 울리는 나만의 소리, 이것이 피할 수 없는 일이라면 어쩔 수 없이 받아들이자고 마음먹었다.

그렇게 마음먹고 지금까지 잘 견뎌온 것 같다. 이 글을 쓰고 있는 지금 이 순간에도 여전히 양쪽 귀에서는 매미 두 마리가 울고 있다. 매미 이야기가 나와서 하는 말이지만 여름에 매미가 울 때 그 아래 있으면 편하다. 매미 소리와 내 귀에서 나는 이명 소리가 비슷하다. 특히 찢어질 듯 울어대는 말매미란 놈의 소리 하고 비슷하다. 그토록 싫어하던 말매미 소리가 이제는 정답게 들리는 상태다. 괴롭지만 현실이므로 덤덤히 받아들인다.

사실 매우 두려웠다. 남에게는 들리지 않는 소리가 나에게만 들린다는 사실이. 조용한 순간이 더 힘에 겹다는 사실을 느낄 때면 우울해지기도 했다. 이럴 때는 무언가에 집중해야 한다. 신경을 될 수 있으면 다른 곳으로 돌려야 내 귀에서 나는 소리를 덜 느낀다. 잠깐이라도 그렇게 해야 편안해진다. 앞으로 남은 시간 동안 함께 해야 할 친구인데 조금만 나를 편하게 해줬으면 좋겠다.

초반부에 글을 쓰면서 밝힌 바 있지만, 영어를 배우기 위해 늘 이어폰을 귀에 꽂고 생활한 적이 있다. 약 5년 가까운 시간을 거의 빠짐없이 이어폰이 내 귀에 꽂혀있었다. 잠잘 때도 예외가 없었다. 잠꼬대할 정도였으니 어느 정도로 심하게 이어폰을 끼고 살았는지 실감이 되리라 본다. 그렇게 한 결과로 어느 정도 영어에 자신감이 생겼고 소위 말해 귀를 뚫었다. 시간이 지나 그 후유증이 이렇게 나타날 줄은 몰랐다. 정도껏 해야 하는데 많이 심했음을 인정한다.

귀 마사지를 자주 해야 한다. 조물딱 조물딱 주무르는 것이 효과가 있다. 귀 주변을 마사지해주면 한결 낫다. 잠깐이지만 귀가 편안해진다. 언제쯤에 갑자기 귀가 좋아질까? 조용했던 예전의 내 모습이 그립다. 그때로 돌아가고 싶다. 건강은 건강할 때 지켜야 함을 몸소 체험했다. 모두 건강하시기를 빈다.

글쓰기를 하면서 정보가 될 만한 것은 많이 알려드려야 된다고 본다. 글쓰기만 권유하는 게 아니라 세상 살아가는 이런저런 이야기를 나눈다. 그 과정에서 나도 배우고 당신도 배우며 우리 다 함께 배워나간다. 나를 위한 글쓰기가 곧 당신을 위한 글쓰기로 이어져 우리를 위하는 글쓰기가 되는 날이 빨리 오기를 소망한다.

047 소재를 찾아 떠나자(귀 이야기 둘)

귀는 잘 듣는 역할을 한다. 말하는 것보다 더 중요한데도 사람들이 소홀히 하는 부분이다. 들을 청(聽)을 자세히 살펴보자. 먼저 귀 이(耳)자가 놓여있고 그 아래에 임금 왕(王) 자가 놓여있다. 눈 목(目)부에 마음 심(心)이 있음을 알 수 있다. 뜻을 풀이해보면 '임금처럼 귀 기울여 들을 것이며, 지긋이 사람을 바라보면 마음을 얻을 수 있다'는 말이다. 듣기의 중요성이 이미 한자에 고스란히 표현된 셈이다.

생각이 말을 낳고, 말이 글을 낳는다. 여기서 생각을 낳는 원천은 잘 듣는 일이다. 잘 듣지 않으면 생각할 겨를이 없어진다. 아무런 생각 없이 듣게 된다. 누군가 중요한 말을 하는데도 불구하고 허공에 모두 날리는 셈이다. 얼른 주워 담아야 내 안의 소재 바구니가 가득 찰 것인데 아쉬워도 어쩔 수 없다. 들은 것이 없으니 생각할 기회가 사라지고 결국 없는 생각에 말이 사라진다. 말이 사라지니 글 또한 사라지는 수밖에 없다.

생각의 결과가 말이고, 말로써 글이 완성된다. 말과 글 중에서 어느 것이 큰 힘을 가지고 있을까? 순간의 흔적으로 사라지는 말이냐, 영원한 기록으로 남는 글이냐를 두고 생각하면 답은 명확하다. 바로 글이다. 듣고 말하고 기록하기가 올바르게 이어져야 제대로 된 기록이 완성된다. 지금부터라도 남의 말을 귀 기울여 듣도록 하자. 남의 말을 귀하게 여기고 귀하게 받아들여 귀한 글을 쓰도록 하자.

글이 딱딱한 이론적인 방향으로 흘러가는 것 같아 분위기 반전을 시도해 본다. 괴롭지만 내 어린 날의 기억 속에서 지워지지 않는 고통이 된 일을 꺼내 본다.

귀를 함부로 잡아당기고 하는 사람이 있었다. 내 어릴 적 초등학교 선생 한 명이 자주 그랬다. 아직도 기억나는 폭력 교사가 있다. 이름 석 자는 기억하지만 생략한다. 내 나이 열 살 무렵의 일이니까 벌써 35년 가까이 된 기억이다. 초등학교 3학년 재학 시절의 선생인데 내 담임 선생님은 아니었다. 6학년 담임 선생이었고 운동회를 담당하는 선생이었다. 한 학년에 한 반인 시골 학교에서 이 선생의 역할은 군기 담당이었다. 교무주임이라고 그러나? 그 직책이었다.

그 선생은 늘 아이들의 귀를 잡끄는 습관이 있었다. 나를 포함해서 자기 마음에 들지 않는 아이들은 여지없이 귀를 잡혔다. 특히 그 당시에 나는 반장이었는데 학급 아이들이 잘못하면 대표로 맞았다. 주로 떠든다는 것이 이유였다. 학급 자체가 시끄럽다고 대표로 맞다 보니 맞지 않는 날이 거의 없을 지경이었다. 입안이 터져서 피가 난 것도 한두 번이 아니었다. 아직도 그때를 생각하면 속이 상한다.

선생은 한쪽 귀를 잡고 위로 잡아당긴 후 까치발 상태가 된 것을 확인하면서 내 뺨을 심하게 후려갈겼다. 반장인 나만 특별히 자주 그리고 많이 후려갈 겼다. 나는 몸도 호리호리하고 가벼운 아이였는데 어찌 그리 맞고 버텼는지 모르겠다. 뺨을 맞으면 내 몸이 뒤로 몇 걸음 물러서기를 반복한다. 움직인다고 때리고, 쓰러진다고 때리고, 이유란 이유는 다 갖다 붙이면서 때렸다. 그 모습을 분명히 내 담임 선생님이 봤는데 말리지 않았던 이유를 모르겠다. 이해가 가지 않는 장면이기도 하다. 내 담임 선생보다 직책이 높았던 선생이었을까? 선생들 간에도 직책이란 게 있으니 말이다. 지금 그 선생이 살아 있을까? 살아 있다면 70대 노인이 되었을 것이다. 성인이 된 지금, 그 선생을 만나게 되면 알려주고 싶다. 그게 얼마나 아이에게 큰 충격이고 아픈 상처인지를. 오죽하면 지금도 그 기억에 몸서리치는 줄 아느냐고!

쓰고 보니까 오늘은 좋지 않은 기억을 되풀이한 것 같아 죄송스럽다. 하지만 쓰고 보니 시원하다. 고발한 심정이랄까? 이 글이 씨앗이 되어 그 선생에게 전달되었으면 좋겠다. 폭력은 평생에 걸쳐 상처가 된다는 것을 알려 드렸으면 좋겠다.

048 소재를 찾아 떠나자(귀 이야기 셋)

글쓰기를 하다 보니까 이런저런 생각이 자꾸 내 안에서 튀어나온다. 꺼내달라고 순번을 정해놓고 기다린 듯한 느낌이다. 이 많은 이야기가 어떻게 숨겨져 있었는지 알다가도 모를 일이다. 신기하다. 내 안에 이렇게 많은 이야기가 있었다는 사실이. 꺼내볼 기회가 없었는데 이렇게 글로 꺼내보다니. 내가 느끼는 이 기분을 당신도 느꼈으면 좋겠다. 꼭꼭 숨겨진 이야기들을 하나씩 불러내어 글로 써 보면 알게 된다. 무엇이 나를 이토록 억압하고 있었는지를 말이다.

귀를 뚫은 경험이 있는지 모르겠다. 두통이 심한 분 중에 귀를 뚫는 분이 계신다. 아내에게 들은 바로는 여성 분 중에서 편두통이 심해서 귀를 뚫는 사람도 있다고 한다. 혈액 순환이 좋아진다고 하는데 근거가 있는 말인지 모르겠다. 네이버 씨에게 물어보려다가 그냥 참기로 했다. 내가 말하는 귀를 뚫는다는 것은 물리적인 상태를 말하는 것이 아니기 때문이다. 눈에 보이는 귀를 뚫는 행위가 아니라 무언가의 소리에 제대로 반응하는 귀를 말한다. 쉬운 말로 언어에 대한 이해다.

내 경험담 중에 영어를 배우기 위해 가장 먼저 한 일이 귀를 뚫는 것이었다. 영어를 오래도록 들어서 귀에 익숙해지는 단계를 말한다. 아는 만큼 들리는 법인가? 자꾸 듣다 보면 들리는 단어가 점점 늘어나고 나중에는 문장이 되어 쏙쏙 이해가 된다. 영어라는 언어에 귀가 뚫리는 것이다. 다른 언어도 마찬가지다. 다른 나라의 언어를 배우기 위해서는 가장 먼저 귀를 뚫어야 한다. 도대체 무슨 소리를 내는지 들어야 그 소리의 뜻을 짐작할 수 있다.

니는 이것을 글쓰기로 확장해서 이해해 보았다. 다른 사람이 하는 말을 제대로 알아들어야 이해가 가능하다. 정확한 이해를 하지 않은 상태에서 섣불리 말이나 글로 표현하면 오해를 낳는다. 이해하지 못한 말이나 글은 상대방의 오해를 불러일으켜 심각한 다툼의 원인이 된다.

자기 자신이 스스로 볼 수 없는 것은 무엇인가 조심하라는 의미다. 거울을 통하지 않으면 볼 수 없는 눈, 코, 입, 귀는 모두 얼굴에 붙어 있다. 당신의 얼굴에 가장 조심해야 할 신체 기관이 다 모여있다. 조물주가 까닭 없이 이 신체 기관들을 보이지 않게 해두지 않았다. 보이지 않는 만큼 조심해서 길을 건너야 하고 살아갈 길을 찾아 나가야 한다. 얼굴에서 가장 중요한 하나가 남았다. 바로 이다음에 이어질 머리에 관한 이야기다. 이 모든 신체 기관 위에 자리하고 있는 머리 부분을 이야기할 것이다.

눈, 코, 입, 귀를 가장 먼저 바라본 기분이 어떤가? 거울을 통해서 바라본 내 모습이 익숙한지 낯선지. 글을 써야 한다는 이유로 쳐다보았으니 어색했을 것 같다. 도대체 이 거울을 통해서 무엇을 보고 무엇을 생각하란 말인가? 뜬금없이 이상한 행동을 시킨다고 오해했을지도 모르겠다. 되짚어 생각해보시라. 당신과 내가 걸어온 길이 어느 정도인지를. 이미 많은 시간을 이 과정을 되풀이 해오고 있다. 무엇을 위해서 그렇게 했는지 기억나는가? 바로 소재를 찾기 위해서다. 소재가 무엇인지 모르니 내 안에서 소재를 캐기 위해서였다. 지금도 부지런히 소재를 캐고 있지 않은가? 당신은 연필을 든 광부다. 노트북을 펼치고 거울을 든 광부가 되어 부지런히 소재를 캐고 있다. 캐낸 소재를 잘 버무려 머리로 생각하고 가슴으로 숙성시켜야 한다. 그래야 다른 이의 가슴을 울리는 진실한 글이 만들어진다. 당신의 글, 이제 슬슬 궁금해지는 마음은 시기상조일까?

049 소재를 찾아 떠나자(머리 이야기)

모든 글은 머리에서 나온다. 머리로 생각하지 않으면 글이 나오지 않는다. 맞는 말이다. 여기에 하나를 더 보태고 싶다. 내 마음의 평론가 가슴이다. 가슴은 늘 머리가 하는 일을 관찰하고 감독한다. 내가 쓴 글이 가슴에 와 닿지 않으면 그 글은 호감이 가지 않는다. 글을 다 써 놓고도 별다른 감흥이 없으면 그 글은 지워지거나 묵혀둔다. 나중에 따로 저장된 창고에서 패자부활을 기다리는 것이다. 나중에 써먹을 가치조차 없는 글로 판정되면 가차 없이 지워진다.

나와 당신이 써야 할 글은 가슴이 시키는 글이다. 생각을 머리로 했으나 표현은 가슴이 시켜야 한다. 당신의 머리가 부지런히 생각해 낸 것을 가슴에 물어서 아름답게 그려내자. 그것이 나와 당신의 글이 되어야 한다.

난 머리 쓰는 일은 질색이야, 라고 단정하는 분들이 있다. 그런 분들은 글을 쓰기가 어렵다. 일단 책상에 앉아 글을 마주하면 머리부터 아프기 때문이다. 책을 읽기도 어렵다. 책을 읽어야 생각의 바구니가 가득 차는데 그 기본 작업이 되지 않는다. 확장된 글쓰기는 더더욱 어렵기 마련이다. 적어도 책상에 쌓인 책을 읽는 일과 의자에 앉는 일에 대해서 머리 아프게 생각을 하면 안 된다.

머릿속은 보기가 힘들 것이고, 머리 바깥은 거울로 볼 수 있다. 머리카락이 머리를 감싸고 있는 모습은 거울에 선명하게 보인다. 머리와 머리카락에 관련된 기억을 불러들여야 한다. 거울을 꺼내 5분 쳐다보고, 5분 생각하고, 50분 글쓰기 시작하는 당신의 모습이 보인다면 거짓말일까? 내 눈에는 보인다. 누군가는 벌써 머리를 긁적긁적하는 모습이 분명히 보인다. 첫 문장을 어떻게 써 내려가야 하는지 고뇌하는 모습이다. 이제 첫 문장이 나오기 시작한다.

마흔 중반이 되고 보니까 서서히 탈모가 시작된다. 앞머리가 보기에 표가 확 날 정도로 빠지기 시작한다. 그렇다고 대머리 징조는 아니다. 단순히 숱이 많이 빠진 정도다. 어찌 되었든 이렇게 머리카락이 자꾸 빠지면 염려스럽다. 3년 전의 사진을 찾아서 본다. 휴대폰에 저장된 사진인데 분명히 지금과는 다른 모습의 얼굴이다. 머리카락이 풍성한 정도가 지금과 비교해서 확실히 다르다. 속이 상한다.

머리를 감을 때 늘 잔소리를 듣는다. 손가락으로 두피를 벅벅 문지르는 습관 때문이다. 손톱으로 긁듯이 긁적긁적 벅벅 문지르면서 머리를 감아야 개운한 맛이 난다. 이게 두피에는 좋지 않다고 한다. 손가락 끝으로 살살 마사지하듯이 해야 하는데 늘 그게 귀찮다. 간지러운 듯해서 싫다. 벅벅 문지르고 난 후에 손가락을 펴 보면 제법 많은 양의 머리카락이 묻어 있다. 빠진 것인지 빠져 있던 머리카락이 묻어 나온 것인지 구분이 되지 않는다. 그게 무엇이든 내 머리카락이란 것은 확실하다. 삶을 끝내고 사라지는 내 머리카락들. 숱이 점점 줄어드는 모습을 보는 그 자체가 싫다. 이렇게 나이 들어가는구나 싶다.

쓰고 보니까 문제점이 무엇인지 분명히 알 것 같다. 두피 건강을 위해서 이제부터라도 부드럽게 머리를 감아야겠다. 알고도 그렇게 하지 않았던 나를 반성한다. 내 안의 문제점을 찾아내는 일, 글쓰기가 제 몫을 제대로 한 셈이다.

050 소재를 찾아 떠나자(요약)

소재, 쓸 거리가 없는 것이 아니라 쓸 거리를 찾지 못하는 것이라고 했다. 거울 하나로 이렇게 많은 소재를 찾아보았으니 기분이 어떤가? 과연 소재가 없었던 것인지 묻고 싶다. 우리 눈이 소재를 보는 눈으로 바뀐 것이라고 믿는다. 지금까지 소재를 찾아 떠나는 광부의 자세로 글을 썼다. 깊은 땅속에 숨겨진 석탄을 캐내듯이 소재를 하나하나 캐낸 기분은 값진 다이아몬드를 캐낸 것과 진배없다. 당신의 노력과 나의 조언이 결실을 거두어가고 있기를 기원한다.

눈으로 제대로 봐야 한다. 우리 눈에 보이는 전부가 진실은 아니다. 이때를 위해서 눈을 감으라고 했다. 과정마다 눈을 감으라고 한 이유는 눈으로만 봐서는 보이지 않았던 내면까지도 함께 바라보라는 의미였다. 코는 어떤가? 호흡을 위해 코의 역할은 굉장히 중요하다. 좋은 공기를 마시고 맑은 기운을 북돋워 머리를 상쾌하게 만들자. 입을 통해서 바른말을 하고 머리를 통해서 가치

있는 생각을 하자. 귀로는 오해가 없도록 제대로 이해할 때까지 들어야 한다. 이렇게 들은 내용을 입으로 말하고, 머리로 생각하고, 가슴으로 느껴서 글로 표현해보자.

얼굴 부위에서 목 부분이 빠졌다고 섭섭해하지 마시라. 목은 이미 가슴과 통하는 통로로써 그 역할을 다했다. 가슴이 해야 할 일을 분명히 말씀드렸다. 머리가 생각한 것을 따스하게 바라보고 제대로 판단해야 한다는 중요한 일. 이 일을 하기 위해서는 가슴은 머리에서 내려온 생각을 목을 통해서 전달받아야 한다. 얼굴 부위와 신체 상단 부분을 연결하는 중요한 통로, 소통의 통로가 바로 목이다.

〈나를 쓰다〉를 통해서 내가 보여주고자 하는 일은 어릴 적 내 기억들과 살아오면서 겪게 된 이런저런 일들이다. 이 일들은 당신과 내가 살아가는 현실을 담고 있기에 현실을 보여주는 작업으로 보았다. 삶을 반영한 글쓰기가 곧 나를 보여주는 글쓰기인 셈이다. 내 글이 당신의 관심을 끌고 당신의 발걸음을 멈추게 한다면 얼마나 좋을까 생각해본다.

글쓰기를 통해 나를 발견하는 과정은 시간이 오래 걸리는 작업이다. 온전히 나를 발가벗기는 과정이기 때문이다. 가장 먼저 내가 입고 있는 기억이라는 옷을 벗겨야 한다. 즐거운 추억, 잊고 싶은 괴로운 심경이 담긴 기억도 있다. 어떤 방식으로든 하나씩 벗겨서 결국에는 발가벗겨진 모습으로 독자 앞에 당당히 서는 과정이다. 이런 과정은 하루아침에 완성되지 않는다. 깊이 생각하고 또 생각해서 나온 결과를 글로 표현해야 한다. 어렵다. 분명히 이 과정은 어렵다.

나는 글쓰기를 고통과 소통 사이에 놓인 징검다리라고 본다. 당신이 제대로 길을 건너가게 디딤돌이 되어줄 글쓰기는 소통을 위한 글쓰기다. 돌 하나하나를 짚고 넘어서면 어느새 강 건너에 가 있는 당신의 모습이 보인다. 독자와 함께 하는 글쓰기가 완성된 셈이다. 반면에 숨기고 거짓을 말하는 글쓰기는 고통의 강물 속으로 빠진 것과 같다. 위태로운 고통의 돌 하나를 밟고서 건너다가 결국은 물속으로 빠져버린다. 어느 쪽을 선택하든 결과는 당신이 책임져야 한다. 수차례 언급한 대로 글은 어떤 식으로든 흔적을 남기고, 그에 대한 책임이 따른다. 자신 있게 진실과 마주하는 당신을 응원한다.

소재를 찾아 떠나는 여행은 내 안에서만 머물지 않는다. 내 기억으로부터 시작된 글쓰기가 다른 이의 기억을 불러일으키고 그 과정에서 새로운 시선과 마주하게 된다. 삶이란, 내가 바라보는 시선의 방향에 따라 시시각각으로 색깔이 바뀐다는 사실을 일아가는 과정이다. 이 즐거운 여행, 내 안에만 머물지 말고 바깥으로 눈을 돌려 보기로 한다. 늘 즐거운 일만 가득하다면 좋겠지만, 힘겹고 어려운 일이 있어도 꿋꿋하게 글로 표현함으로써 서서히 이겨나가는 당신의 모습을 기대해본다.

제3장
여행자의 글쓰기

051 여행을 떠나요(남해 독일 마을)

소재를 찾아 떠난 여행은 계속된다. 얼굴을 벗어나 다른 곳으로 소재 여행을 떠날 순간이다. 무엇으로? 바로 당신의 발을 이용해서다. 엉덩이와 의자 사이가 멀어질까 염려되는가? 염려 붙들어 매시라. 이미 다녀온 이야기들을 풀어내는 시간이다. 당신의 발로 다녀본 곳에 대한 기억을 퍼 올리면 된다. 엄격히 말하면 발로 다닌 곳을 눈으로 보고 가슴으로 느낀 당신만의 여행기를 써 보는 일이다. 지금까지 쓸 거리를 찾기 위해서 뚫어지라고 얼굴을 바라본 당신에게 자유를 부여한다. 당신이 떠난 여행, 종이는 그 기록을 원한다. 당신이 밟은 돌멩이 조각 하나의 기억까지 모조리!

돌멩이 조각을 언급한 이유가 따로 있다. 여행의 시작을 작은 것부터 바라보자는 의미에서다. 뭉뚱그려서 제주도 여행, 해외여행 이렇게 뜬구름 잡는 식으로 글을 쓰면 재미없다. 예시로 최근에 다녀온 나의 여행기를 남겨 본다.

162

2017년 10월 7일 밤 10시가 넘어갈 시각이었다. 갑작스레 남해 여행이 결정되었다. 큰 형님 내외께서 먼저 남해에 가서 여행을 즐기던 중 큰 형수님이 아내에게 전화해서 자랑하셨다. 너무 좋다고, 같이 여행 왔으면 좋았을 것 같다고. 남해에 위치한 독일 마을에서 맥주 축제가 시작되었다는데 같이 보자고. 즉흥적인 것을 즐기는 아내가 가보고 싶다고 졸랐다. 통화를 엿듣고 있는데 내 마음도 살짝 공중에 뜬다. 남해가 보인다. 홀린 듯 그렇게 남해 여행은 시작되었다.

여행이 어떻게 시작되었는지 이유를 썼다. 큰 형수님의 자랑이 결국 여행을 시작하는 결정적인 계기가 되었다. 무심코 던진 큰 형수님의 돌팔매에 나와 아내라는 연못이 풍덩 하고 요동쳤다. 여행을 떠나기로 한 순간부터 이미 여행은 시작된다. 친구의 전화, 가족의 전화처럼 누군가는 우리를 부른다. 함께 여행하자고 말이다. 이것을 놓치지 말고 기록해두자. 여행 후 추억 나누기가 된다.

열흘간의 추석 연휴는 많은 국민들을 유명 관광지로 불러들였다. 나와 아내도 그중의 한 부분을 담당했다. 구미가 삶의 터전이므로 중앙고속도로를 이용해 대구를 지나고, 중부 내륙 고속도로를 거쳐 남해 고속도로로 진입한다. 대략 2시간여를 달렸을까? 남해로 가는 길, 구례와 하동 사이를 지나는데 나와 아내는 콧노래로 화개장터를 부른다. 누가 먼저랄 것도 없이 동시에 부른 콧노래다. 여행이 주는 즐거움은 이렇게 작은 것에서부터 출발한다. 두 사람이 마음이 맞는 순간부터다. 여행은 사람의 마음을 풍요롭게 만든다. 삶을 여유롭게 가꾸어준다.

다음으로 여행 목적지까지 가는 과정에서 일어난 작은 사건을 이야기한다. 콧노래로 그때의 흥겨움을 회상해 보았다. 여행은 출발 전과 출발 후 가는 과정이 가장 즐겁다고 하지 않는가? 그때의 즐거운 감정을 놓치지 말고 기록해

두면 여행의 흔적은 늘 기억에서 살아 숨 쉰다.

남해 독일 마을은 오래전에 다녀간 이후 재방문인 셈이다. 거제, 통영 쪽을 여행할 때 우연히 길을 가다가 바라보게 된 마을이 독일 마을이었다. 그때는 지나는 길에 들렀기에 잠깐 스쳐 가는 기억으로만 남아 있던 마을이었는데 직접 와보니 오기를 잘했다는 생각이 든다. 아쉬운 것은 맥주 축제로 먹고 즐기는 장소가 된 듯한 느낌이 들었다는 점이다. 파독 전시관을 통해서 오래전 독일에 파견된 광부의 심정을 느껴보지만 내 마음이 그 아픔의 일부만 느낄 따름이다. 간접 경험의 한계인 셈이다. 직접 겪어보지 않은 어둠 속에서의 고통, 사진과 인형으로 그 아픔을 다 느끼지 못하는 것이 죄송스럽다. 그들의 고되고 힘든 시간이 있었기에 오늘의 우리가 발전된 나라에서 사는 게 아닌가? 감사할 따름이다.

여행지에 도착해서는 무엇을 보고 느꼈는지 기록한다. 이때 사진은 필수다. 누가 그런다. 남는 게 사진밖에 없더라고. 참고로 내 경우는 많이 찍기보다는 기억에 남는 장면을 먼저 눈으로 보고 가슴으로 느낀 후 일부분만 사진으로 남긴다. 여행지의 기록은 마음이 먼저 그곳의 풍경과 분위기에 흠뻑 취해야 눈으로 제대로 보기 때문이다. 이런 핑계로 사진은 늘 아내 담당이다. 여행 후 아내가 찍은 사진을 보면서 내가 발견하지 못한 풍경을 바라보곤 한다.

먼저 가 계신 큰 형님 내외만 믿고 숙박 시설 예약이나 캠핑 장비 없이 떠났다. 만일 숙박이 필요하면 차량에서 잘 계획이었고, 캠핑 장비 중에서 버너와 취사도구는 큰 형님 내외께서 챙겼다 하니 빈 몸으로 가도 될 성싶었다. 결국, 이 일로 여행 일정이 완전히 꼬여 버렸다. 급한 일이 생겨 큰 형님 내외께서는 우리가 도착한 날 저녁에 먼저 대구로 가셨고, 덩그러니 아내와 나만 남았다. 가시면서 깜박하시고 버너와 취사도구마저 가져가 버리셨다. 2박 3일을 계획

한 여정이 1박 2일로 단축된 결정적 계기였다. 낚시해서 물고기를 잡고, 잡은 물고기로 구워 먹고 회로도 먹어야 했는데 그러지 못했다. 그 맛에 바다를 가는데 아쉬웠다. 무엇보다 흥이 깨졌다는 사실이 일정을 앞당기게 했다.

마지막에는 소소한 반전이 있다. 이렇게 끝이 나버린 여행자의 글쓰기를 맛보기로 보여드렸다.

052 여행을 떠나요(여수 엑스포)

쓰지 않으면 아무도 몰랐을 당신만의 여행이 글로 표현된 순간 많은 이들의 부러움을 산다. 독자들이 간접 경험 하는 것이다. 마음속에 여행을 꿈꾸고 있지만 떠나지 못한 분들이 대리 만족을 느끼게 된다. 고마워하고 더러는 시샘도 할 것이다. 시샘은 보너스로 받아들이자. 나의 즐거운 추억이 다른 분들에게 분명히 도움이 된다. 지금 당장 떠나진 못해도 훗날 여행한다면 좋은 정보가 된다.

남해 여행 중에서 여수를 빼놓으면 섭섭할 것 같다. 2012년 여수 엑스포는 아직도 아내와 나에게 쓴 기억으로 남아있다. 엑스포 기간에 방문한 인원은 셀 수 없이 많아서 사람 구경을 온 듯한 착각이 들 정도였다. 가장 유명했던 아쿠아리움을 보기 위해 기다린 줄이 대략 3시간을 땡볕에 머물러 있게 만들었다.

여기서 처음으로 아내에게 짜증을 냈다. 그해 11월에 결혼했으니 아직 풋풋한 연애 시절에 간도 크게 말이다.

뜨거운 태양, 끝이 보이지 않는 긴 줄을 지키고 서 있은 지 막 2시간 지난 무렵이었다. 다리 아프고 현기증이 나는데 아내가 자꾸 말을 걸어온다. 저기 앞에 자판기 보이는데 음료수라도 하나 사 먹자고 그런다. 제정신이 아니다 보니 마치 투정처럼 들렸다. 먹고 싶으면 먹으라고 버럭 성질을 냈다. 인상 쓰고 보니 아차 싶었다. 아내의 눈빛이 심상치 않았다. 오호~ 이런 못된 성질머리를 봤나? 이런 남자다 이거지? 라는 눈빛이었다. 결혼하고 지금까지 두고두고 싹싹 빌고 있다.

사람들은 힘들고 짜증 났던 일을 쉽게 잊지 못한다. 즐거운 여행에서 일어났던 일은 더욱 그렇다. 우여곡절 끝에 아쿠아리움에 들어갔는데 결과는 영 신통치 않았다. 겨우 이거 보려고 3시간을 그 고생했나 싶을 정도였으니까. 그나마 그때의 추억을 즐겁게 마무리하고자 글로 남겨두었던 내용을 소개해 드린다. 아쿠아리움 중앙으로 투명 통로가 있어서 사람들이 그곳을 지날 때는 마치 물 안의 터널을 걷는 듯한 착각이 든다. 모든 물고기가 사람들을 구경하는 것 같았다. 이때 내가 바라본 아쿠아리움의 풍경과 느낌을 글로 옮겼다. 나의 시선과 물고기의 시선에서 바라본 느낌이 어떠했을까? 소수의 물고기가 다수의 사람을 바라본 느낌, 그 느낌을 글로 남겨 보았다. 우리가 구경 당하고 있는 느낌이었다.

제목 : 또 다른 세상

누구의 시선이냐에 따라 세상은 변한다

눈은 때론 어처구니없는 실수를 범하기도 한다
또 다른 세상, 타인이 된다

여행 이야기에서 빼놓을 수 없는 것이 먹거리 이야기다. 역시 어딜 가나 먹는 것 빼면 할 이야기가 없다. 오죽하면 금강산도 식후경이라 하지 않는가? 여수에 왔으니 여수 돌 게장에 밥 먹는 것은 기본이다. TV에 나온 맛집을 가 보니 어마어마하게 긴 줄이 우리를 맞이했다. 할 수 없이 건너편의 조금 한산해 보이는 식당에 들어간다. 어차피 그 게장이 이 게장이 아니겠는가 하는 마음이었다. 결과는 대만족이었다. 이가 부러질까 봐 살살 달래가면서 먹었다. 돌 게장 집게발이 꽤 탐스러워 보였는데 너무 딱딱해서 먹지 못했다. 식당에서 손님을 배려한다면 이런 세심한 부분까지 신경을 써야 한다. 아마도 TV에 나온 맛집은 이런 문제를 해결했으리라 본다. 유명한 집과 그렇지 않은 집은 분명히 차이가 있다.

여행 다녀온 기억이 가물가물해요. 언제인지 잘 모르겠어요. 라고 하시는 분들이 많다. 지금 당장 휴대폰의 사진첩을 펼치시기 바란다. 그 안에 고이 담겨있는 당신의 기억을 불러보도록 하자. 사진에 보면 상세 정보가 나온다. 다녀온 날짜와 시간이 나온다. 이때를 기억해보고 기억나지 않으면 사진에 나온 동행한 이에게 물어보시라. 그러면 그곳이 어디인지, 왜 갔는지 알게 될 것이다. 그런 이야기를 글로써 풀어놓으면 된다. 그게 모여 여행자의 글쓰기가 된다.

당신의 종이는 기다린다. 하얀 몸이 잉크로 가득 차는 그 날을 말이다. 노트북 워드 프로그램의 텅 빈 곳에서 울리는 여백의 외침을 들어보시라. 그러면 당신은 쓰지 않고는 못 견딜 것이다. 이렇게 쓰는 것이 글쓰기에 무슨 도움이 되겠느냐 되물으면 할 말이 많다. 반드시 도움이 된다. 우선 당신이 잊고 지냈던 지난 기억을 떠올리게 된다. 디지털 시대에 기억 용량이 한없이 줄어든 당신에게 생각하는 시간을 마련해준다. 이 생각들이 말로써 표현이 되고 어느 순간 글로 남는다. 그 글들이 모여 당신이 다녀간 흔적이 된다. 당신의 인생을 살찌우는 소중한 뼈와 살이 된다.

당신의 인생, 뼈와 살을 채워가는 과정에서 동행하는 것이 글쓰기다. 이 글쓰기가 결국 당신을 의자에 앉히는 습관을 길러주고 삶을 되돌아보게 해준다. 인생의 참된 의미를 알고자 하는 이에게 여행을 권하고, 기록을 남길 것을 부탁드린다.

053 여행을 떠나요(여수 돌산대교)

여수는 밤바다로 유명한 곳이다. 버스커 버스커의 여수 밤바다 노래를 들으며 여수 돌산대교를 바라본 적이 있는가? 몇 분 간격으로 풍경이 바뀌는데 한참이나 멍하니 쳐다보았다. 그 옆으로 펼쳐진 여수 시내는 특별한 밤의 도시로 보였다. 낮에는 감춰져 있던 풍경들이 밤이면 하나둘 불을 밝히며 얼굴을 들이밀었다. 그 모습을 바라보면서 남겼던 글을 소개해 드린다.

제목 : 저 다리 너머

바람의 발걸음 소리
입김 같은 그리움이 열어주는 하루

어둠이 내린 여수 밤바다
여름밤 시원한 풍경으로 마주한다

다리 건너, 밤바다 그 너머
옹기종기 모여있는 풍경들이 도란도란하다

방울방울 모여 있는 풍경 너머로
사람의 향기 그윽하다

바다 향기처럼 깊어만 간다

짧지만 이렇게 글을 남겨두어야 그 장소가 오래도록 기억에 남는다. 나는 길게 산문으로 작성한 글보다 짧은 글이 오히려 기억에 오래 남는다. 왜 그럴까? 이것도 디지털 문명이 가져다준 영향일까? 아니라고 장담하지 못한다. 기억하는 것만큼 잊는 속도도 빛의 속도로 빨라지고 있는 요즘의 내 모습이 그렇다.

여수에 갔던 일 중에 기억 나는 일이 하나 더 있다. 여수 밤바다를 구경하고 돌아서면서 내 마음이 조급해졌는데 이유는 잘 곳을 구하지 못했기 때문이다. 첫날은 여수 엑스포를 보고 광양 근처에서 운 좋게 방을 구해서 잘 수 있었다. 하지만 둘째 날은 순천까지 내려갔는데도 방을 구하지 못했다. 여수 밤바다를 본다고 시간을 너무 지체했기 때문이었다. 결국, 하동까지 가서야 겨우 방을 구해 잠을 청할 수 있었는데 이때를 생각하면 웃음이 난다. 아내도 낯선 여행길에서 무척이나 당황했으리라. 두 사람 모두 대책 없이 여행을 나선 것 같아 그 이후부터는 나름대로 계획을 세우면서 여행을 다닌다. 이때의 경험이 없었다면 아직도 즉흥적인 여행을 즐기고 있었을지도 모르겠다.

남해에 들른 이야기는 이렇게 마무리를 짓는다. 이제 서서히 눈을 돌려 동해로 떠나보고 싶기 때문이다. 눈치챘는가? 눈, 코, 입, 귀를 지나 여행자의 글쓰기가 어디를 향하고 있는지를? 당신의 발이 걷게 될 길이 어디인지를 말이다. 소재는 어느 한 곳에 몰려 있지 않다. 가깝게는 내 몸부터, 멀리는 저 우주까지 무한정으로 널려있다. 지금은 남해에 관해 쓰고 있지만, 이제부터는 동해다. 동해의 기억을 불러내 당신의 눈, 코, 입을 즐겁게 해 드리고 싶다. 이것이 여행자의 글쓰기임을 맛보기로 충분히 보여드리고 싶다. 그렇게 해야 나와 비슷한 형태의 글이 나올 것이고, 비슷한 시간 동안 앉아서 글을 쓸 것이라 믿기 때문이다.

발이 스쳐 간 자리는 고스란히 여행이라는 흔적으로 남는다. 잠깐 아파트 단지를 지나오는 모습도 여행의 한 부분으로 생각을 해보시면 또 다른 모습이 보인다. 작은 돌멩이 하나라도 놓치지 말라는 것은 이것을 두고 한 말이었다. 계절마다 바뀌는 아파트 풍경은 더할 나위 없이 좋은 글감, 쓸 거리가 된다. 놀이터가 어느 날 새로운 색깔로 바뀌어 있다든지, 자주 가던 가게가 문을 닫고 주인이 바뀐 일, 경비 아저씨가 멋진 신사분으로 변해 있다는 사실 등이 좋은 소재가 된다. 여행자의 글쓰기라고 해서 너무 거창하게 멀리 갈 생각만 할 필요가 없다.

054 여행을 떠나요 (강원도 동해)

이제부터는 동해다. 강원도 동해시 동해 이야기다. 동해 하면 가장 먼저 동해 물과 백두산이 마르고 닳도록 애국가가 기억나지 않는가? 맞다. 애국가가 나올 때 나오는 곳이 촛대바위가 있는 곳이다. 2016년 5월, 아내와 내가 동해 추암 해변에 위치한 추암 촛대 바위에 갔던 날을 기억하면서 남긴 글이 있다.

제목 : 부부, 해를 기다린다

잠잠한 바다를 염원하는 촛대 바위
사나운 바람이 비껴가게 소원을 빌던 아내의 간절함

그 소중한 마음들이 모여
부부의 형상이 되어 동해를 지킨다

묵묵한 남편과 애교 많은 아내
추암 해변, 추암 바위에 불 밝힌 부부의 날이다

부부, 해를 기다린다.

굉장히 거룩한 마음이 들었다. 뭐랄까? 바라만 보는데도 숙연해지는 기분이
랄까? 동해의 신이 나와 아내를 바라보고 있는 듯한 착각이 드는 풍경이었다.
바다가 만들어 놓은 조각품을 한참이나 넋 놓아 바라보았다. 마치 떠오르는 해
를 기다리는 심정으로 그렇게 오랜 시간 동안을. 저절로 두 손이 모였다.

동해시에서 유명한 생선 구이집이 있다. 애석하게도 그 식당 이름이 기억나
지 않는다. 혹시 강원도 동해시에 여행 갈 일이 있으신 분은 맛집 검색해서 생
선 구이집을 들러 보시길 권한다. 나는 생선을 회로 먹는 건 좋은데 이상하게
구이는 싫어한다. 그런데 이때 방문한 생선 구이집은 정말 맛있었다. 생선에서
비린내가 거의 나지 않는다면 거짓말일까? 배가 부른데도 불구하고 계속 먹을
수 있었다. 그날 내가 먹은 생선의 양이 아내와 결혼하고 가장 많이 먹은 양이
아닐까 싶다.

동해를 다녀온 계기로 식습관이 조금 바뀌었다. 집에서는 생선을 거의 구워
먹지 않는데 지금은 갈치와 고등어를 사서 곧잘 구워 먹는다. 구이의 맛을 이
제야 알게 된 것이다. 일전에 언급한 대로 사십 대 중반이 되니까 식성도 바뀌
는가 보다. 여행은 글쓰기의 좋은 소재가 되지만 삶을 살찌우는 좋은 계기가
됨을 다시금 깨닫는다. 생선을 먹고 포동포동 살찌는 내 모습처럼.

강원도 동해시, 삼척시, 속초시는 갈 때마다 느낌이 다르다. 이왕 강원도로
올라간 김에 고성 통일 전망대를 둘러보시는 것도 괜찮을 것 같다. 처음부터 이

곳을 간다면 거리가 너무 멀어서 머뭇거릴 텐데 이미 강원도에 가 계신다면 그 럭저럭 가볼 만하다. 분단된 우리나라의 현재 실정을 보여주는 곳이다. 우리나라는 종전국이 아니라 휴전국이다. 잊지 말아야 할 아픔을 간직한 역사의 현장이 그곳에 있다. 자녀가 있는 분들은 교육 차원에서도 꼭 가보셨으면 좋겠다.

이쯤에서 여행자가 순간을 기억하는 데 도움이 되는 좋은 팁을 하나 드린다. 바로 녹화하는 일이다. 스마트폰 녹화 기능을 활용하여 동영상을 찍으면서 그때의 느낌을 자신의 목소리로 담아두자. 다큐멘터리를 찍는다는 기분으로 상세하게 순간을 포착해서 찍어두면 글을 쓰는데 상당한 도움이 된다. 아내가 그 역할을 한다. 덕분에 내가 수고하지 않아도 충분한 글감이 확보된다.

누가 뭐래도 가장 좋은 방법은 날짜와 시간이 명시된 메모, 바로 기록이다. 그 자리에서 짧게 기록해 두는 것이 두고두고 도움이 된다. 여행을 다녀오고 일주일 내로 메모를 기록으로 남겨 두지 않으면 곧잘 그 기억을 잃는다. 생생한 감정이 시들어버린다. 싱싱한 채소를 며칠만 바깥에 두면 시든다. 여행도 마찬가지다. 기록하지 않으면 훗날 그 감정이 시들어 글을 쓸 때는 낯선 느낌이 든다.

경남 남해를 거쳐 여수를 들렀다가 강원도 동해로 옮겨왔다. 이제 슬슬 아랫마을로 내려가 볼까 한다. 요즘 백년손님으로 유명한 울진을 거쳐 대게의 고장 영덕으로 핸들을 돌려본다. 영덕은 새로 생긴 고속도로의 영향으로 청주, 상주, 구미에서 쉽게 접근 가능한 곳이 되었다. 이 고속도로가 빨리 개통되기를 기다렸었다. 마침내 2016년 12월에 깨끗한 고속도로를 달릴 수 있었다. 그간 대구를 거쳐 갔던 그 길을 새로운 길로 접근하니 시간이 한 시간이나 단축되었다. 시간, 거리가 획기적으로 단축된 고마운 일이었다. 영덕 이야기에서 빼놓을 수 없는 것이 영덕 대게다. 슬슬 영덕 바다로 떠나볼 시간이 되었다.

055 여행을 떠나요(동해 : 영덕, 경주)

영덕의 대표적인 먹거리는 대게다. 울진과 영덕은 경계를 마주하기에 거의 비슷하다고 본다. 여기서 울진과 영덕 경계선에서 잡힌 대게는 어느 동네 대게 인지 아시는 분? 나는 모르겠다. 왜냐하면, 내가 보기에 대게 생김새랑 맛이 같으니까. 이제부터 영덕 IC를 통과하면서 시작되는 영덕의 볼거리와 먹거리를 소개한다.

수도권에서 영덕으로 가기 위해서는 중부내륙 고속도로를 이용하면 가장 빠르다. 청주를 지나 문경을 거치고 상주에서 새로 생긴 영덕-상주 간 고속도로로 갈아타면 된다. 상주에서 1시간 30분 정도면 영덕 IC가 나온다. 영덕 IC를 벗어나면 우측으로 영덕 강구항 가는 길이 나오는데 IC에서 대략 5분 거리에 있다.

강구항에는 대게 가게가 줄지어 늘어서 있는데 내가 가는 곳은 대게 공판장이다. 개인이 운영하는 대게 식당에 들어가면 대게가 메인 요리이지만 서브 요리가 상당히 고급스럽다. 단 비싸다는 것이 흠이다. 내가 먹고자 하는 것은 대게이므로 대게만 취급하는 공판장이 좋다. 공판장 1층에서 대게 가격을 흥정해서 구매하고 2층으로 가면 찜으로 요리해준다. 찜 가격이 대게 가격의 10%이므로 참작하시고 드셔야 한다. 찜 가격은 대게를 먹기 좋게 손질하는 비용이 포함된 가격이다.

대게를 찌고 손질하는 시간은 대략 30분 정도다. 이 시간 동안 도란도란 이야기 나누면서 바깥 풍경을 바라보는 것도 좋다. 시원스레 몰아치는 동해의 거친 파도를 바라보면서 오랜만에 가슴이 뻥 뚫리는 기분을 느끼시길 바란다.

풍경 구경도 잠시, 모락모락 김이 나는 대게가 한 상 가득 놓인다. 먹기 아까울 만큼 예쁘게 손질되어 나오는데 순간을 참기 어렵다. 그러다 보니까 늘 사진보다 손이 먼저다. 다 먹고 나면 아차 싶다. 사진을 찍지 않았다는 사실을 깨달았을 때는 이미 대게가 사라진 후다. 아쉽지만 어쩔 수 없다.

대게로 든든히 배를 채웠으니 느긋하게 동해안 해변 드라이브를 즐겨 보시기 바란다. 드라이브 도중에 Take Out 커피 한 잔을 손에 들고 한적한 바닷가에 잠시 정차해서 바다를 보는 것도 낭만이 된다. 남해와 같은 잔잔한 느낌보다는 힘찬 느낌의 파도가 느껴질 것이다. 동해는 대체로 바람이 차니까 여름이라 하더라도 바람막이 하나 정도는 챙겨서 여행을 떠나시길 추천해 드린다.

영덕 다음으로 자주 가는 곳이 감포 바다가 지척에 있는 경주다. 경주에서 유명한 역사적 유물을 관람하시고 감포로 잠시 들렀다 가시면 좋을 듯하다. 경주에서 야경으로 유명한 곳이 안압지라는 곳인데 밤이면 상당히 많은 사람이 몰리는 곳이다. 안압지에 들렀을 때, 밝은 등이 켜진 것에도 불구하고 상당히 어두운 느낌이 들었다. 이때 내가 느낀 안압지의 밤은 여행 후 아래의 기록으로 남았다.

제목 : 신라의 달밤

좁디좁은 땅, 큰 기상 펼쳐 하나로 뭉쳐 보았으나 좁은 건 좁은 것
크지 않은 땅덩어리 두고 이리 집적, 저리 집적

신라를 두고 화랑을 이야기하고 역사를 이야기하기 바쁘나
좁은 땅을 두고 서로 칼부림하던 그 몸짓이 그저 처량하기만 하다

화랑의 어린 손길에 쥐어진 칼날이 무딘 것이었던가?
저 멀리 당나라 힘까지 빌려 삼국을 무력 통일한 것을 보면

흘러가 버린 역사에 이러쿵저러쿵 말하고 싶지 않지만
나이가 들고 보니, 아웅다웅 살아온 우리 민족의 삶이 애달프기만 하다

신라의 달밤, 어두운 까닭이 거기에 있는지도 모르겠다

우리나라는 한민족이면서 서로가 서로에게 숱한 전쟁의 흔적으로 아파한
역사가 있다. 고구려, 백제, 신라가 좁은 땅덩어리를 두고 서로서로 잡아먹기
위해 안달하던 삼국시대가 대표적인 사례다. 아픈 과거이면서 아픈 기록이다.

여행자의 글쓰기는 이렇게 할 말이 많다. 즐겁게 다녀온 흔적을 남기는 일은
자판을 두드리는 일조차 즐겁다. 지나간 시간을 그리워하면서 다시 가볼 기회
를 생각한다. 여행을 떠나면 집이 그립고, 집에 돌아오면 다시 여행이 그립다.

056 **여행을 떠나요** (서해 : 안면도)

동해에 관해서 이야기를 들려 드렸으니 이제 서해로 떠나볼까 한다. 거친 파도의 동해, 잔잔하면서 볼거리가 풍부한 남해와 달리 서해에는 갯벌로 유명한 곳이 많다. 대표적인 곳이 안면도라는 섬이다. 안면도로 통하는 다리가 시원하게 놓여서 이제는 섬이라는 생각이 낯설다.

아내와 떠난 안면도 여행, 차림은 늘 간단하다. 여벌의 옷, 세면도구와 취침에 필요한 침낭과 매트리스, 취사도구 정도면 여행 준비는 끝이다. 아~ 갯벌 체험을 위해서 호미를 챙겨갔다. 2016년 11월, 이른 초겨울 바람이 불어오던 안면도는 찬 바람이 모질게 불었다. 바지락으로 유명한 밧개 해변에서 호미질로 직접 바지락을 캤다. 저녁 찬거리로 충분하게끔 잡아봤는데 기대했던 것보다 훨씬 맛있었다. 바지락 한 냄비에 소주 한 병은 그냥 술술 넘어갔다.

바지락은 작은 돌무더기가 있는 곳에 많이 있었다. 두 시간 정도면 호미질 초보자도 충분히 한 냄비 정도는 잡을 수 있다. 아내하고 나하고 '누가 많이 잡나?' 내기했는데 나의 완승이었다. 시골에서 나고 자란 나는 밭을 매듯이 주저 없이 호미질하는 반면에 도시 출신인 아내는 호미질이 서툴렀다. 진흙이 묻은 바지락은 얼핏 보면 작은 돌멩이와 착각하기 쉽다. 둥근 모양이 눈에 익어야 잘 잡는다. 그런 면에서 시골 출신인 내가 더 유리했던 것 같다.

부드러운 모래가 이어진 곳에 이르러 아내가 사진 한 컷을 찍어 달라고 했다. 갯벌에서 찍으면 될 것을 군이 모래밭에서 찍고 싶은 모양이었다. 어설프게 호미를 든 모습이 왜 그리 우습게 보였을까? 한편으로는 그 모습이 너무 사랑스러워 보였다. 찍고 보니까 우습기도 하고 위안이 되기도 했다. 그때 느낀 따스한 감정을 기억하고자 글을 남겼는데 아직도 내 마음에 위안이 된다.

제목 : 묻혀버린 위로를 캐다

시골에서 나고 자란 나, 갯벌은 어찌 보면 친숙한 삶의 공간 그 연장선에 있고
도시에서 태어나 성장한 아내에겐 모든 것이 어설프고 낯선 곳이 갯벌일 거다

바지락을 한창 캐어내던 내 모습을 보고, 어설프게 따라 해보는 아내
모래밭에는 바지락 안 산다고 그렇게 일러도 고집 피우던 사람

어설픈 호미질이 웃겨, 한 컷 담아내 본다
아내가 캐어낸 것, 바다 품은 위로

아내, 묻혀버린 위로를 캐다
웃음을 묻다

여행이 주는 참 맛은 눈으로 보고, 마음으로 느끼며, 입으로 먹는 일이다. 거기에 몸으로 체험이 보태지면 최고의 여행이라 할 만하다. 늘 글 쓰는 것을 염두에 두고 있는 나는 이런 사실들을 기록으로 남겨두기 위해 노력한다. 여행 짬짬이 사진으로 흔적을 남기고 사진을 통해 다녀온 기억을 떠올리며 글을 쓴다.

삶을 되돌아보고 싶은 이에게 권하고 싶은 여행이 있다. 낯선 곳에서 하루씩 잠을 청해보는 일이다. 아내와 나는 차 안에서 잠을 잘 자는 편이다. 대형 SUV 차량을 산 이유가 차량을 이용한 여행이 주목적이었다. 차량이 주차 가능한 곳이면 어디든 내 집이 된다. 밤하늘의 별을 바라보며 잠이 들 때는 세상을 다 가진 것처럼 부자가 된 기분이다. 두 손을 꼭 잡고, 침낭을 깊숙이 둘러쓰면 따스한 안방처럼 편안한 하루가 마무리된다. 하늘이 천장이 되고, 별들이 아름다운 벽지가 되는 멋진 장면을 연출하는 것도 차량에서의 잠자리가 주는 묘미다. 차량에서 잠들어 보시길. 가을 무렵, 아내와 차 안에서 잠을 잔 기억을 떠올리며 글을 남겨 보았다.

제목 : 가을은 이불 되어

별들이 그려낸 천장, 가을은 이불 되어 달빛으로 도배된 벽지
낙엽 위로 붉게 그을린 몸 쏟아진다

아침 이슬로 세수하고, 안개로 저문 하루
그렇게 잠이 든다

057 여행을 떠나요(제주도 이야기 하나)

남해로 시작해서 동해를 거치고 서해까지 다녀왔다. 지금부터는 제주도로 발걸음을 옮겨본다. 2016년 9월 20일, 떠나요 둘이서~ 모든 걸 훌훌 버리고~ 제주도 푸른 밤 그 별 아래~. 이 노래를 들으며 아내와 나는 제주도로 향했다. 정말 꿈 같은 계획을 실행에 옮긴 것이다. 한 달을 살아보자. 제주도에서 한 달을 살아보고 와봐야 제주도가 가진 참맛을 알 것이다. 이것이 아내와 내가 생각한 제주 여행의 목적이었다.

살아가면서 자기 자신에게 멋진 선물을 한다는 사실은 그 자체로 행복하다. 다만 이것을 현실로 바꾸는 일은 상당히 어렵다. 백 세 인생을 숫자 100으로 본다면 마흔 중반은 아직 절반이 되지 않는 삶의 양을 채운 지점이다. 이 지점에서 한 번 정도는 자기 자신에게 여유를 선물해보자. 한껏 충전된 에너지가 새로운 일을 시작하는 결정적 밑거름이 되고 삶을 바꾸는 계기가 되기도 한다.

제주에서 한 달 살아보기. 아내의 제안이 첫 번째 이유였고, 특별한 추억이 될 것이란 내 생각이 두 번째 이유였다. 두 사람 의견이 일치했으니 이제 떠나는 일만 남은 셈이다. 일단 숙소를 두 군데로 나누어서 예약했다. 전체 일정을 고려해서 보름은 동쪽 지역 성산 일출봉, 나머지 보름은 젊은이들이 몰리는 서북쪽 애월읍 지역에 숙소를 예약했다. 중문은 실내 관광 위주인 지역이라 숙소 대상에서 제외했다. 다만 가끔 놀기 삼아 가보기로 했다.

　여기서 잠깐 제주도 명소를 간략히 정리해본다. 먼저 제주 공항을 기점으로 공항 근처에 용두암, 용연 구름다리, 제주 민속 오일장, 이호테우 해변이 있다. 공항에서 서쪽으로 애월읍 해안도로가 이어지고, 이 해안도로를 따라 애월읍 카페 마을, 곽지과물 해변, 신창리 풍차 해안, 한림 협재 해안을 만난다. 서쪽으로 계속 나가면 수월봉과 용머리 해안, 산방산, 송악산이 있어 등산을 좋아하는 분들이 자주 찾는다. 산방산에서 중문까지 이어지는 곳은 중문 주상 절리, 중문 관광 단지가 유명하고 계속 동쪽으로 가면 이중섭 거리, 성산 일출봉, 광치기 해변을 볼 수 있다. 성산 일출봉에서 공항 쪽으로 옮겨가면서 종달항, 하도리 해안, 함덕 서우봉 해변을 지나갈 것이다. 이 정도면 대략적인 제주도 관광은 마무리가 될 것이라 본다. 여기에 나열한 장소만 방문해도 4박 5일은 걸리는 일정이 될 것이다. 제주도는 적어도 일주일 시간을 두고 방문해야 조금 여유롭게 구경 가능하리라 본다.

　다시 여행자의 글쓰기로 돌아와서 글을 이어간다. 예약하고 변수가 생겼다. 처음 예약한 성산 일출봉 근처의 숙소는 자연식 황토방 숙소인데 지네의 성화가 대단했다. 시골 출신인 나조차 기겁해서 잠을 못 잘 지경이었다. 제주에 도착한 이튿날부터 출몰하기 시작한 지네는 삼 일째부터 일주일 되는 날까지 지속해서 우리를 괴롭혔다. 지네 영향으로 아내의 몸이 많이 안 좋아졌다. 잠을 제대로 못 자니까 피로가 누적되었고 결국 아내와 나는 거처를 옮기기로 했다. 펜션 주인이 일정 금액을 환급해 줄 테니 다른 곳으로 숙소를 옮겨도 좋다고 했다. 제값 다 치르고 도망가다시피 다른 숙소로 옮겼는데 예상에 없던 중문 지역으로 가게 되었다. 물론 사전 예약이 되어 있지 않은 상태라 비용은 곱절로 들었다.

지금도 아내는 지네를 무서워한다. 지네만 아니었다면 시작이 상쾌했을 텐데 조금 아쉽다. 기억에는 많이 남았으나 좋지 않은 기억으로 남았다는 사실이 마음에 걸린다. 게다가 예상치 못한 변수에 여행 경비가 더 지출되어 속이 상했다. 불행은 또 다른 행운을 묻혀 온다고 했던가? 전체적인 일정으로 봐서는 옮긴 것이 신의 한 수가 되었다. 제주도를 3지점으로 나눠 동쪽으로 성산 일출봉 근처 일주일, 남쪽으로 중문 일주일, 북쪽으로 애월읍 일대에서 보름을 머물렀으니 더 균형 잡힌 일정이 되었다. 제주도를 삼 등분 해서 여행 일정을 골고루 분산시키는 것이 가능했기 때문이었다.

여행자의 입장에서 돌발적인 일, 즉 변수가 생기는 것은 반갑지 않은 일이다. 하지만 인생이 그러하듯 여행도 언제나 변수가 있게 마련이다. 이 변수가 우리의 삶을 다양한 각도로 쳐다보게 한다. 한 곳만 바라보던 계획을 여러 방면으로 보게 되는 것이다. 이때 이미 발생한 변수에 대해서는 너그러운 마음으로 수정된 일정을 머리에 그리길 바란다. 그런 변수를 즐기는 것 또한 여행이 주는 작은 즐거움이란 것을 깨달았으면 좋겠다. 물론 글쓰기도 신의 한 수로써 당신의 삶에 변수가 될 것을 확신한다.

058 여행을 떠나요(제주도 이야기 둘)

    제주도, 내가 추천하는 명소를 간추려 본다. 이미 언급한 장소 중에서 괜찮았던 곳과 그 외에 볼만한 곳이다. 짧게 3박 4일 일정에 맞춰서 간추려 보았다.

    1일 차는 제주 공항 근처 용두암과 용연 구름다리, 제주 민속 오일장에 들러 구경 및 주전부리로 간단히 식사하면 대략 2시간 소요된다. 이후 이호테우 해변으로 옮겨간다. 이럴 경우 오전 10시에 제주 공항에 도착해서 12시나 1시를 기점으로 이호테우 해변에 들러 커피 한잔 마시면 오전 여정이 끝이 난다.

    이호테우 해변에서 애월읍 해안도로를 따라서 애월읍 카페 마을, 곽지과물 해변, 한림 협재 해변에 들러 각각 1시간씩 넉넉히 3시간가량 구경 및 산책하면 대략 4시가 될 것이다. 4시 이후 월령 선인장 자생지를 거쳐 신창리 풍차 해안을 구경하시고 수월봉에 들러 노을지는 제주 서쪽 바다를 보시면 오후 일정은 어느 정도 마무리가 된다. 겨울 시즌은 5시, 그 외는 6시에서 7시가 되면 노을이 질 것이다. 여름은 8시 정도까지 노을이 붉게 빛이 난다. 평균으로 대략 6시에 오후 일정이 마무리된다고 보면 될 것 같다. 수월봉 근처에서는 숙박이 어렵고 중문과 가까운 산방산 부근에서 주무시면 숙소비용이 절약될 것이다.

2일 차는 수월봉에서 동쪽으로 용머리 해안과 산방산을 오전 동안 구경하시고 식사 후 중문으로 옮겨가서 중문 주상 절리, 외돌개, 이중섭 미술관, 쇠소깍, 남원 큰엉 해안 경승지를 구경하시면 저녁 6시 정도 될 것이다. 이 시간에 저녁 식사를 하시고 천지연 폭포 관람 후 중문 관광단지 일대의 박물관 및 여러 종류의 놀이 공원을 구경하시면 될 듯하다. 중문 관광단지는 특히 밤에 볼거리가 많다. 바물관, 체험 공원들이 몰려 있으므로 밤이 즐거운 곳이다.

3일 차는 동쪽으로 가면 제주 민속촌과 성산 일출봉을 구경하시면 오전, 오후가 훌쩍 지난다. 성산 일출봉 바로 앞 광치기 해변도 둘러 보시면 좋을 듯하다.

4일 차 오전에 우도에 들러 관광을 하시고 오후 2시경에 우도를 나와 성산 일출봉에서 공항 쪽으로 옮겨가면서 종달항, 하도리 해안, 함덕 서우봉 해변을 지나갈 것이다. 대략 7시 비행기를 탄다고 가정하면 된다.

이 정도면 3박 4일 제주도 여행은 마무리가 될 것이라 본다. 빠듯하게 해서 4일 여정이고 될 수 있으면 하루 여유를 둬서 4박 5일 일정으로 다녀오시길 추천해 드린다. 더 여유가 된다면 일주일 시간을 두고 방문해야 여유롭게 구경 가능하리라 본다.

등산을 싫어하는 관계로 한라산에는 오르지 않았다. 대신에 새별 오름에 올라 등산을 대체했다. 새별 오름도 나름 높다. 또한, 사람이 많이 모이는 곳이라 그럭저럭 등산 기분이 난다. 10월에는 억새가 멋지게 어우러져 사진 찍기에 좋은 장소이기도 하다. 예비 신혼부부들의 웨딩 촬영 장소로 유명하다.

제주도에서 머문 한 달을 기억하고자 내가 운영하는 블로그에 별도의 카테고리를 마련해서 시리즈 자작시를 연재 중이다. 일자순으로 정리하고 있는데 자꾸 잊었던 일정이 기억나서 추가하고 있다. 〈제주 귤 향기〉라는 카테고리인데 그중에서 하나를 선택해 옮겨 놓는다.

제목 : 세화리 향기 바다

도화지에 그려둔 크레파스 물결
잠잠해진 찰나의 순간에 바람이 머문다

바다 내음 머금은 귤이 익어가면
파도 소리에 이끌린 시름 잊은 여행자들 보이고

바람이 머문 자리, 갈매기 잠시 스쳐 지나면
진주가 뱉어놓은 금모래 하늘거린다

향기 나는, 느낌 그대로 주어진 제주
그늘이 멀어져 있어도 시원할 따름이다

제주 그리고 바람, 물결 속에 갇힌 추억
다시 가고픈 그곳에 기약 없는 승차권을 남겨둔다

059 여행을 떠나요(일본 : 가깝고도 먼 나라)

글을 쓰면서 느끼는 점은 여행에서도 나의 취향이 드러난다는 사실이다. 나는 낚시를 즐기는 사람이다. 요즘 TV에서 낚시 프로그램이 많이 편성된 것 같은데 빠지지 않고 챙겨본다. 낚시를 좋아하다 보니까 아내와 내가 떠나는 여행은 늘 바다를 기점으로 시작과 끝을 함께 한다. 전체 일정 중에서 꼭 하루는 나를 위해서 바다낚시 일정을 넣는다. 늘 나를 배려해주는 아내에게 감사하다.

해외여행이 자유로운 시대에 살고 있다. 가까운 일본, 중국, 동남아 지역은 국내 여행과 비슷한 경비로도 충분히 다녀올 만한 여행 코스를 계획할 수 있다. 정도의 차이는 있겠으나 알뜰하게 준비하면 비용적인 측면에서는 그렇게 차이가 나지 않는다. 가까이 제주도 여행만 해도 그렇다. 인터넷 검색을 하면 제주도 다녀올 비용으로 동남아를 다녀오는 분들이 꽤 된다는 사실을 알 수 있다. 실제로 가까운 일본이나 중국에 다녀오는 분들이 많았다. 나도 그 부류에 드는 사람이다.

2017년 11월 20일부터 3박 4일간 일본에 다녀왔다. 패키지여행 외에는 다녀본 이력이 없는 나와 아내는 자유 여행이 처음이었다. 처음부터 끝까지 모든 여정을 직접 꾸리는 과정은 상당히 많은 시간이 걸린다. 그 과정이 재미있어 자유 여행을 꾸리는 분들이 많다는 사실을 공감했다. 자유 여행은 생각보다 큰 노력을 요구한다. 힘들었지만 짧았던 나의 일본 방문기를 소개한다.

대구 공항에 들러 인터넷 와이파이 도시락을 갖추고 항공권을 챙긴 후 일본 오사카 간사이 공항으로 날아갔다. 간사이 공항에 도착한 후 아내와 나는 인터넷 블로그를 통해 사전 학습한 대로 행동했다. 오사카 지역을 방문할 경우 오사카 주유 패스는 필수다. 지하철을 비롯한 대중교통과 오사카 일대 유명 관광 지역을 이 주유 패스 하나로 무료 관람이 가능하다. 일본 돈으로 2,500엔(환율 100엔당 1,000원 가정 시, 한국 돈 25,000원 정도, 1일권 기준)이라 금액이 상당히 세다는 것이 단점으로 보일지 모른다. 하지만 상대적으로 교통비가 비싼 나라임을 고려하면 이 금액은 합리적으로 보였다. 지하철 단거리 코스를 한번 타는 것도 우리나라 지하철 비용의 2배 이상이다. 관광지 입장료도 대부분 600엔 ~ 1,000엔이고 강가에서 배를 타도 대략 800엔 ~ 1,000엔 하므로 이 주유 패스는 꼭 필요하다. 몇 군데 들르지 않았는데도 2,500엔은 훌쩍 넘는다. 꼭 구매하시길!

오사카 간사이 공항에서 난바역을 찾아가는데 오직 믿을 건 블로그 정보뿐이었다. 처음이면서 아내와 나는 마치 여러 번 온 것처럼 여유를 부리면서 공항 이곳저곳을 구경하면서 볼일을 봤다. 침착하게 열차표 예매도 마무리하고 지정된 플랫폼에서 능숙하게 열차에 탑승했다. 아내는 분명히 처음 방문하는 일본인데도 하나도 낯설지 않다고 했다. 출장으로 일본을 자주 다녀간 나로서는 일본에 대한 국민성과 이국적이지 않음을 잘 안다. 내가 느꼈던 감정을 비슷하게나마 아내도 느끼는 듯했다. 같은 피부색이 가져다주는 안도감도 있을 것 같았다. 말을 하지 않고 입만 다물고 있다면 너희나 나나 다를 바 없다는 듯한 뻔뻔함으로 버텼다.

아내와 내가 머문 지역은 난바 지역과 교토였다. 처음 2박 3일은 난바 지역에서 젊은이들이 자주 찾는 도톤보리 시내에서 쇼핑, 볼거리, 먹거리를 만끽하면서 즐겼다. 이후 1박 2일은 교토에서 여행하며 시간을 보냈다. 3박 4일 일정은 짧으면서도 긴 시간이었다. 자유 여행이다 보니까 지역과 지역을 이동할 경우 많은 거리를 걸어 다녀야 했다. 구글맵 하나만 믿고 다녔다. 4일간 걸었던 거리가 60Km이다 보니 다녀온 직후 여독이 만만치 않았다.

도톤보리 지역에서는 쇼핑, 볼거리, 먹거리가 유명하다. 전형적인 소비를 위한 관광지로 보였다. 면세 혜택이 있는 다양한 쇼핑 품목도 한국인들의 관심을 끌 만한 조건을 갖추고 있었다. 특히 의약품 종류가 가격이 저렴한데 아내와 나도 파스를 비롯해서 카베진이라는 위장약까지 싸게 구매했다. 파스는 지금도 내 몸 여기저기에 붙어있다. 관광한 건지 순례한 건지 나도 잘 모르겠다. 온 삭신이 쑤셔서 며칠째 고생이다. 다음에는 패키지 상품으로 다녀와야 할 듯.

도톤보리 지역이 젊은 청춘들의 볼거리, 먹거리, 즐길 거리가 모여있는 곳이라면 교토 지역은 우리나라 경주와 비슷한 분위기를 풍기는 곳이었다. 어디를 가나 한국 사람들이 많다는 사실 때문에 일본에 있다는 사실이 낯설지 않았다. 같은 동양권이면서 가까운 나라라는 사실이 이국적인 느낌을 가져다주지 못한 것 같다. 그냥 우리나라 유명 관광지를 거니는 것 같은 그런 느낌이 들었다.

나도 어쩔 수 없는 한국인임이 틀림없다. 오사카성을 방문했을 때 까닭 없는 분노가 자꾸 치밀었다. 성 자체는 봐 줄 만했으나 그 안에 놓인 역사와 문화재는 달갑지 않았다. 우리에게 임진왜란으로 악명이 높은 도요토미 히데요시가 건축한 성이라서 반감이 컸던 것 같다.

일본 방문기에는 즐거운 기록보다는 역사를 생각하는 내 마음이 우선한다. 즐거운 여행임에도 마음 한쪽이 무거웠다. 나는 일본인에게 짓밟혔던 아픈 역사를 가진 민족, 조선 시대와 일제 강점기를 역사로 둔 대한민국 국민이라는 사실을 늘 기억한다.

⑥⓪ 글쓰기는 여행입니다

여행을 떠나 본 사람들은 안다. 여행 가기 전의 나와 다녀온 후의 나는 다르다는 사실을 말이다. 분명히 무언가 달라져 있는데 그게 무엇인지 잘 모른다. 기분이 다르다는 사실로는 표현이 부족하다. 내 마음의 크기가 작은 탁구공만 하던 것이 어느새 축구공만 하게 커져 있는 것을 느끼게 되는 일은 축복이다.

삶이라는 긴 시간 동안 우리가 거쳐 갈 곳은 많다. 많은 곳을 다녀갈 당신께 부탁드린다. 여유로운 마음으로 성장하는 모습을 보면서 여행을 즐기도록 했으면 좋겠다. 당신과 당신을 사랑하는 모든 이들이 손에 손을 잡고 여행하시기를 빈다.

글쓰기도 여행과 같다. 긴 시간을 두고 여유를 가지고 글을 써야 한다. 무언가에 쫓기듯 글을 쓰는 것은 전문 작가들의 몫이다. 초보는 그럴 필요가 없다. 정해진 시간에 정해진 분량을 천천히 써 내려가는 것으로 우리는 할 일을 다했다. 글 쓰는 습관을 익힌 셈이다. 자신이 정한 하루 치의 분량, 그것만 일단 채우는 것으로 만족하자. 더 욕심을 내다가 제풀에 지쳐 쓰러진다.

1시간 정도의 글쓰기를 가정하면 A4용지 한 장에 가까운 분량이 작성된다. 생각을 많이 하다 보면 한 장을 채우는데 1시간이 넘게 걸릴 수도 있다. 괜찮다. 중요한 것은 자신이 1시간 동안 무언가를 썼다는 것이고 그 흔적으로 한 장이든 또는 채 한 장이 되지 않는 분량이든 글이 남는다는 사실이다. 이 글들을 1년만 모으면 365장에 가까운 분량이 완성된다. 이렇게 모인 글, 다듬고 다듬는다면 소중한 한 권의 책으로도 탄생할 수 있다.

여행에서 만난 인연들은 소중하다. 낯선 이에게 선뜻 말을 건네는 분들과 도움을 주는 손길은 언제나 반갑다. 처음 본다는 사실도 개의치 않는다. 여행자들에게는 특유의 눈빛이 있다. 선량한 눈빛, 서로가 서로에게 폐를 끼치지 않으려는 눈빛이 있다. 낯선 여행자가 어려움에 부닥치면 선뜻 손을 내미는 선한 눈빛을 가진 따스한 손길이 있다. 세상에는 여러 종류의 사람들이 있는데 나는 주로 선한 눈빛을 가진 사람들을 많이 만났다.

여행을 다녀오면 평가는 크게 두 가지로 나뉜다. 다시 가보고 싶은 곳과 그렇지 않은 곳이다. 그저 그렇다는 반응은 평범하다는 것이므로 그렇지 않은 곳에 평가를 둔다. 너무 좋아서 떠나기 싫었던 여행지가 있다. 그런 곳은 꼭 다시 가보고 싶은 곳으로 기억에 남는데 언젠가는 꼭 다시 가게 마련이다. 반면에 가고 싶지 않은 곳은 떠날 때 속이 후련한 곳이다. 이런 곳은 주변인들이 가고자 한다면 꼭 말려야 직성이 풀린다. 어찌 되었든 나는 별로인 곳이므로 다녀오고 후회하지 말라는 말을 꼭 남긴다. 말려도 가겠다는 분은 말리지 않는다.

여행자의 글쓰기는 오늘로 마무리를 짓는다. 다른 곳도 소개할 곳이 많지만, 자칫 글쓰기의 방향이 여행의 방향으로 흐려지면 안 되기 때문이다. 소재를 찾는 여행을 이어가면서 도착한 곳이 여행자의 글쓰기였다. 큰 틀에서 이 모든 것이 소재를 찾는 여행이라고 보시면 될 것 같다.

본격적으로 소재를 찾아보자는 취지에서 이용한 소품이 거울이었다. 거울을 통해 자신의 얼굴을 바라보면서 소재를 찾았는데 도움이 되셨기를 바란다. 이후 이어진 발로 쓰는 글쓰기인 여행자의 글쓰기를 소개해 드렸다. 글쓰기의 형태는 다양하다. 다양한데도 불구하고 소재를 찾지 못하는 것은 아직 글쓰기가 낯설기 때문이다. 습관이 되었다면 이 모든 것이 소재가 된다는 사실을 안다는 뜻이다.

서론 부문에서 밝힌 바와 같이, 백일 정도면 습관들이기가 가능하리라 판단하고 연재를 시작했다. 사실 매일 한 가지씩 과제를 드리는 방향으로 글을 쓰려고 하다가 우선 습관이 중요하다 싶어서 권유하는 방식으로 지금까지 글을 써오고 있다. 과제라고 해봐야 그날 써야 할 주제를 가르쳐 주는 정도이다.

예를 들면, 초등학교 때 기억나는 소풍 이야기를 들려주세요. 라는 식으로 주제를 던져주는 것이다. 그러면 이 주제를 읽은 당신이 자유롭게 기억나는 이야기를 쓰면서 그날의 이야기를 풀어나가는 방식이다. 하지만 이렇게 시작하는 것이 처음부터 무리일 것으로 판단해서 처음에는 설명 위주로 글을 써 나갔다. 어느 정도 지난 시점에서야 소재 찾는 이야기를 들려주면서 직접 글을 써 보실 것을 권유 드렸다. 내 판단이 맞았으면 좋겠다.

제4장
리뷰 글쓰기

061 기억에 남는 장면 리뷰(드라마)

여행자의 글쓰기를 마치고 나니 먼 여행길에서 집으로 돌아온 것 같다. 글을 쓰면서 내가 다녀간 흔적을 따라 다니다 보면 한 번 더 여행하는 것 같은 기분이 든다. 그래서일까? 글을 쓰면 쓸수록 다시 바깥세상을 동경하는 것을 보면 나는 한 자리에 오래 앉아 있지 못하는 사람인 듯한 착각이 든다. 내 안에 에너지가 찼다는 이야기인데, 아쉽지만 이 에너지를 글 쓰는 것에 쏟아부어야 할 것 같다.

한자리에 앉아서 한 시간 내외로 글을 쓴다는 것은 상당한 인내를 요구한다. 정해진 시간에 모든 유혹을 뿌리치고 글쓰기와 마주한다는 것은 대단한 결심이 있어야지만 가능한 일이다. 이 간단한 사실이 글쓰기에 있어서 가장 중요한 기본이 되는 자세인데 지켜내기도 그만큼 어려운 것이 사실이다.

재미있는 드라마를 보면 시간이 얼마나 흘렀는지 모를 때가 많다. 글쓰기도 그렇게 이루어져야 한다. 내가 글을 쓰면서 재미를 느껴야 습관적으로 글을 쓰는 것이 가능하다. 재미있는 글을 쓰기 위해서는 재미있는 소재를 찾아야 한다. 이제부터는 주변에 널린 재미있는 소재를 찾는 여행을 떠나볼까 한다.

우선 자신이 가장 즐겨보는 드라마로 이야기를 시작해 보는 것은 어떨까 한다. 요즘은 가히 드라마가 풍년인 세상에 사는 것 같다. 요즘도 다시 보기를 통해 자주 챙겨보는 드라마가 있다. '도깨비'라는 드라마다. 제목만 듣고도 충분히 드라마 내용에 대해서 기억이 나실 것이다. 달달한 로맨스는 기본이고 탄탄한 줄거리는 어떻게 생각해 내는지 감탄이 절로 나온다.

혹시 드라마 다시 보기가 가능한 분이시라면 1회부터 다시 보기를 하셔서 글쓰기 시작을 해보면 어떨까 한다. 드라마 자체를 다시 보는 것에 주안점을 두는 것이 아니라 드라마 내용 중 특별한 장면을 떠올리면서 글쓰기를 해보는 것이다. 예를 들면 평범한 장소를 특별하게 바꾸는 드라마의 장면을 아래와 같이 써보면 된다. 이해를 돕기 위해 도깨비의 첫 대면 장면인 주문진 방파제를 예로 든다.

여주인공이 소원을 빌던 주문진 방파제, 소원을 빌자마자 남주인공 도깨비가 나타난다. 두 사람이 처음 만나게 되는 장면이다. 첫 장면부터 남주인공과 여주인공의 옥신각신하는 모습이 뒷일을 계속 궁금하게 만드는 이야기의 힘을 가졌다. 흔한 장면은 기억에 남지 않지만, 이야기가 깃든 특별한 장면은 기억에 남는다. 두 사람의 자연스럽고 능청스러운 연기가 주문진 방파제라는 흔한 장소를 특별한 장소로 만든 것 같다. 도깨비 하면 주문진 방파제가 생각난다.

짧은 한 단락의 글이지만 주문진 방파제와 관련한 내 생각을 써 보았다. 정말 평범한 방파제인데 선남선녀가 멋진 연기를 펼친 곳이라 생각하니 특별하게 느껴졌다. 내가 항상 소재를 염두에 두고 사물을 바라볼 때 의미를 부여하면서 생각하는 말이 있다. 평범하지만 내가 이 평범함에 의미를 부여하면 나와 그 대상은 특별한 관계가 된다. 관계 맺기는 의미를 부여하면서 시작된다.

드라마는 보통 16부작이 많다. 그 이상도 있지만 일단 16부작 중심으로 찾아서 1회부터 줄거리와 기억에 남는 장면에 대해 써보면 어떨까 싶다. 적어도 16개의 글감(소재)은 확보되는 셈이다. 무얼 써야 하나? 고민할 시간이 사라진다. 드라마를 보면서 재미있었던 이야기도 괜찮고, 대사도 상관없다. 주인공들이 주고받는 대사도 훌륭한 소재가 되어준다. 마치 내가 연기하는 듯한 착각을 불러일으키게 하니까 말이다. 드라마를 열심히 보시고 대사를 베껴 써 보시라. 그러면 배우가 되는 기분을 조금이나마 간접적으로 느끼지 않을까 싶다.

드라마 줄거리 나열만으로도 글 쓰는 습관은 늘어난다. 시간 순서대로 하나씩 나열하면서 장면과 장면이 생각나고 그 장면들을 글로 바꾸어보면서 묘사하는 능력도 함께 향상되게 된다. 우리가 흔히 말하는 보여주는 글이 된다. 마치 그림을 그리듯이 글로써 그려 보여주는 것이 가장 좋은 글쓰기라고 한다. '그녀는 예뻤다'라는 평범한 서술보다는 '달빛을 반사하는 듯한 하얀 얼굴에 살굿빛이 비치는 부드러운 피부를 가진 그녀의 얼굴은 예뻤다'라고 써야 한다. 두 문장은 길이, 표현에서 많은 차이가 난다. 아마도 당신의 선택은 후자일 것이다. 두루뭉술하게 예쁘다고만 해서는 짐작이 되지 않는다. 왜 예쁜지 이유를 글로 써서 보여줘야 한다. 그 연습으로 드라마 장면들을 쓰는 것이 도움이 될 것이라 믿는다.

062 기억에 남는 장면 리뷰(드라마 대본)

    드라마 작가를 꿈꾼 적이 있었다. 내가 쓴 글이 영상화되고 그게 드라마로 전 국민이 보는 상상을 해 본 적이 있다. 어디까지나 생각만 해본 것이지 실행에 옮긴 적은 없다. 무엇보다도 보여주기식의 글을 쓴다는 것이 어려웠기 때문이었다. 장면 연출과 대사들이 특히 어려웠다. 드라마를 볼 때마다 작가의 힘겨움을 간접 경험하는 것 같다. 정말 어렵고 대단한 일을 하는 사람들인 것이 분명하다.

    드라마를 보고 곧바로 리뷰 형식으로 블로그에 글을 써 보는 것은 곧 잊힐 기억의 조각들을 꿰매는 작업이 된다. 하루 이틀 지나면 사라질 기억의 조각들을 부여잡고 요리조리 꿰매다 보면 조각난 기억이 어느새 하나의 완결된 문서로 남게 된다. 당신만의 특별한 리뷰가 다른 이의 관심을 불러오고 그 관심이 당신이 글을 쓰는 데 있어서 훌륭한 동기가 되어줄 것이다.

드라마 한 회가 끝나면 파워 블로거들의 리뷰가 이어진다. 사진 캡처가 필요하신 분은 이분들이 먼저 작성한 리뷰를 참고해서 사진을 구하면 될 것 같다. 출처를 밝히시고 이후 리뷰를 작성하시면 된다. 물론 파워 블로거가 작성한 리뷰를 유심히 읽어보는 것도 많은 도움이 된다. 대체로 줄거리 나열이 많은데 줄거리 나열부터 해보는 것이 글 쓰는 시간을 늘리게 한다. 순차적인 정리를 배워보는 것은 덤이다. 장면과 장면이 모여 한 편의 드라마가 만들어진다. 이 장면들을 하나하나 정리해보면 스스로 정리하는 습관이 생기게 된다. 덕분에 글 쓰는 시간이 늘어나는 것이다. 어떤 식으로든 글 쓰는 시간이 늘어나야 의자와 엉덩이가 친해진다. 주변의 도움으로 한 편의 리뷰를 완성한 후 블로그에 공개하는 당신의 모습을 상상해본다.

사실 모든 글은 '잘 써야지'하는 마음 때문에 시작이 어렵다. 나는 늘 당신에게 주문하는 것이 있다. 잘 쓰는 것은 습관이 들고 나면 자연스럽게 따라오는 결과가 될 것이라는 사실이다. 글 쓰는 습관이 모든 조건 중에서 제일 먼저 이루어져야 그 이후를 생각할 수 있다. 글을 쓰려고 보니 쓸 게 없다는 분들을 위해서 이렇게 오랜 시간에 걸쳐 소재 찾는 훈련을 하고 있지 않은가?

글을 쓸 때 당신의 모습을 누군가 본 적이 있는가? 아내는 늘 나에게 말한다. 내가 노트북을 부여잡고 열심히 글을 쓰는 모습을 보면 내 남편이 아닌 것 같다고 한다. 늘 곁에 있던 익숙한 모습의 남편이 아닌 남편의 모습을 한 전문 작가가 글을 쓰는 것 같다고 한다. 즐거워하는 일이라 말리는 것도 부질없다는 것을 잘 안다. 자신이 좋아하는 일을 한다는 것은 삶이 허락하는 진정한 축복이다.

나는 글을 쓸 때 습관이 있다. 작은 입이지만 늘 입꼬리가 올라간다는 사실이다. 자연스레 미소를 머금고 글을 쓴다는 것인데 아내는 늘 나에게 외도 아닌 외도를 하는 신랑 같다면서 놀린다. 대상이 글쓰기이므로 늘 안심하고 나를 놓아준다. 글쓰기라는 바다에 빠져 허우적거리는 나를 늘 편안한 미소를 지으면서 바라본다. 나는 늘 아내에게 감사하며 산다. 미안하고 고맙고 사랑한다는 사실을 자주 표현하고 반드시 글로 남긴다.

작은 노력이 큰 결과를 가져온다. 오늘부터 시작한 드라마 리뷰 글쓰기는 작가로서의 작은 출발점이 될 수도 있다. 드라마 리뷰 글쓰기에 도움이 되도록 드라마 대본을 구해서 읽어보면 좋다. 대사를 글로써 마주하면 장면이 연상되고 연상된 장면이 얼마나 드라마 장면과 일치하는지 맞춰보는 것도 좋은 경험이 된다. 내 경우는 실제로 드라마 대본을 구해서 자주 읽어보는 편이다. 실제 드라마 장면과 대본을 맞추어 보면서 무릎을 탁, 하고 내려친 경우가 많다. 역시 눈으로 읽는 것과 상상으로 표현된 장면은 같으면서 오묘하게 달랐다. 연출자가 어떻게 연출을 하느냐, 배우가 어떤 모습으로 연기를 하느냐에 따라서 느낌이 매우 달랐다.

풍성한 결실을 맞는 농부의 마음처럼 봄에는 부지런히 씨앗을 뿌려야 한다. 지금 막 글쓰기 시작하는 당신은 생초보를 벗어난 초보 농부다. 적어도 글쓰기가 무엇인지를 알게 된 지금부터 습관들이기는 생활 속의 한 부분임을 명심하자. 오늘 글을 쓰지 않으면 저녁밥을 굶어야 한다는 자기 암시라도 걸어두자. 그렇게 해야 글 쓰는 습관이 생긴다. 지금 관심을 가지고 시청하는 드라마가 있다면 이제부터 그 드라마에 대해 작가가 되어 보기로 하자. 한 회가 끝나면 무조건 노트북을 부여잡고 글을 써 보시라. 노트북이 아니면 노트나 휴대폰도 괜찮다. 필기 가능한 도구를 모두 동원해서 자기 생각을 글로 써 보는 시간을 가지면 된다.

⑥③ 기억에 남는 장면 리뷰(드라마 구성)

　요즈음 TV 드라마 대세는 가히 로맨스 천국인 것 같다. 앞서 언급한 도깨비라는 드라마도 분류를 해보면 로맨스에 속한다. 두 주인공의 알콩달콩한 사랑 이야기가 전반적으로 주된 골자가 된다. 그 안에서 펼쳐지는 소소한 사건들은 플롯으로서 존재한다. 주연이 펼쳐내는 로맨스와 조연들이 펼치는 로맨스가 균형 있게 드라마를 이어나간다.

　플롯에 관해 잠시 설명드린다. '플롯(Plot : 이야기 구성)'이란, 발생한 사건을 논리적으로 배치하는 일이다. 이야기되는 줄거리가 건축물의 조감도라면, 플롯은 줄거리를 도면화한 설계도라 할 수 있다.

　예를 들면, '왕이 사냥을 갔다가 길을 잃고 한참을 헤매었다'가 줄거리라면, 왕이 길을 잃게 된 배경과 한참을 헤맨 이유를 논리적인 순서로 배치하고 흥미롭게 연출해 냈다면 이것은 플롯이 된다.

설명한 대로 한 회의 드라마 속에도 그 나름대로 전개 방식이 있다. 바로 위에서 설명한 소설에서 기본적인 플롯이라고 부르는 이야기 구성을 말한다. 이 플롯에 대해 드라마 리뷰 글쓰기를 해보면 어렴풋이 학습할 수 있다. 일단 사건을 시간대별로 나열하면서 사건과 사건이 가지는 성격에 대해 자연스럽게 습득하는 것이다. 드라마 회를 거듭할수록 그 안에 놓인 많은 장치를 배울 수 있다. 이렇게 습득한 지식과 경험으로 드라마 작가가 되는 것은 당신의 능력이다. 과장되게 들릴지 모르나 드라마 작가가 되지 말란 법이 없다.

글쓰기를 좋아하는 사람에게는 공통된 관심사가 있다. 어떤 식으로든 남이 써 놓은 글을 부지런히 읽는다는 사실이다. 소설이든 자기 계발서든 글이란 형식으로 놓여있는 것이라면 손에 들고 본다. 그리고 눈으로 읽어나간다. 머리에 저장시킨다. 가슴이 울리는 구절은 반드시 메모해둔다. 드라마 글쓰기 리뷰를 추천하는 이유도 그러한 맥락과 같다. 드라마가 대사와 장면으로 보이기에 눈과 귀로 읽는 책이라고 판단해서다. 그 과정에서 이야기를 이끌어나가는 방법도 간접적으로 배울 수 있다. 또한, 요즘 드라마의 구성력은 가히 소설을 능가한다. 치밀한 구성은 기본이고 누구도 예상하지 못한 반전의 결말은 덤이다. 한편의 잘 만들어진 소설을 보는 듯한 착각이 들기도 한다. 영상미로 따지면 영화를 방불케 하는 장면도 많다. 요즘 드라마가 가진 영양가가 그만큼 높다는 것이다.

드라마는 재미가 있는데 막상 글을 쓰려고 하니 재미가 없다면 곤란하다. 실제 그런 분이 있으리라 본다. 지금까지 일기 쓰기부터 시작해서 내가 쓴 많은 분량의 글을 읽었고 다양한 방식으로 글의 소재를 찾는 훈련을 해오지 않았던가? 그렇다면 당신은 충분한 능력이 있다. 믿고 꿋꿋하게 자리에 앉아서 써 보시라. 소재를 알려드리고 있지 않은가? 주어진 소재라는 뼈대에 살을 붙이기만 하면 된다.

　사람들은 보편적으로 어떤 일을 누군가 강제로 시키면 하지 않는 습성이 있다. 그런 까닭으로 나는 될 수 있으면 당신에게 숙제를 남기지 않는다. 숙제가 아닌 권유의 문장인데 이런 문장으로 행여나 당신이 스트레스를 받는다면 곤란하다. 글도 써야 의미가 있듯이 쓰지 않은 당신에게 글은 어떤 존재로도 의미가 되지 못하리란 걸 잘 안다. 대신에 그저 부지런히 남이 써 놓은 글이라도 잘 읽어주셨으면 하는 바람뿐이다.

064 기억에 남는 장면 리뷰 (느낌 있는 영화)

나는 주로 드라마를 보고 리뷰를 쓸 때 특별한 장면에 대해서 기록으로 남기는 것을 선호한다. 드라마 내용 전체를 쓴다기보다는 한 장면이 기억에 남으면 그 기억 자체를 오래도록 간직한다. 드라마는 시리즈를 기다려서 봐야 하는 불편함을 피하고자 완결된 드라마를 다시 보기로 시청하는 걸 선호한다. 다음 회를 기다려야 하는 불편함이 싫어서다.

이런저런 이유를 종합해보면 드라마보다 영화가 편하다. 글쓰기에서는 시리즈별로 소재 거리를 제공하는 드라마가 낫지만, 어느 정도 습관이 된 나에게는 영화가 좋다. 이제부터 드라마 리뷰 쓰기를 벗어나서 영화 리뷰 쓰기로 들어가 본다.

영화가 주는 장점은 압도적으로 큰 화면이 주는 현장감이다. 전쟁 영화를 예로 들면 쾅쾅거리는 포탄 소리가 여기저기서 실감 나게 울려 퍼지는데 영화 보는 내내 깜짝깜짝 놀라기도 한다. 2시간 내외로 이야기의 시작과 끝이 마무리된다. 이 한정된 시간에 모든 것을 담아내기 위해 감독과 배우들은 온 힘을 다

한다. 시나리오 작가의 노력은 장면 하나하나에 묻어난다.

　모든 일은 처음이 중요하다. 가장 처음에 한 일은 쉽게 잊히지 않는다. 영화 리뷰도 처음 쓸 때가 어렵지 한 번, 두 번 쓰고 나면 별거 아니라는 생각이 들 것이다. 정말 어렵다고 생각되면 다른 이들이 쓴 리뷰를 보시고 참고하시면 될 듯하다. 줄거리 요약을 좋아하시는 분은 줄거리 중심으로 작성하시면 된다. 나처럼 특정 장면이 기억나면 그 장면에 대해서 기록으로 남겨두시라. 결국, 영화 전체 내용보다는 그 특별한 장면이 더 오래도록 기억에 남으리라 생각된다.

　내가 쓰는 글은 특별한 장면에 관한 느낌이다. 오래 전에 본 영화 중에서 아직 기억에 생생한 '티베트에서의 7년'이라는 영화에 대해 아래와 같은 글을 남겼다.

제목 : 티베트에서의 7년

신과 아이들과 기도 소리가 머무는 곳, 티베트
모든 생명의 소중함을 생활에 녹여낸 민족들

부유한 삶이 잘 사는 삶이 아님을
티베트인들이 보여주는 생활에서 깨닫는다

나는 지극히 부끄러운 삶을 사는 듯하다

　영화를 통해 자신의 삶을 돌아보고, 그 느낌을 글로 표현해 봄으로써 한층 더 성숙한 모습으로 내일을 맞이한다. 모든 장면이 기억에 남지 않듯이, 당신에게 특별한 순간이 있다면 그 짧은 장면 하나를 작은 노트에 기록하는 일이 습관이 되었으면 좋겠다.

065 기억에 남는 장면 리뷰 (영화를 말한다)

나는 장르별로 장소를 구분해서 영화를 보는 경향이 있다. 코믹이나 로맨스 종류는 주로 TV를 통해서 즐겨보고 규모가 필요로 하는 영화는 극장에 가서 본다. 특히 전쟁 영화, 3D 영화, SF 영화는 꼭 극장에 가서 챙겨본다.

영화는 사랑하는 사람과의 특별한 추억을 공유하는 매개체가 된다. 나는 늘 아내하고 영화를 보면서 데이트를 즐긴다. 아내하고 내가 즐겨 찾는 영화관은 주차가 편리한 곳이라야 된다. 여유를 가지고 느긋하게 주차를 한 후에 영화관을 찾는다. 가장 먼저 해야 할 일은 예약한 표를 예매권으로 바꾸는 일이다. 그 후에 팝콘과 콜라를 사기 위해 줄을 선다. 다행히 자주 찾는 영화관은 사람이 별로 없다. 지역 특성인지 몰라도 내가 사는 곳에는 영화관이 늘 한산하다. 덕분에 좌석은 대충 지정해서 들어가도 입맛대로 골라서 앉을 수 있다.

드라마에서 벗어나서 영화로 넘어온 것은 당신의 글 쓰는 영역을 넓혀 드리기 위해서였다. 글을 쓴다는 자체를 어렵고 힘겨운 대상으로 여긴다면 시작이 어렵기 때문이다. 재미있게, 놀이하듯이 글을 써야 하는데 그러기 위해서는 소재 자체가 재미있어야 한다. 재미 하니까 드라마나 영화가 제격인 것 같아서 소개를 해드리는 것이다. 이 외에도 더 많은 소재가 있을 것이다. 더 재미나고 더 즐거운 소재가 있다면 그것을 가지고 글을 써 보시길 추천해 드린다. 첫째도 습관, 둘째도 습관이다. 글쓰기는 습관이 모든 것에 우선한다는 사실을 잊지 말자.

영화 리뷰를 쓰면서 있어야 하는 글쓰기 포인트를 짚어 드린다. 일반적인 부분이므로 내 경우하고는 다름을 말씀드린다. 나는 늘 장면 위주로만 짧게 쓴다는 것을 몇 번이나 밝힌 바 있다. 파워 블로거들이 작성한 영화 리뷰를 보면서 나름대로 분석해 본 결과를 말씀드리는 것이니 도움이 되시길 바란다.

첫째, 줄거리다. 호불호가 갈리지만 줄거리 공개를 어느 선에서 마무리할 것인가를 정하고 나서 글을 써야 한다. 처음부터 끝까지 빠짐없이 사건을 기술하면 타인으로부터 눈치를 받을 수 있다. 주로 영화를 보기 전의 사람들이 눈치를 줄 것이다. 전체적인 줄거리를 대략적으로만 기술하도록 하자.

둘째, 장면 표현이다. 내가 바라본 최고의 장면을 세 개 내지는 네 개 정도로 뽑아보고 여기에 관해 이야기를 써 본다. 대사도 적절하게 넣어주고 여기서 느낀 나의 평가도 가끔 넣어보면 좋다. 나는 하나 내지는 두 개의 장면으로 마무리 짓는 것을 선호하는 편이다. 하지만 정보 제공을 한다는 차원에서는 이 정도로는 턱없이 부족하다. 조금 길게 써볼 필요가 있다. 그런 이유로 세 개 내지는 네 개 정도의 장면을 언급하는 것이 좋다고 본다.

끝으로 영화에 대한 총평이다. 결국, 이 영화를 보고 누군가에게 추천할 만큼의 감동을 하였느냐 그렇지 않으냐에 대한 평가가 있어 주면 좋다. 홍보 차원이 아니라면 솔직한 개인적인 평가를 남겨 주셔야 다른 이들의 객관적인 평가가 가능하다. 낚시나 홍보 성격의 리뷰는 될 수 있으면 자제해 주실 것을 당부드린다. 재미없는 영화에 대해 과하게 평가하는 것은 성능이 안 좋은 제품을 디자인만 보고 구매하라는 성의 없는 마케팅 회사의 광고와 같다.

066 다양한 분야의 리뷰(생각을 불러오는 사진 하나)

드라마와 영화를 통해서 재미있는 글쓰기를 경험해본 당신이라면 리뷰에 대한 자신감이 조금 생기셨으리라 본다. 다양한 분야에 대한 리뷰 글쓰기를 해봄으로써 당신의 생각 폭을 넓혀봤으면 좋겠다. 이제 또 다른 소재를 찾아서 떠나보기로 하자.

소재하면 떠오르는 것이 있다. 많은 생각을 불러오는 사진이다. 어릴 적 사진을 통해 잊고 있었던 친구를 떠올릴 계기가 되고 아련한 추억에 잠겨보기도 한다. 블로그에서 여기저기를 구경하다 보면 느낌이 가는 사진들이 있다. 블로그 주인장에게 부탁해서 사진을 구해 글을 쓴 적도 많다. 평범한데도 특별해 보이는 사진은 꼭 기록으로 남겨두었다. 그중에 하나를 소개해 드린다.

제목 : 당신이 남겨둔 위로

오늘 아침, 바쁘다는 핑계로 아버지의 자전거를 내가 끌고 나섰다
버스 정류장 앞, 동구 밖에 놓아두면 퇴근길에 아버지께서 가져가시겠지

반 시간을 걸어야 나타나는 집
아버지는 오늘 동구 밖에 세워둔 자전거를 그냥 두고 걸어가셨다

흐리거나 비만 오면, 유달리 아파져 오는 아버지의 무릎
늦은 밤, 아들이 올 거라고 그렇게 두고 가셨다

먹먹한 가슴, 내 마음에 위로가 쌓였다

이웃인 연어 님 블로그에서 발견한 사진 한 장을 통해 어릴 적 자전거에 얽힌 추억이 생각났다. 물론 글 자체는 시적 허용을 활용해서 가상의 현실을 부여했다. 사진을 제공해 주신 연어 님은 이렇게 따스한 글로 화답해 주셔서 감사하다는 메시지를 남겼다. 오히려 감사한 사람은 바로 나였다. 오랜만에 아련한 추억이 생각나서 어찌나 고마웠던지. 말로는 표현이 어려울 정도였다.

어릴 적 사진이 담긴 앨범을 꺼내서 추억 여행을 떠나보시기를 추천해 드린다. 아날로그 필름으로 간직하고 있는 사진을 스캔하시거나 휴대폰으로 재촬영해서 기록으로 남겨 보시면 좋은 글쓰기 경험이 쌓일 것이다. 장담하지만 사진 한 장이 불러오는 추억의 힘은 대단하다. 많은 이야기가 묻힌 사진들이기 때문이다.

아내는 휴대폰으로 어릴 적 사진들을 찍어서 보관하고 있다. 아날로그 사진이라 한 번 꺼내보기에는 앨범을 찾아야 하고 사진을 뒤적거려야 하는 불편함이 있다. 휴대성에서 휴대폰만한 저장도구가 없기에 그 이점을 최대한 활용한

다. 지금도 처가 형제들이 모인 자리에서 사진을 들여다보면서 많은 이야기를 나눈다. 휴대폰에 저장된 사진들을 보면서 화기애애한 시간을 갖는다. 어릴 적 추억을 이야기하면서 밝게 웃는 모습을 보면 저절로 흐뭇해진다.

　하고 싶은 이야기, 쓰고 싶은 이야기가 바로 글 쓰는 소재다. 당신이 쓰고 싶은 이야기가 담긴 사진을 소개해 보시면 어떨까? 낡은 자전거 한 대에서 어릴 적 아버지와의 따스한 기억을 떠올린 것처럼 당신에게도 분명 그런 기억이 존재할 것이다. 아무 사진이라도 좋다. 사진을 보는 순간 웃음이 묻어나고 행복한 미소가 지어진다면 그 이유를 써 보는 시간을 가져보면 된다.

067 다양한 분야의 리뷰 (생각을 불러오는 사진 둘)

너무나 평범해서 의미 없어 보이는 생명에 의미를 부여해보는 것이 나와 관계를 맺는 방법이다. 늘 무언가에 위로를 받는다는 사실이 소소한 행복이다. 평범한데도 특별해 보이는 사진은 기록으로 남겨두는데, 아랫글도 그중에 하나다.

제목 : 담벼락에 놓인, 위로

아무리 둘러봐도 살아있는 날것들이 살아서 견디기 어려운 곳
그곳에도 생명이 자라, 고유의 영역으로 자리한다

늘 뜨거운 태양과 맞서야 하고
모진 가뭄, 비조차 고이지 않는, 한정된 담벼락의 목마름을 견뎌야 하는 곳

누구도 살기를 꺼린 곳에, 담쟁이 씨앗이 놓였다
담쟁이인들, 다른 살기 좋은 곳을 제외하고 그곳이 좋았으랴?

살아온 천성이 옆으로 퍼지는 것과 위로 올라가는 것
오직 그것 때문에 이렇게 벽을 찾아 정처 없이 떠돌아다닌 것일 뿐

담벼락에 놓인, 위로
외로운 담벼락을 쓰다듬기 위한, 몸부림이었나 보다

시골길을 가는데 사람의 흔적이 보이지 않는 폐가에 오롯이 담쟁이 넝쿨만이 집에 온기를 불어넣고 있는 듯 보였다. 외롭고 쓸쓸한 집, 누군가 머물렀을 따스한 집, 추억이 깃든 집, 이 모든 것을 뒤로하고 지금은 담쟁이 넝쿨만이 따스한 손길을 내밀어 주던 집이었다. 그 모습이 허전해 보이기도 하고 한편으로는 위로가 되었다. 집이라는 관점에서는 사람에 대해 그리움이 느껴졌다. 담쟁이 넝쿨 또한 집이라는 매개체를 삶의 터전으로 삼아 더운 날 부지런히 생명의 활동을 하는 것이 보기 좋았다. 서로서로 위로하는 듯 보이는 따스한 장면이었다.

어떻게 보면 시 같아 보이기도 하고, 다르게 보면 산문인 듯한 글쓰기를 좋아한다. 글이라는 형태를 가지고 내 느낌을 표현한다는 점에서는 어떤 형식이든 다 좋다. 제대로 표현하고 싶은 마음이 클수록 짧게 도려내고 압축시키는 과정도 즐겁다. 이 과정을 당신도 직접 해보셨으면 한다. 어느 날, 깜짝 놀랄 만큼 성장해 있는 모습을 볼 것이다.

여기서 하나의 가르침을 드리자면 자신에 대한 자신감이다. 나는 '글을 써 본 적이 없어서 저렇게는 못 쓸 것이다'는 분들이 많다. 실제로 쓰지 못하는 분들

이 있다. 왜냐하면, 시작하지 않았기 때문이다. 시작조차 하지 않은 분들은 시동이 걸리지 않은 자동차를 운전하고 싶은 상태와 같다. 지금까지 꾸준하게 내가 쓴 글을 읽어오셨고 또 매일은 아니지만, 가끔 일기 형식으로 글을 써 오셨다. 이것 하나만으로도 충분히 자신에 대한 자신감을 가지셔도 된다. 지금 조용히 눈을 감고 생각에 잠긴 후 부지런히 떠 오른 생각들을 노트에 기록하자. 당신은 충분히 잘 하고 있고 앞으로도 잘 해나갈 것이다. 자신을 믿고 앞으로 나아가자.

차가운 바람이 불어오는 겨울이다. 가을이 어느 결에 우리 마음을 떠나 버렸다. 아주 잠낀 붉은 노을처럼 온 산을 붉게 물들였지만 이젠 회색빛 앙상한 가지만 남은 겨울의 문턱에 와 버렸다. 하얀 눈이 내리는 날이 머지않았다. 하얀 도화지 같은 세상에 당신의 발자국을 남기는 방법은 직접 눈이 쌓인 길가를 걷는 것이다. 하얀 도화지 같은 세상, 하얀 종이 위에 써 놓은 당신의 글을 기대한다.

(2017년 12월의 첫 주가 지난 시점, 겨울이 시작되었던 날의 기록)

068 다양한 분야의 리뷰 (제품 사용 후기)

드라마, 영화, 사진은 시각적인 영향이 추상적인 기억을 불러들인다. 시간이 많이 지나도 사진 한 장을 통해 잃어버렸던, 잊고 지냈던 기억들이 하나둘 되살아난다. 소중한 기억들을 이대로 흘러보내고 말 것인가? 당신의 머릿속에는 항상 망각의 강이 흐르고 있고 시간이 지나면 기억들은 흘러가서 잊힌 시간이 된다. 이 소중한 기억을 사진과 함께 글로 남겨두시는 꼼꼼한 모습을 기대해본다.

리뷰 중에서 특히 제품 사용에 대한 후기 글을 많이 보셨을 것이다. 최근에 가습기가 고장이 나서 새로 구매한 적이 있는데 후기 글이 많은 도움이 되었다. 실제 사용해본 결과로써 좋았던 점과 나빴던 점을 꼼꼼히 써 놓은 블로거들에게 감사드린다. 자신이 구매해서 써본 결과를 후기로 남기는 양심적인 블로거에게 보내는 감사다. 업체에서 제공한 제품을 써 보고 '솔직 후기'라고 기록하시는 분들이 많은데 나는 이런 부류의 소개 글은 믿지 않는다. 무료로 받은 제품, 과연 당신은 얼마나 솔직한 후기로 기록을 할 수 있을까? 의구심이 생긴다.

제품 사용 후기에 관한 기본적인 정보 제공은 구매자가 객관적인 판단을 하는 데 많은 도움이 된다. 디자인과 성능 면을 꼼꼼하게 기록으로 남겨둔 분들을 보면 늘 고맙다는 생각이 든다. 많은 분이 블로그 정보를 통해 제품에 대한 사전 정보를 구해보고 제품을 구매하리라 본다. 이때 유의할 점을 몇 가지 나열해 본다.

첫째, 제품의 유, 무상 제공 여부다. 솔직 후기라고 해놓고는 마지막 구절에 가면 '이 후기는 업체로부터 제품을 무상으로 공급받아 작성되었습니다'라는 설명이 남아있다. 제품이 좋을 수도 있다. 실제로 좋은 제품이 많다. 다만 무상 제공이라는 객관적인 사실 앞에서 자신의 주관적인 평가가 솔직 후기가 될 가능성은 작다. 어떤 식으로든 업체에서 원하는 방향으로 후기를 작성해야 하기 때문이다. 당신은 선의로 글을 쓴 것이지만 본의 아니게 피해를 보는 분들이 있다. 자신이 구매한 제품만 후기를 남기도록 했으면 좋겠다.

둘째, 정보 제공 여부다. 기본적인 제품 정보는 사용 설명서에 나와 있다. 제품 카탈로그에도 정보가 가득하다. 여기에도 당신이 모르는 함정이 있다. 바로 업체에서 제공하는 마케팅 측면의 광고 정보다. 기본적인 마케팅 전략이 담긴 글이 일부 블로거에게 그대로 전달이 된다는 사실을 언론 보도를 통해 알게 되었다. 이 정보를 기본으로 작성된 글이 얼마의 돈으로 환산되어 평가를 받는다. 선의의 피해자를 불러오는 광고성 후기는 유혹받지도, 유혹하지도 말자.

끝으로 복합적인 이유를 든다. 바로 첫째의 제품 무상제공과 둘째의 정보 제공 여부를 합친 경우다. 이 경우에는 아르바이트 블로거들이 작성하는 리뷰다. 실제로 회사에 소속이 되었거나, 특정 광고 회사와 결합하여 규모를 크게 해서 잘못된 정보를 흘리는 상태를 말한다. 일반인은 구분하기 어렵다. 나 또한 이런 부류의 글을 대하면 고개를 갸웃거린다. 이 정보가 사실인지 아닌지 구분하기가 정말 어렵다. 왜곡된 정보로 피해를 줄이기 위해서는 일단 제품을 구매해서 사실과 다르면 가차 없이 반품한다. 소액 결제인 경우는 예외로 하지만 금액이 커질수록 따지고 따져서 구매하시는 현명함을 발휘해 주셨으면 좋겠다.

나는 간혹 맛집 탐색을 했다가 내용과는 다른 상황에 당황한 적이 있었다. 음식 맛도 좋고 식당 서비스도 상당히 좋다고 해서 찾아간 집인데 내용과는 달랐다. 도대체 이유가 무엇일까 고민했던 적이 있다. 위에서 열거한 제품 구매 후기와 별반 다를 바 없는 이유라고 생각했다. 거짓된 정보에 내가 속아 넘어간 것이다. 그저 평범한 식당인데 홍보를 이유로 유명 블로거를 초대하고 무료로 음식을 제공한 후에 거짓된 후기를 작성하게 한 경우임을 알 수 있었다. 무료로 받은 분이야 자기 주머니에서 지출되는 돈이 없으니까 맛있게 먹었을 수도 있다. 하지만 비싼 대가를 치르고 먹는 선량한 다른 분들이 많다는 것을 명심했으면 좋겠다.

이와는 반대로 한적한 곳에 놓인 맛집을 찾았을 때는 감탄이 절로 나왔다. 기대하지 않고 들어간 식당에서 의외의 맛과 서비스를 대하면 감동은 두 배였다. 여행을 자주 다니는 나와 아내는 이런 집은 기억했다가 다음에 꼭 방문한다. 아주 오래전에 경북 의성을 둘러보면서 들렀던 냉면집이 기억에 남는다. 소박하게 차려진 비빔 냉면과 물 냉면을 먹으면서 주방장의 정성이 느껴졌었다. 더운 날이었고 시원한 물이 생각나는 여름 메뉴로는 냉면이 제격이다. 아내는 비빔 냉면을 좋아하고 나는 물 냉면을 좋아한다. 우리 두 사람이 거닐었던 길가에 놓여 있었던 작은 냉면 집. 의성에 다시 가게 되는 날, 꼭 한 번 들를 예정이다.

⑥⑨ 다양한 분야의 리뷰(서평 쓰기)

드라마, 영화, 사진으로 리뷰 글쓰기를 해보았다. 아주 잠깐이지만 제품 리뷰와 맛집 방문 리뷰에 대한 소개도 마친 상태다. 이제 리뷰의 막바지 단계인 서평 쓰기로 접근해본다. 사실 서평은 생각보다 쓰기가 어려운 것 같다. 이렇게 써야 한다, 저렇게 써야 한다 일러주는 책들을 보면 머리가 더 아프다. 정해진 양식에 맞춰서 쓰다 보면 무언가 획일적인 느낌이 든다.

나만의 개성 있는 서평 쓰기는 어떻게 쓰면 좋을까? 언제나 내가 먼저 솔선수범해서 서평을 보여 드리는 것이 순서일 것 같다. 오랜 친구의 시집을 읽고 내가 쓴 서평을 불러본다. 10년이 넘는 시간 동안 갈고 다듬은 글들이 세상에 빛을 발한 날, 시란 이런 것이구나 싶은 감동이 밀려온 시집이었다.

제목 : 오랜 친구의 시집을 읽고

오랜 기다림 그리고 마침내 펼쳐진 시인만의 비밀스러운 집
그 안에 묻어 있는 수많은 고민과 감정들

누에가 갉아먹은 뽕잎의 양이 질 좋은 실을 양산한다는 보장은 없지만,
그 누에로 인해 뽕잎은 한여름 햇살을 용케도 견뎌낸다

하루하루 조금씩 시어의 바다에 발을 담그고
그로 인한 푸른 바다의 빛을 머금은 글들이 한편의 시집에 고이 들어앉았다

　시인이 오랜 시간에 걸쳐 써 온 글을 접하고 내가 반응할 때 될 수 있으면 고운 말로 화답하고 싶었다. 시인에게는 시인처럼 손을 맞잡고 싶었다. 당신의 글을 읽고 나도 시인이 되었습니다. 고맙습니다. 라는 마음으로 시인을 대했다. 너무 근엄하게 보일지 모르지만 이런 소소한 예의가 시인을 살찌게 하리라 본다. 더 나은 글을 써서 자주 보여 달라는 격려가 된다. 때로는 응원을, 때로는 채찍질을 가하는 비평가가 되어준다. 시인에게 뼈가 되고 살이 되는 긍정적인 메시지를 보내는 결과를 낳는다. 당신의 글을 응원하는 무언의 메시지를!
　시라는 영역은 일반인이 접근하기에는 상당히 어렵게 느껴지는 면이 많다. 어떤 식으로든 글자를 아름답게 다듬고 싶은데 숙달이 되지 않으면 다듬기 어렵다. 서툴게 썼다가는 웃음만 나오는 것 같아 몇 줄이고 썼다가 지운 기억들이 있을 것이다. 나는 느낌 가는 대로 일단 쓰고 본다. 다 써 놓고 조용히 내가 쓴 글이 어떤 향기가 나는지 음미해 보기도 한다. 자기만족이랄까? 난 스스로 이런 느낌을 찾아가는 과정을 즐긴다. 자랑은 아니지만 글 쓴다는 자체를 즐기고, 그 과정에서 행복함을 느낀다.

글 쓰는 과정에서 시는 필터에서 걸러진 고운 말들을 많이 사용한다. 투박하지만 순수한 글자를 나열하는 글이다. 당신과 내가 써 내려가는 글도 이와 같다. 어려운 말은 될 수 있으면 사용하지 않는다. 쉬운 말로 써 내려간 글이 많은 사람에게 감동을 준다면 그 글이야말로 최고의 글이다. 혹시 내가 지금까지 써 온 글 중에서 당신이 이해하지 못한 어려운 단어가 있었는지 다시 한번 확인해 보았다. 쉬운 말을 사용해서 공감 가는 글을 적고 싶은 내 욕심 때문이다.

다양한 분야의 리뷰(애독자 글 소개)

리뷰 글쓰기는 분야가 다양하다. 내가 소개해드린 드라마, 영화, 사진, 제품 구매 후기와 맛집 그리고 서평으로 리뷰 글쓰기를 해보았다. 모두 맛보기용이 었음을 기억하시고 앞으로 꾸준히 글쓰기를 해주실 것을 부탁드린다. 습관 들 이는 것은 꾸준함을 필요로 한다. 가장 최대의 적은 게으름과 무관심이다. 조 금만 부지런히 움직여보면 글을 쓸 수 있다.

당신에게 쓸 거리를 가져다주기 위해서 가장 많은 시간을 들여 설명한 것 같 다. 거울 하나를 놓고 눈, 코, 입, 귀에 대한 이야기를 한 것을 시작으로 저 멀리 남해, 동해, 서해를 넘나들면서 제주도까지 글로나마 여행을 다녀왔다. 이후 리뷰 글쓰기를 했었다. 모두 다 무언가 쓸 거리가 필요한데 그 쓸 거리가 되어 주는 것들이다. 될 수 있으면 지루하지 않게 이야기를 풀어나갔는데 혹시라도 지루했다면 양해를 부탁드린다.

글쓰기 관련 책을 읽다가 내가 쓴 글이 생각났다는 블로그 이웃님이 계신다.

아가사라는 이름으로 활동하시는 분이신데 내가 쓴 글에 자주 댓글을 달아 주시는 분이고 응원을 많이 해주시는 고마운 분이시다. 요즘은 전원생활에 푹 빠져서 열심히 활동하시는 모습이 너무 보기 좋다. 그분의 글을 모서와 본다.

책(아가사 님이 읽었다는 책)에서 언급하는 대로 글쓰기와 관련한 이론과 방법들, 구구절절 옳은 말이고 좋은 글이다. 참 좋은 책이다. 지식도 많고, 글쓰기에 대해 바른 길잡이를 해주는 책이다.

'나는 전문 작가가 되고 싶다는 생각을 단 한 번도 한 적 없다. 그저 친구나 지인들에게 안부 글을 쓰거나 블로그에 글을 올릴 때 누구나 편안하게 읽고, 함께 공감할 수 있고 때로 진심이 선날되는 글을 쓰고 싶다는 바람을 가지고 있을 뿐이다. 이 책은 너무 예쁜 구두지만 내겐 볼이 너무 꼭 끼어서 발이 아프고 불편한 구두 같은 느낌이 든다. 그런데 책을 읽는 도중에 글쓰기에 대한 글을 써주시는 블로거를 이웃으로 만나게 되었다.

글에 대한 새로운 감성이 일게 하고, 내 안을 들여다보는 방법을 하나씩, 쉽게 일깨워주시는 이웃님 글이 나에겐 꼭 맞는 신발을 찾아 신은 듯한 느낌이라 글들을 정독한다. 세상 모두가 좋아한다고 해도 내게 맞지 않으면, 내겐 좋은 것이 아니라고 생각한다.'

단 한 분이라도 내가 쓴 글에 마음이 움직였다면 나는 그것으로 충분히 만족한다. 애초에 목표로 했던 함께 쓰는 글쓰기가 달성되는 것이기 때문이다. 어떠한 유혹에도 움직이지 않는 분들에게는 내 글이 맞지 않다고 본다. 이렇게 저렇게 직접적인 방법을 가르쳐주지 않기 때문이다. 나는 이런 방법도 있고 저런 방법도 있으니 한번 해 보세요, 라고 권유할 뿐이다. 그 과정에서 당신에게 맞는 방법을 찾는다면 더할 나위 없이 즐겁다. 당신에게 꼭 맞는 신발을 빨리 찾길 바란다.

제5장
글쓰기 처방전과 팁

071 당신을 위한 글쓰기 처방전 하나

글을 쓰기 위해서 소재 찾는 과정을 오랜 시간에 걸쳐 소개해 드렸다. 여전히 글쓰기는 어렵다고 하소연하시는 분들이 많다. 그렇다. 어렵다. 글쓰기는 어려운 영역이 맞다. 조금만 편히 마음을 먹고 글쓰기를 대하고자 다른 방법을 소개해 본다. 도저히 혼자서는 글을 쓰지 못하겠다는 분을 위한 처방전이다.

처방전 1. 질문을 던지고 대답하라

자기 자신에게 질문을 던지고 해답이 무엇일지 기록하는 일이다. 질문하고 답하기는 글쓰기 초보자가 가장 쉽게 접근이 가능한 방법이라고 생각된다. 간단한 문장 나열부터 시작해서 이 문장들을 모아 글을 완성하면 된다. 예를 들어 보기로 한다.

질문 : 오늘 아침, 일어나서부터 점심 전까지 한 일은 무엇입니까?

대답 : 오전 7시에 일어나서 가벼운 스트레칭을 10분간 했고 이후에 세수했다. 보일러를 세게 돌려서 그런지 몰라도 목이 건조해서 목 마사지로 물 두어 컵을 마시면서 가글을 겸했다. 감기가 유행인데 목이 건조하지 않아야 할 것 같아서 적정한 습도를 유지하기 위해 노력한다. 아침을 먹고 가볍게 책을 읽으면서 하루를 열었다.

어제부터 김승옥 작가님의 〈무진기행〉을 읽고 있는데 생각보다 빨리 읽히지 않는 책이다. 많은 생각을 하게 하는 내용으로 구성된 단편 모음집인데 분량이 많기도 하거니와 주제가 무거워 가볍게 읽기에는 부적합한 듯하다. 총 10편의 단편들이 뒤늦게 읽는 늦깎이 독서가인 나를 재촉하는 듯하다. 1960년대 쓰인 소설을 2017년도 말에 읽는 나에게 많은 생각을 불러일으키는 아침이다.

일단 내가 오늘 아침에 한 일을 직접 작성해 보았다. 질문은 될 수 있으면 구체적이면 좋다. 시점 또한 오늘 아침이라고 명확히 명시해야 범위가 좁아진다. 만약 오늘 하루나 일주일 또는 한 달이라는 시간으로 가정한다면 특정한 사건을 나열하는 것이 좋다. 예를 들면, 이번 주에 읽은 책 중에서 가장 감명 깊었던 장면은 무엇입니까? 라는 식으로 구체화한다. 한 달이나 일 년이라는 긴 시간이라면 그 안에서도 기억나는 장면에 대해 질문하는 것이 좋다. 이번 한 달 동안 가장 힘들었던 일은 무엇인지 소개해 주세요. 올 한해 가장 어려웠던, 위기였다고 생각되는 일은 무엇인지 한 가지 소개해 주세요. 라는 식으로 질문하고 대답해 본다. 소개하다 보면 자연스럽게 자신이 느낀 감정까지 나열하게 된다.

자기 자신에게 질문을 던지고 답을 하는 것이 익숙하지 않은 분들이 계실 것이다. 이렇게 시작해보면 어떨까? 질문을 던지는 것은 바로 자신에게 말을 거는 것이므로 일단 가벼운 주제부터 시작해 본다. 누군가의 대답을 구하는 과정에서 던지는 질문도 좋겠지만 대상을 구하기가 어렵다. 우선 자기 자신부터 먼저 알아보고 타인으로 넘어가도록 하자. 나는 오늘 아침에 나 자신에게 아래와 같은 질문을 던져 보았다. 가벼운 주제였는데 생각보다 무거운 시간이 흘렀다.

질문 : 나는 왜 글을 쓰는가?

대답 : 쓰고 싶은 말이 있는데 꼭 기록으로 남기기 위해서 쓴다. 우선 혼자 쓴 글이 하나의 기록으로 남아서 누군가가 봐줬으면 좋겠다. 나 혼자만 알고 있기에는 너무나 재미있는 일 또는 유익한 일이라 내가 알고 있는 이 일을 누군가와 공유하고 싶다. 많지는 않지만 매일 매일 조금씩 기록해 나간 내 이야기에 누군가가 읽고 반응한다면 기쁠 것이다. 그 과정에서 조금이나마 글 쓰는 습관을 기르고자 한다. 나도 습관이 되고 당신도 습관이 되었으면 해서 글을 쓴다.

작가에 대해 많은 생각을 해 보았다. 늘 마음속에 간직한 생각을 오늘 이렇게 글로 써 본다. 나에게 있어 작가란, 끊임없이 세상에 물음표를 던지는 사람이라는 생각이 든 까닭은 무엇일까? 세상을 살면서 그 안에서 움직이는 모든 사물, 사람, 생명에 대해 의구심을 가지는 존재가 작가라고 생각했다. 왜 그럴까? 이것은 무엇일까? 이렇게 하면 더 좋을 것 같은데 왜 저렇게 할까? 이 모든 일에 대해서 세상에 끊임없이 질문을 던지고 나름대로 대답을 구하는 과정이 작가가 걸어가는 과정이 아닐까 하는 결론을 내렸다. 그 과정에서 정답은 아니지만, 작가의 사상과 철학을 담고 그 글을 읽은 이가 공감이라는 느낌을 받는다면 가히 즐겁지 않겠는가? 결론적으로 작가란, 내가 던진 물음과 대답한 결과물이 다른 이의 공감을 불러온다는 사실을 최고의 기쁨으로 알고 글을 쓰는 사람이다.

"늘 질문하고 대답하는 당신, 당신은 이미 훌륭한 작가다."

072 당신을 위한 글쓰기 처방전 둘

아직 감이 잡히지 않는 분들이 계시리라 본다. 질문 자체는 누구나 생각할수 있지만, 여기에 답하기란 쉬운 일이 아니기 때문이다. 그럼 어떻게 해야 하는가? 염려하지 마시라. 이런 분들을 위해 준비한 처방전을 아낌없이 나눠 드린다.

처방전 2. 남의 글을 소리 내어 읽어라

조선 시대로 건너가 보자. 우리네 많은 선조가 늘 하는 행위가 바로 읽기였다. 천자문부터 시작된 활자화된 글을 소리 내어 읽는 것이 하루 일의 전부인경우도 많았다. 이 소리 내어 읽기는 일단 글 자체를 헛바닥에 올리는 일이다. 헛바닥에 올린다는 것은 언제 어디서든 자연스럽게 글자 자체를 발음할 수 있다는 뜻이다. 또한, 그 뜻을 항상 염두에 두었으므로 머리와 가슴으로 의미를 간직한다는 뜻이다. 이렇게 읽은 글의 양이 많아지면 어느 순간 조금이라도 쓰게 되는 자신을 발견하게 된다. 슬슬 몸이 간지러운 상태이다. 읽는다는 단순한 행위에 지쳐서 다른 행동을 원하는데 바로 글 쓰는 행동 자체가 다른 행동이 된다.

남의 글을 소리 내어 읽다 보면 마치 내가 주인공이 된 듯한 착각이 드는 경우가 있다. 글에 감정이입 되었다는 뜻이다. 감정이입은 읽는 행위를 통해서 의외로 쉽게 이루어진다. 배우가 연극이나 영화에서 멋지게 연기하기 위해서 입에 올리고 또 올리는 대본을 상상해 보시라. 글자 자체를 입에 올리고 계속 중얼거린다. 그 과정에서 감정을 잡고 분위기를 느끼며 실제로 배우가 아닌 대본 자체가 원하는 인물이 된다.

작가와 독자가 하나가 되는 방법은 여러 가지가 있다. 그중에 가장 쉬운 방법은 눈으로 읽고 머리로 생각하고 가슴으로 느끼는 일이다. 이렇게 하면 일차적으로 작가가 무엇을 말하고자 하는지 의미를 알 수 있다. 여기에서 더 나아가 발전된 형태가 바로 소리 내어 읽는 일이다. 천천히 작가가 써 놓은 글을 읽다 보면 눈으로만 읽을 때 놓쳤던 감정들이 하나씩 살아난다. 기억에 남아 있던 장면에서는 가슴 깊숙하게 새겨지는 느낌이 들기도 한다. 이 과정에서 새겨 놓은 글들이 결국에는 바깥세상으로 나갈 준비를 하는 단계가 온다. 많이 읽어서 당신이 가진 생각의 보따리가 터지는 시점이 온다. 바로 글쓰기라는 시점이.

소리 내어 읽는다는 사실 자체가 부끄러워서 행동에 옮기기 어렵다는 분들이 있다면 곤란하다. 자신만의 공간이 없다면 더더욱 그럴 것이다. 그렇다면 한적한 공원은 어떨까? 공원 벤치에 앉아서 나지막이 속삭여서 읽어보시길 권한다. 소리를 낸다는 사실이 부끄럽다면 조용하게 속삭이듯이 읽어도 괜찮다.

중요한 것은 머리로만 읽으면 안 된다는 사실이다. 반드시 혀에 글자를 올려서 소리 내어 읽어야 효과가 있다.

소리 내어 읽기에 좋은 책을 소개한다. 힘겨울 때 꺼내서 읽어보는 내 마음의 양식과 같은 책이 있다. 바로 정희재 작가님의 '어쩌면 내가 가장 듣고 싶었던 말'이라는 책이다. 지친 당신에게 따스한 위로의 손길을 내미는 글들이 많다. 문장 하나하나를 따라서 읽게 되면 마치 내가 나에게 위로의 말을 건네는 것 같은 착각이 든다. 처음에는 얼굴도 알지 못하는 작가에게서 위로를 받고, 나중에는 그 작가가 쓴 글을 공감하는 단계를 넘어서 결국에는 내가 나를 위로하게 된다. 불경기에 힘들게 살아가는 서민의 삶, 애환이 녹아있고 지쳐버린 청춘에게 용기를 불어넣는 글들이 모인 책, 소리 내어 읽다 보면 어느새 당신은 책상에 앉게 된다. 나도 이렇게 멋진 글을 한번 쓰고 싶다는 감정이 저 깊숙한 어느 한 곳으로부터 올라오기 때문이다.

어쩌면 내 경험에서 나온 결과이므로 당신과 맞지 않을 수도 있다. 당신과 나는 다른 삶을 살아냈기에 당연히 그럴 수 있다. 괜찮다고, 이 책의 저자처럼 당신의 이마에 손을 얹어 위로해본다.

073 당신을 위한 글쓰기 처방전 셋

여전히 글쓰기가 어려운 당신, 염려 붙들어 매시라. 이런 분들을 위해 오랜 시간에 걸쳐서 글을 써왔고 또 준비했다. 다른 처방전을 보여 드린다.

처방전 3. 남의 글을 인용하라

어디에선가 인상 깊게 읽은 구절이 있다면 그 내용을 그대로 가져와 본다. 이때 대외적으로 당신의 책에 인용을 원한다면 출처와 저작권자의 승인을 받아야 한다.

독서란 처음부터 끝까지 읽어야만 한 권의 책을 다 읽었다는 자기만족을 느끼시는 분이 많다. 어쩌면 강박관념처럼 처음부터 끝까지 정독해야 한다는 마음을 가지고 독서에 임하시는 분도 계시리라 본다. 특정 주제에 관해 독서를 하는 데 목차를 살펴보면 불필요한 내용이 포함된 글이 상당히 많다. 이때는 자신이 필요한 부분만 읽는 것이 오히려 도움이 된다. 주제는 글쓰기인데 이와 무관한 내용이 있다면 과감히 페이지를 넘기는 자세가 필요하다. 더 쉽게 표현하면 농구와 관련한 책을 읽는데 갑자기 축구와 관련된 내용이 이어진다면 과감히 그 내용은 건너뛰는 것이다. 혹시나 축구가 농구와 관련이 있을까 싶어서 처음부터 정독하시는 분이 있을 것이다. 그럴 필요 없다. 믿고 넘어가 주시라.

실제로 대다수 책에서 저자들은 중요한 내용은 처음 30%의 분량에 집중적으로 핵심을 넣는다고 한다. 이후 나머지는 서서히 풀어쓰는 단계이므로 중반부 이후는 중요도가 덜 하다고 한다. 특정한 목적을 가지고 독서를 하는 분이라면 이 점을 염두에 두고 독서를 하시면 도움이 될 듯하다. 골라서 읽는 독서가 오히려 독서에 도움이 된다는 말이다. 초반부에 자신이 원하는 내용이 나오지 않는다면 분명히 중반부에 내용이 있을 것이다. 목차를 찬찬히 훑어서 보고 그 안에서 핵심 내용이 있는 구절들을 찾아보기로 하자. 그렇게 하는 습관이 모이면 독서의 힘도 늘어난다.

인용을 잘하기 위해서는 틈틈이 독서를 하는 과정에서 기록을 남겨둬야 한다. 메모를 말하며 내 경우에는 부분 필사라고 표현한다. 책을 읽다가 특별히 기억해야 할 구절을 발견하면 그 구절 자체를 필사 노트에 옮겨둔다. 독서를 하면서 늘 노트를 주변에 두는 이유가 바로 기록해서 훗날 활용하기 위해서다. 반드시 써먹는 순간이 온다. 가깝게는 블로그에 포스팅(독서 후기)을, 멀게는 내가 쓴 글에 조금씩 참고를 한다.

사실 나는 저작권 문제로 다른 작가님의 글을 많이 인용하지 못했다. 출처를 밝힌다고 해도 어디까지나 내 소유의 글이 아니므로 무언가 이질감이 느껴지기 때문이다. 게다가 인용 없이도 어느 정도 글을 쓰는 것에 익숙하므로 굳이 인용까지 할 필요가 있을까 하는 생각 때문이었다. 인용을 잘하는 것도 하나의 기술이므로 이 부분은 별도로 학습이 필요할 것 같다.

당신을 위한 글쓰기 처방전 넷

글쓰기는 자기만족을 위한 일이다. 써 놓은 글이 어딘가 어색하고 남에게 보이기 부끄럽다는 생각이 들면 글쓰기를 주저하게 된다. 결국, 만족하지 못하고 써 놓은 글을 지우거나 버리게 된다. 이런 분들이 타인과 소통 하는 것은 그 이후에 가능한 영역이다. 또 하나의 처방전을 보여 드린다.

처방전 4. 내가 겪은 경험을 써라

누구나 경험 한 가지씩은 있다. 한 가지가 무엇이랴? 수도 없이 많은 경험을 한 사람이 바로 당신임을 잊지 말자. 소소한 일상의 경험으로부터 크게는 인생 쓴맛을 본 경험까지 그 종류는 열거하기 어려울 만큼 다양하다. 운전해본 경험은 누구나 다 있다. 바로 초보 운전자 시절 이야기다. 우선 내가 먼저 그 경험을 들려 드린다.

고등학교 2학년 무렵에 부쩍 자동차 운전에 관심이 커졌다. 큰 형님 차량이

1ton 트럭이었는데 그 차량을 운전해보고 싶어서 몰래 자동차 열쇠를 훔치기도 했다. 물론 운전도 배우지 못한 상태에서 그냥 자동차에 앉았다가 내려오는 정도였다. 초반부에 나의 어린 시절을 이야기하면서 작은 형님에 대해 언급한 바 있다. 작은 형님은 나와는 세 살 터울인지라 그때 당시에 면허증이 있었다. 큰 형님은 왠지 부담스러웠고 작은 형님에게 부탁해서 운전을 가르쳐 달라고 졸랐다.

처음 운전대를 잡고 출발을 한 날, 머리가 온통 하얗게 변해 버렸다는 사실 외에는 별로 기억이 나지 않는다. 작은 형님이 옆에서 뭐라고 말을 하는데 잘 들리지 않았다. 오로지 직진만이 가능했고 변속도 느렸다. 지금처럼 오토매틱이 흔하지 않은 시절이고 스틱을 사용하는 트럭은 더더욱 어려웠다. 1단으로 출발해서 2단, 3단으로 바꾸는 과정이 어찌나 힘들던지. 능숙하게 나를 피해 가는 차들이 야속했었다. 시동은 수시로 꺼졌다. 덜컥, 덜컥하면서 꺼지는 시동만큼이나 내 마음도 보이지 않는 저 깊은 밑바닥으로 꺼져버리곤 했다. 그러기를 며칠 했는지 잘 모르지만, 어느 순간 부드럽게 운전하는 내 모습이 보였다. 대략 일주일 걸렸던 것 같다.

운전도 결국 습관이다. 습관이 되어야 자연스럽게 고속도로 주행이 가능하고 먼 곳으로의 여행도 가능하다. 나는 그때 자동차 면허를 따면 가장 먼저 해보고 싶었던 일이 고속도로를 달리는 일이었다. 창문을 내리고 시원하게 달리는 모습이 어찌나 부러웠던지? 그 모습을 상상하면서 하루빨리 어른이 되기를 손꼽아 기다렸다. 물론 고2 때 배운 운전은 나름 도움이 많이 되었다. 마을과 마을 사이를 다니는 정도였으나 멀게는 읍내까지도 혼자서 다니곤 했다. 그 경험이 결국 고등학교를 졸업하는 것과 시점을 같이하여 운전면허 취득을 가능하게 했다. 운전에 두려움이 없으니 면허 시험은 그야말로 식은 죽 먹기였다.

나는 짧게 위와 같이 운전을 처음 해본 경험과 면허 따기까지의 경험을 들려 드렸다. 이 글을 읽고 아마 당신은 이렇게 생각할 것이다. 맞아, 나도 처음에 얼마나 겁이 나던지. 두근거리면서 처음 핸들을 잡았을 때 떨리던 손과 발의 느낌이 기억난다고 하시는 분이 많을 것 같다. 출발하자마자 옆길로 흘렀다는 분, 안타깝지만 출발과 동시에 다른 차량이나 담벼락에 부딪혀 아픈 흔적을 남기신 분도 계실 것이다. 그 경험을 써 주시면 된다. 이미 지나간 과거이고 아픈 기억이나 흔적을 여유롭게 웃어넘길 수 있는 시점이라 판단되면 글로 옮겨서 다른 이와 경험을 공유해 주시면 된다. 그 경험에서 결국 공감이라는 감정을 불러온다. 당신의 경험으로 타인의 즐거움과 아련했던 기억이 떠오르게 된다.

항상 강조하는 말이지만 두려워하지 말자. 당신이 쓰는 글은 당신이 가장 잘 안다. 당신의 경험이니까 그 경험에 대해서 당신이 세계 최고다. 다른 이도 비슷한 경험이 있겠지만 당신과 완전히 같지 않다. 당신의 기억, 당신의 경험, 당신의 이야기가 당신의 삶의 흔적이 된다. 글쓰기는 어찌 보면 운전과 비슷하다. 펜이라는 자동차 열쇠를 종이라는 자동차에 올려놓는 것으로부터 모든 일은 시작한다. 자동차 열쇠를 과감하게 돌려서 시동을 걸었다는 것은 이제부터 한 글자 한 글자 새겨나가는 과정이 시작되었음을 뜻한다. 당신의 펜이 한 글자씩 나열해서 문장이 만들어지는 과정은 종이에 글자가 채워지는 과정이고 이것은 자동차를 운전해서 도로 위를 달리는 것과 같다. 습관이 되지 않아 두려울 뿐이다. 이 두려움만 벗어난다면 당신은 훌륭한 운전사가 될 수 있다. 모든 일은 펜을 드는 순간부터 시작된다. 당신의 삶에 펜과 종이가 든든한 지원군이 되길 기원한다.

075 당신을 위한 글쓰기 처방전 다섯

내가 알려드린 방법이 전혀 나에게 맞지 않는다는 분이 계신다. 그런 분들을 위해서 준비한 마지막 처방전이 있다.

처방전 5. 남의 글을 베껴 써라

혼자서는 도저히 무언가 써 볼 용기가 나지 않는 분에게는 필사, 즉 베껴 쓰기가 좋은 방법이 된다. 실제로 지금까지 내가 애용하는 방법의 하나다. 나는 책 한 권을 필사해본 경험은 없다. 독서를 하면서 마음에 드는 문장이 있다면 그 페이지를 따로 기록해 두었다가 독서 노트에 옮겨 적는다. 부분 필사이다. 책 한 권을 읽어보면 반드시 저자가 남기고자 하는 메시지가 있다. 그 메시지가 무엇인지를 찾아가는 과정이 바로 독서다. 이 독서의 흔적이 바로 필사로 남는다. 부분적으로 기록한 내용이 전체의 내용을 떠 올리게 한다.

내 경우에는 부분 필사를 하면서도 충분히 저자의 의도를 알 수 있었다. 어느 정도 글쓰기에 이력이 있는 사람이고 또 꾸준히 글을 써 오는 사람이기 때문인지도 모른다. 하지만 당신에게 권하는 방법은 부분 필사를 넘어서 전체 필사이다. 부분 필사를 하고 그에 대한 당신의 생각이나 의견 나열이 가능하신 분은 부분 필사를 권해 드린다. 만약 이게 어렵다고 느끼시는 분에게는 전체 필사가 정답이다.

필사에 관한 책을 여러 권 읽은 적이 있다. 공통으로 드러나는 것은 자신이 독자의 관점이 아니라 저자의 관점이 된다는 점이다. 누군가의 글을 읽는 입장에 있는 사람은 독자다. 그 글을 쓴 사람은 저자다. 독자와 저자와의 거리는 당신의 입장에 따라 충분히 달라질 수 있다. 수동적으로 읽기만 하는 것과 능동적으로 직접 저자가 기록한 문장 하나하나를 써 보는 것은 경험에서 많은 차이를 불러온다. 내가 직접 생각한 문장이 아니지만, 저자가 써 내려간 문장을 써 보면서 저자가 했던 생각을 유추해보는 일이다. 이 문장을 쓸 때 저자는 어떤 환경, 어떤 심정에서 이렇게 표현했을까? 같은 사물을 어떻게 이런 식으로 표현할 수 있을까? 여러 가지 방면으로 생각을 하는 과정에서 당신의 사고력은 향상된다. 저자가 쓴 글을 통해서 당신이라는 필터를 거쳐 새로운 창작물이 가능하게 되는 시점이 온다. 반드시 온다.

책 한 권을 세상에 드러내기 위해서 저자는 얼마나 많은 생각을 했을까? 시간은 얼마나 걸렸을까? 오랜 시간 동안 생각하고 또 생각하며, 쓰고 또 쓰고, 고치고 또 고쳐서 나온 것이 바로 당신이 읽는 한 권의 책이다. 어떤 이는 한 달에 한 권씩 쓰는 이가 있는 반면에 어떤 이는 몇 개월, 심지어 몇 년에 걸쳐서 책을 쓰는 분들이 있다. 각양각색의 책을 대하면서 느끼는 것은 '정말 공들여 쓴 책이구나'라는 것을 글을 통해서 알게 된다는 점이다.

필사하면 독자인 당신의 시선이 어느 순간 저자의 시선과 비슷한 높이로 올라서게 된다. 나도 모르게 성장한 셈이다. 늘 익숙한 생각을 하고 또 비슷한 경험을 한다면 성장하기가 어렵다. 반면에 필사를 통해 새로운 생각, 다른 경험을 하게 됨으로써 이전의 자신에게서 완전히 빠져나오는 과정을 거치게 된다. 당신은 느끼지 못하지만, 어느새 저자를 닮아버린다. 지금도 유명 작가들이 그 이전의 작가들에게서 많은 영감을 받기 위해 실시하는 것이 필사다.

개인적으로 필사에 좋은 책으로 에세이를 권하고 싶다. 문학적인 시도를 원하시는 분은 소설을 베껴 쓰시는 분들이 있는데 이분들은 어느 정도 글쓰기에 이력이 나신 분들이다. 스스로 글쓰기에 이력이 났으나 문학적인 영역으로 확장을 하기 위해서 다른 이의 소설을 베껴 쓰는 것이다. 문학책은 어렵다. 저자의 생각을 따라가기에도 벅차다. 내가 추천하지 않는 이유는 바로 이것이다. 당신은 이제 겨우 초보 딱지를 뗄까 말까 하는 사람인데 전문 영역에 발을 들여놓기는 운전 초보자가 F1 경주에 참여하기만큼이나 어렵다.

에세이는 대체로 쉬운 말로 쓰인 글들이 많다. 일상에서 느끼는 감정을 잔잔하게 풀어쓴 책들이 주변에 많다. 도종환 시인, 안도현 시인이 쓴 에세이 책들은 잔잔하면서도 깊이가 있다. 문학적인 표현을 쓴 것 같지 않은데도 읽다 보면 어느새 문학책을 읽고 있는 듯한 착각이 든다. 이런 책이 당신에게 어울리는 책이다. 삶을 기록한, 세상을 바라보는 저자의 생각에 녹아드는 행위가 바로 필사이므로 지금부터 필사를 시작해 보기로 하자.

076 당신을 위한 글쓰기 처방전 번외편(자유로운 글쓰기 하나)

지금까지 소재를 찾는 기나긴 여정을 통과하고 마지막으로 글쓰기 처방전까지 보여 드렸다. 글 쓰는 이에게는 '쓸 거리'가 중요한데 그에 대한 비중을 가장 깊이 있게, 오래도록 다루었다. 내가 언급한 내용만 따라 하더라도 어느 정도는 글쓰기 중급자 수준으로 올라갈 수 있으리라 판단된다. 여기서 말하는 중급자는 글쓰기가 습관이 되어 의자에 앉으면 적어도 1시간, 많으면 2시간은 거뜬히 글을 쓸 수 있는 끈기를 가진 사람을 말한다. 앉아서 생각하고 그 결과를 글로 풀어내는 근성을 말한다. 그에 대한 결과가 분량으로 나타난다면 더 바랄 것 없다.

요즘은 인터넷이 발달한 관계로 종이의 역할이 많이 감소한 것이 사실이다. 세상의 모든 정보가 종이에 인쇄된 책이란 형태로 많이 접했던 것이 과거라면 현재는 작은 스마트 폰으로 모든 것이 손바닥 안에 놓인 세상이 되었다. 잠시만 시간을 내서 인터넷에 접속해보면 글에 대한 소재는 무궁무진하다. 어린 시절 이야기, 경험, 여행 등 많은 안내를 해 드렸지만 사실 인터넷만큼의 많은 정보를 담고 있지는 않다. 지금부터는 생각나는 대로, 본 대로, 들은 대로 써보는 자유로운 글쓰기 시작을 해볼 예정이다.

우선 나부터 자유로운 글쓰기 시작을 해 본다. 자유로운 글쓰기이긴 하나, 하고 싶은 말이 무엇인지 주제를 밝히고 쓰는 것이 좋으리라 판단된다. 우선 내가 글을 연재하면서 보게 된 작은 변화와 글 쓰는 이가 경계해야 할 자세를 써 보았다.

내가 안내해 드린 방법을 통해 어느 정도 글쓰기에 자신감이 붙으신 분들도 계시리라 믿는다. 아직 습관이 되진 않았지만 조금씩 분량을 늘려가면서 글을 쓰신다는 분들의 답글을 보고 흐뭇한 미소가 지어진다. 유명한 저자가 쓴 책에서처럼 기법을 가르치고, 단기간에 어떻게 해야 하나, 하는 이론 중심으로 가르치는 글이 아니었기에 더더욱 즐겁다. 한때는 글쓰기 관련 책을 많이 읽었으니 그 내용을 요약해서 한 권의 책을 써도 되겠다는 생각을 한 적이 있다. 잠깐이었지만 죄송한 마음이 들었다. 남의 글을 요약해서 하나의 책으로 만든다는 사실은 결국 남의 생각과 글을 훔치겠다는 것으로 해석했기 때문이다. 지금도 그렇고 앞으로도 그 마음은 변함없다. 온전한 내 글로 사람들과 만나고 싶다.

글쓰기를 돈, 명예, 출세의 도구로 활용하는 분들이 있다. 전문가로 불려지기 위해서 자신을 입증해줄 근거가 필요한데 가장 적절한 것이 책이라고 한다. 또한, 책은 글쓰기라는 관문을 통과해야만 얻을 수 있는 지식의 산물임을 강조하는 저자의 책도 읽어 본 적이 있다. 틀린 말은 아니다. 어느 정도는 수긍이 된다. 다만 돈, 명예, 출세의 도구로 활용한다는 말에는 공감하고 싶지 않다.

글쓰기를 잘해서 책을 여러 권 출판했더니 어느새 유명 작가가 되었다. 그로 인해 적지 않은 돈을 벌 수 있고, 조금의 명예도 생겼으며 출세한 것 같다. 아마 이렇게 장밋빛으로 미래가 펼쳐진다면 가능한 말인지도 모르겠다. 실제로 이렇게 되신 분도 더러 있다. 없다고 말 못 한다. 하지만 여전히 대다수 작가는 늘 생계를 걱정하고 해결하기 위하여 고군분투하는 것이 현실이다.

글을 쓰고, 책을 내고 그렇게 해서 스타가 된다는 것은 실제로 몹시 어렵다. 이 말을 강조하는 것은 현실을 무시하고 무조건 글을 써라, 글을 쓰면 당신도 그렇게 된다는 식으로 글쓰기 초보자를 부추기는 일부 저자들을 경계하자는 취지에서다. 나는 이런 일은 오랜 시간이 지난 후에나 가능한 일이라고 판단한다. 물론 글쓰기 습관이 되신 분과 문학적 감수성과 재능을 타고난 일부 몇 분에게는 해당 사항이 있을지 모른다. 하지만 대다수 초보자 입장에서는 우선 글쓰는 습관을 들이는 것에만 짧게는 몇 달, 길게는 몇 년이 걸린다. 그렇다면 무조건 글을 쓰라고 외치는 작가분들은 방향을 조금 수정했으면 하는 마음이 간절하다. 쓰긴 쓰되, 무엇을 쓸 것인지 가르쳐주고 쓰게 해야 한다는 것이 내 생각이다. 그렇게 쓴 글이 결국 왜 써야 하는지에 대한 이유를 명확히 밝힌다면 제대로 된 글쓰기가 이루어지지 않을까 싶다.

077 당신을 위한 글쓰기 처방전 번외편 (자유로운 글쓰기 둘)

자유 주제로 글을 써 보는 시간은 계속해서 이어진다. 당신과 대화를 나누면서 이끌고 온 내 글의 주제는 '나를 쓰다'이며, 이 주제를 가지고 지금까지 오랜 시간 글을 써 왔다. 나의 어린 시절을 이야기하면서 나에 대해서 당신에게 조금씩 나를 알리는 시간을 가졌었다. 이제부터는 본격적으로 자유 글쓰기로써 나를 써 나가는 시간을 갖기로 한다.

베스트 셀러 작가에 관한 이야기를 하다 보니까 자연스럽게 '꿈'이라는 주제가 떠 올랐다. '꿈은 이루어진다'고 한때는 온 국민이 떠들썩 한 적이 있다. 2002년 월드컵의 붉은 물결을 아직도 기억하실 것이다. 그야말로 꿈 같은 일이 현실에서 일어나다 보니까 전 국민이 한동안 꿈결에 묻혀 현실에서 벗어나는 즐거움을 맛보았다. 다시 그런 일이 일어난다면 소원이 없겠다 싶다.

초등학생 때는 어렴풋이 과학자라는 막연한 꿈을 가지고 있었다. 공상 과학 영화를 좋아하다 보니까 '로보트 태권V'나 '마징가 제트'같은 로보트를 실제로 만들어보고 싶은 욕심이 있었다. 남자아이들은 이런 꿈을 이야기하면서 누가 누가 잘 만드나 내기까지 했던 기억이 있다. 여자아이들은 대체로 현실적인 꿈들이 많았다. 간호사, 선생님, 의사 등으로 굉장히 현실적이었다. 이런 것을 보더라도 같은 나이에 생각하는 깊이는 여자아이들이 더 성숙했던 것 같다.

막연하게 과학자가 되겠다는 꿈은 중, 고등학교에 진학하면서 현실적으로 바뀌었다. 어느 고등학교, 어느 대학교에 가야 하느냐로 진로 걱정부터 앞섰기 때문이었다. 이때부터 늘 진로에 관한 고민을 했던 것 같다. 본격적인 진로 걱정은 대학교에 들어가서 보게 된 선배들의 모습이었다. 대부분 취업이라는 큰 관문 앞에 캠퍼스의 낭만은 조금씩 뒤로 밀리는 듯한 느낌이었다. 그러다 보니 어느새 내 꿈이 무엇인지조차 잊고 살아가고 있었다. 꿈이 있기나 했을까 싶다.

사실 나는 고등학교 때 이미 마음속에 이루고 싶은 꿈을 간직하고 있었는데 현실에 밀려 그 꿈을 감춰두고 있었다. 바로 작가가 되는 꿈이었다. 고등학교 1학년에서 2학년으로 올라갈 때, 문과냐 이과냐 나누어지는데, 나는 내 꿈과는 별개로 이과로 진학해서 하기 싫은 수학 공부에 많은 시간을 할애했었다. 수학을 포기하고 싶은 마음도 여러 번 들었지만, 이과 특성상 그럴 수는 없었다. 결국, 대학교도 전자공학과에 진학했고 그 덕분에 전자 계열에서 직장 생활을 해왔다.

내가 읽은 책들은 주로 단편 소설 위주였다. 인간이 현실에서 추구하기 어려운 일들이 소설이라는 공간에서는 자유자재로 이루어지는 것 같았다. 간혹 짧은 소설을 적어보곤 했는데 혼자서 읽고 찢어버리는 수준이었다. 이야기를 지어내는 것이 소설 전부인 줄로만 알았다. 구성은 어떻게 하고 시간적인, 공간적인 배치는 어떻게 하는 것인지 전혀 감이 잡히지 않은 채 소설 쓰기를 흉내만 냈었다.

대학교 1학년 때 교양 과목으로 들었던 수업 중에 작문 수업이 있었다. 과제로 시, 수필, 소설을 써 와야 했는데 우리 과에서 단 한 사람만이 소설을 써서 과제물로 제출했었다. 바로 내가 그 유일한 사람이었다. 이 소설로 그 과목은 A+를 받았다. 아직도 그 소설의 줄거리가 기억난다. 그 이야기를 간략히 들려드린다.

시골 마을에 가면 당산나무가 있다. 마을에서 큰 제사나 기원을 드릴 때 이 당산나무 앞에서 이루어진다. 수령이 오래되었으며 신성한 힘이 있다고 믿는 사람이 많았다. 아직도 시골 마을에 가면 마을 입구나 뒤편에 당산나무 한 그루 정도는 있다. 이 당산나무와 소년이 주인공으로 등장하는 소설이었다.

농촌이 도시화로 인해 인구가 감소하면서 시골 마을에서 아이들이 하나둘 사라지게 된다. 젊은 층이 고향을 떠나 도시로 가면서 아이들도 함께 도시로 가 버린 것이다. 주인공 소년의 부모님은 도시로 가지 않고 시골에 남기로 했다. 결국, 그 마을에서 소년은 친구들이 떠나고 홀로 남게 되는데 친구라고는 당산나무가 유일하다. 비가 오나 눈이 오나 늘 당산나무 곁에서 하루를 보낸다. 유일한 말벗이며 친구인 셈이었다. 그러던 어느 날, 천둥과 번개가 심하게 내려치던 밤이었다. 두려운 기색도 없이 당산나무로 향하던 소년은 부모님의 만류로 집에 머물게 된다. 하지만 소년은 밤새도록 한숨도 자지 못한 채 아침이 밝아 오기만을 기다린다.

새벽 무렵, 동녘 하늘이 서서히 밝아오는 것을 보면서 당산나무에 뛰어갔던 소년은 처참하게 둘로 갈라진 당산나무를 보고는 그만 주저앉고 만다. 늠름하고 씩씩했던 친구가 검게 그을린 채로 두 동강 나 있었다. 충격으로 인해 울며불며 당산나무를 외치던 그때, 정신을 차려보니 자그마한 어린나무가 햇볕에 반짝이는 것이 보였다. 당산나무와 빼닮은 어린나무가 있었는데 아마도 당산나무의 묘목인 것 같았다. 새로운 희망, 소년은 작고 여린 나무를 감싸 안으며 슬프고도 행복한 아침을 맞이한다.

078 당신을 위한 글쓰기 처방전 번외편(자유로운 글쓰기 셋)

A4 용지로 10장 내외, 그때 당시는 원고지에 자필로 과제를 제출했었다. 분량이 상당히 두꺼웠는데 그만큼 애정을 많이 쏟았던 소설이었다. 어쩌면 나에게 있어서 처녀작인데 지금 같아서는 사본이라도 가지고 있었다면 하는 아쉬움이 있다. 군대 가기 전에 썼던 소설이니까 벌써 25년 가까이 지난 기억인데도 줄거리가 선명히 기억에 남아 있다는 사실이 놀랍다.

글쓰기는 군대에 가서도 꾸준히 이어졌다. 일기 쓰기가 바로 그것인데 이병, 일병 시절에는 일기를 쓰지 못했다. 남자들은 이 부분에서 충분히 나와 공감이 가리라 본다. 상병이 되면서부터 조금씩 쓰기 시작한 일기는 병장이 되어서는 어느새 한 권에 가까운 책이 되어 있었다. 군대는 보안과 관련한 민감한 부분이 많기에 행위 중심보다는 느낌 중심으로 일기를 썼었다. 예를 들면 이런 식인데, 사격이 있었던 날에 적은 일기를 들려드리기로 한다. 실제 내용은 일기장을 태워버렸으므로 기억을 되짚어서 들려드리는 것임을 이해해주시기 바란다.

내 총구가 향하는 곳은 적의 머리인가, 가슴인가, 배인가? 과연 그들은 어떻게 해서 적이 되었단 말인가? 실제로 적이 맞는가? 그렇다. 이젠 그 물음에 정확히 대답이 가능할 것 같다. 난 적이 누구인지 알며 어디를 맞춰야 죽는다는 사실을 안다. 거리에 따른 사격 방법이 다름을 몸으로 배운 하루다. 이 경험이 결국 한 명의 전사를 키워낸 증거가 되리라. 나는 오늘도 적을 향해 총구를 겨눈다.

다이어리 한 권에 대략 1년 치의 일기가 남겨 있었다. 상병 진급을 하고 얼마 지나지 않아서 구매한 다이어리에 무언가 부지런히 적어 나갔다. 아마 글을 쓰고 싶은 무언의 욕구가 계속 내 마음속에서 일어나고 있었던 것 같다.

사실 군대에서 일기를 쓴다는 것은 보안상 위험한 일이다. 될 수 있으면 보안에 어긋나지 않는 내용으로 글을 이어나갔다. 일기라는 형식을 빌었을 뿐 정확히 구분하면 일기는 아니다. 행위나 느낀 점을 써야 하는데 실제적인 행위는 거의 없고 대략적인 느낌만 기록한 노트였기 때문이었다. 이런 기록도 남겼던 것으로 기억한다. 지금과 같이 추운 날에 이루어진 혹한기 훈련을 마쳤을 때의 내용이다.

하늘, 땅, 살아 숨 쉬는 모든 생명이 얼어버린 날이다. 이 겨울 무거운 군장은 추위를 잊게끔 더운 김을 뿜어내게 하고 앞으로만 향하는 군화에 힘겨움을 입힌다. 내딛는 발걸음의 횟수가 많아지고 걸어간 거리가 멀어진 만큼 몸과 마음은 지쳐 쓰러진다. 그런데도 걸어야 하는 이유는, 나는, 우리는, 전사들이기 때문이다.

군대에서 혹한기라고 해서 일 년 중에서 가장 기온이 낮은 날을 골라서 행군과 전술 훈련을 하는 날이 있다. 눈이 많이 내린 겨울 산을 밤새도록 걷는데 그 야말로 몸과 마음은 지쳐 쓰러지기 일보 직전이다. 날씨는 추운데 어깨를 짓누르는 군장의 무게는 어찌나 힘에 겨웠던지, 뜨거운 입김이 아니었으면 그 먼 거리를 걷지도 못했을 것이다. 남자는 군대를 다녀와야 철이 든다는데, 무겁고 힘든 시간과 거리를 걸어본 다음에야 어른이 된 것 같기도 하다.

처음 글쓰기 시작하면서 일기 쓰는 습관을 들여야 한다고 강조했었다. 서론, 본론, 결론에 이르기까지 일기는 꾸준하게 등장시켰던 주인공이다. 일상을 기록하는 일이 곧 일기다. 이제는 군이 지면을 활용하지 않더라도 어떤 식으로든 일기를 쓸 수 있다. 인터넷이라는 공간이 지면을 대신한다. 별도로 일기장을 준비하고 싶은 사람들은 그렇게 하는 것이 좋다. 내 경우에는 인터넷이 활성화되기 전까지는 손 글씨로 일기를 직접 써왔는데 습관들이기에 도움이 되었다.

⑨ 당신을 위한 글쓰기 처방전 번외편(자유로운 글쓰기 넷)

자유 주제를 가지고 글을 쓰다 보니까 나도 모르게 군대 경험을 쓰고 말았다. 역시 나도 대한민국 남자임이 틀림없다. 군대하고 축구 이야기를 하면 구세대인데, 내가 딱 그런 부류인 것 같다. 특히 여성분들이 싫어하는 이야기인데 나 혼자서 재미있다고 글을 늘어놓은 것 같아 죄송하다. 그나마 축구 이야기는 하지 않았다는 사실이 다행스럽다.

지금까지 내가 써온 일기에 대해 생각해 보았다. 사실 나는 일기라고 하는 특정 형식을 빌려서 글을 쓰지는 않았다. 하루에 몇 번이고 쓸 경우도 있었고 어떤 날은 한 글자도 쓰지 않았다. 마음이 가는 대로 편하게 썼다. 글쓰기는 습관이라 매일 써야 하는 것이 가장 중요한데 필요성을 느끼지 못했다. 간절함이 덜했다. 글을 쓴다는 자체보다 더 재미있고 즐거운 일이 많아서였는지도 모른다. 지금은 어떨까? 확실히 다르다. 쓰기 전과 후의 생활 자체가 변했다.

글을 쓰면서 바뀌게 된 소소한 일상을 들려 드린다. 우선 독서에 관한 이야기인데, 나는 모든 책을 대할 때 저자가 남기고 싶은 메시지가 무엇인지 찾기 위하여 집중하게 되었다. 여러 차례 밝힌 바와 같이 나는 소설 위주로 책을 많이 읽었는데, 읽고 재미와 감동이 있으면 후한 평가를 주고 지루하면 읽다가 포기한 책도 더러 있었다. 이제는 지루하다 할지라도 저자가 남기고 싶은 메시지가 있는지 없는지를 확인하기 위해 두, 세 차례의 시험 단계를 거친다. 필요할 때는 다른 블로거의 서평을 참고하기도 한다. 글쓰기 전보다 많이 너그러워진 셈이다.

예전에는 초반부에 조금만 지루해도 책을 덮었었는데 지금은 다르다. 아무리 짧아도 100페이지까지는 읽는다. 책을 펼치고 100페이지 이전에 한 문장이라도 눈에 띄는 구절이 없다면 그 책은 그 날로 나와는 안녕이다. 이게 허용 한계 페이지인 셈이다. 대다수 책은 처음 30% 정도의 페이지에 저자가 하고 싶은 말을 집중적으로 남기기 때문에 그 안에 주요 내용이 없다면 그 책은 의미가 없는 책으로 자체 판단해서 읽지 않게 되었다. 대략 300페이지를 기본으로 한다면 100페이지 안에 반드시 나를 끌어당기는 무언가가 있어야 한다.

소설도 마찬가지다. 처음 30% 분량에서 책장을 덮을지 말지 결정된다. 내용이 진부하고 어디선가 본 듯한 장면 연출이 이어지면 읽을 필요성을 느끼지 못했다. 소설에서 가장 중요한 것은 독자의 상상력을 얼마나 자극하느냐이다. 단순히 살인, 방화와 같은 자극적인 장면을 많이 넣어서 자극하면 곤란하다. 은은하면서도 생각을 하게 만드는 글이 좋다. 뒤편에 이어지는 이야기가 궁금해서 밤잠을 설치게 만드는 책이 소설로서는 으뜸이라고 생각된다. 물론 문학적으로 생각을 많이 하게 하는 책은 그것 자체가 훌륭한 교재가 된다. 공부한다는 마음으로 읽어 내려간 소설도 상당히 많다.

글을 쓰면서 바뀌게 된 일상, 독서 분야가 넓어진 점을 든다. 소설 중심에서 어느새 자기계발서와 에세이 관련 책을 많이 읽게 되었다. 특히 글쓰기 관련 책을 100권 넘게 읽었다. 별도로 글쓰기에 대해 배우지 않은 이상 책을 통해서라도 꾸준히 공부하고 싶었다. 글쓰기를 권유하는 글을 연재하면서 글쓰기 관련 책을 읽지 않았다면 어떤 반응이 올까 하는 우려도 있었다. 글쓰기 관련 책은 공부라는 측면에서 접근하면 재미가 없다. 하지만 자신이 좋아하는 분야에 대한 공부라고 생각하니까 지루하지 않았다. 모든 일은 관심도에서 차이가 나는 것 같다. 하고 싶은 일과 연관이 있다면 그 자체가 즐겁다.

독서의 장점, 이것 하나는 분명히 말씀드린다. 많이 읽으면 많이 쌓인다. 그렇게 쌓은 무언가는 언젠가 쏟아져 나오는 시점이 다가온다. 그때 그 이야기를 펼쳐낼 공간을 찾으시면 된다. 나는 블로그란 공간에 글을 펼쳤고 많은 분이 읽어줬다는 사실에 감사드린다.

080 당신을 위한 글쓰기 처방전 번외편(자유로운 글쓰기 다섯)

지정된 주제나 소재가 없이 자유 주제로 글을 써 보라고 하면 힘겨워하실 분들이 많을 것 같다. 그런 분들은 지금까지 오랜 시간에 걸쳐 써온 내 글들을 읽어보시면 충분히 소재를 찾을 수 있으리라 판단한다. 나는 많이 썼고, 당신은 많이 읽었다. 당신과 나는 최선을 다해서 지금까지 달려왔다고 자부해도 된다.

자유 주제로 글을 쓰는 것도 슬슬 마무리가 가까워져 온다. 그간 당신에게 들려준 이야기들을 살펴보고 빠진 내용은 보충하고 싶다. 또한, 새로운 내용을 추가해서 한층 더 유익한 이야기를 들려드리고 싶다. 글쓰기를 하면서 당신에게 들려주고 싶은 여러 가지 유용한 팁이 많았었는데 일정 기간을 할애해서 당신과 이야기를 나누어볼 예정이다.

080편의 소재는 '마무리'로 정했다. 한 해가 저물어가고 있다. 2017년이 시작한 것이 엊그제 같은데 거짓말같이 2018년이 열흘 앞으로 다가와 버렸다. 올한 해 동안 고생 많으셨고 다가올 2018년도에도 부지런히 살아내시길 바란다.

올해를 마무리하는 의미에서 한 해 동안 내가 겪은 일을 요약해보고, 당신에게 해주고 싶은 말이 무엇일지 생각해 보았다. 지난 1년 6개월간 내가 살아낸 흔적을 보여드린다. (080편은 2017년 12월 20일에 작성된 글임)

몇 차례 밝힌 바와 같이, 나는 퇴사하고 새로운 인생 2막을 시작하고자 여러 방면으로 살아갈 궁리를 하고 있다. 지난 시절을 생각해보면 앞만 보고 달려왔고 뒤돌아볼 시간이 별로 없었던 것 같다. 다른 분야에 관해 동경과 그에 대한 실행 의지만 믿고 과감히 새로운 분야에 발을 내밀어 보기로 했다.

퇴사하고 처음 6개월간은 아내와 계획을 세우지 않고 생각나는 대로 떠나는 여행을 즐겼다. 인생에 있어서 장기간 훌쩍 떠나보는 여행을 과연 몇 명이 실행에 옮길 수 있을까? 아내와 나는 과감하게 떠났고 그로부터 많은 것을 배웠다. 대표적인 것이 '제주도 한 달 살이'었다. 꿈같던 일을 실행하고 나니 모든 것을 이룬 것처럼 즐거웠다. 아울러 떠나서 배웠던 많은 일이 살아갈 날들에 훌륭한 밑거름이 되리라 믿는다.

제주도를 다녀오고 서해, 동해, 남해를 중심으로 정처 없이 떠돌아다녔다. 집시처럼 이곳저곳을 유랑하고 다녔다. 사실 아내와 나는 정처 없는 이 여행길에서 우리가 생각해두었던 그 어떤 일을 실행에 옮기기 위해서 부지런히 무언가를 살폈다. 전원에 묻혀 살아가는 생활을 동경해왔는데 그것을 실행에 옮기기 위해서 정착지를 물색했다. 하고자 했던 사업 분야도 결국 전원에서 펼치기에 좋은 분야였기에 허투루 돌아다니진 않았다. 2016년 9월부터 집을 자주 비우면서 떠난 여행은 12월이 되어서야 마무리가 되었다. 결국, 정착지를 찾지 못한 채 다시 집으로 돌아왔다. 빈 주머니를 차고 돌아온 것처럼 허전한 마음이 들었다. 새로운 희망을 찾아 과감히 퇴사하고 실행에 옮겼는데 주머니가 나날이 비어가면서 냉정한 현실과 마주해야 한다는 사실이 조금씩 어깨를 짓눌

러왔다.

더욱 밝은 미래를 꿈꾸며 새로운 해를 맞았다. 2017년이 시작된 것이다. 나와 아내는 정착지 물색을 2017년 상반기에 마무리하는 것으로 계획 수정을 했다. 이후 곧바로 교육 활동에 나섰다. 알아야 한다. 배워야 한다. 이 마음 하나로 창업 전문 기관에 교육을 의뢰하고 2개월이 넘는 시간, 9주간 합숙 교육에 참여했었다. 교육이 2017년 4월부터 6월까지였으니, 그 이전 3개월은 이 과정을 위해서 여기저기 인터넷 수강과 부수적인 준비를 하는 시간을 가졌다.

교육을 마치고 우여곡절 끝에 정착지를 정했지만, 변화가 있었다. 행복 하고자 창업을 결심했는데 그 행복의 빛에서 어둠이 보인다면 과감히 접을 줄도 알아야 한다. 나와 아내는 이사 일주일을 앞두고 창업이라는 계획을 과감히 접었다. 시간과 경비를 투자한 것이 아깝지만 어쩔 수 없는 선택이었다. 그 이후, 7월부터는 직장을 구하면서 틈틈이 글을 쓰고 있다. 창업은 잠정 무기한 연기인 셈이지만, 글쓰기는 실행에 옮겨서 지금까지 이어져 오고 있다.

내가 들려준 이야기를 통해 당신에게 전하고 싶은 메시지는 간단하다. 무언가를 실행하라. 그리고 그것에서 변화하라는 것이다. 글쓰기로의 여행이 나를 새로 태어나게 했다.

081 글쓰기에 유용한 팁 하나

글쓰기를 하면서 당신에게 들려주고 싶은 여러 가지 유용한 팁이 있었는데 이제부터 하나씩 풀어보도록 해야겠다. 먼저 글을 쓰는 데 있어서 방해되는 요소들과 그에 대처하는 방법을 알려 드린다.

내 마음에 비평가를 두지 말라

남에게는 한없이 너그러우면서 유독 자신에게는 냉정한 분들이 있다. 나부터 생각해봐도 그런 면이 많다. 똑같은 행동을 해도 남에게 보이는 반응은 '뭐 그럴 수 있지' 정도에 그칠 것을 자신에게는 '왜 그렇게밖에 못해'라고 다그치는 것이다. 언제 어디서든 나 스스로 다그치면서 못살게 구는 존재가 다름 아닌 내 마음속에 함께 존재하는 자의식, 내 마음의 비평가가 바로 그것이다. 미안하지만 이 비평가를 더는 살려두지 말자. 비평가가 하는 소리는 모두 쓸데없는 것으로 간주하고 무시하도록 하자. 그렇게 무시하면 어느새 내 마음의 비평가는 외롭고 쓸쓸한 최후를 맞이할 것이다. 그렇게 만들어야 한다.

더 잘하고 싶은 욕심은 비평가를 키우는 지름길이다. 알면서도 고치기 어렵다. 글쓰기에 있어서 이것은 치명적이다. 글을 쓰면서 늘 조금 더 잘 써야지 하는 마음이 생긴다. 쓰면 쓸수록 그런 마음이 커진다. 처음에 내가 겪었던 감정이다. 여기저기 눈치를 많이 보면서 글을 썼다. 그렇게 하다 보니까 위축되고, 쓴 글을 자신 없어 하고, 그러다가 슬그머니 지워버리곤 했다. 내 글을 읽는 모든 분을 의식했었다.

글을 쓰면서 가장 큰 방해 요인이 바로 내 마음에서 울려 나오는 이런저런 이야기다. 가장 큰 방해가 되는 말은 '작가도 아니면서 무슨 글쓰기를 한다고?', '글을 쓴다고 밥이 나오나 돈이 나오나?', '그 정도 글은 누구나 쓴다'와 같은 무시하는 투의 말들이다. 분명히 내 마음에서 그런 소리가 들렸다. 그것도 매번 말이다. 이런 마음들을 잠재우는데 상당한 노력이 필요하다는 사실을 글을 쓰면서 깨달았다.

나는 아마추어다. 당신은 생초보를 겨우 벗어난 초보 수준의 글 쓰는 사람이다. 넓은 의미에서 우리는 모두 아마추어다. 너그럽게 자신을 용서하고 자신 있게 글을 써 나가시기 바란다.

타인의 평가를 너그럽게 받아들이라

독설 내지는 악의성 댓글을 보면 마음이 아프다. 지금도 힘든 면 중의 하나가 바로 '마음대로 지껄이지 마라'라는 식으로 댓글을 다는 분들을 대할 때다. 내가 아무리 선의를 가지고 글을 썼다고는 하나 누군가는 맞지 않는 부분이 있을 수 있다. 내 생각과 반대의 편에 서 있는 사람들을 일일이 설득하는 것은 불

가능하다. 그렇다고 무시하기에는 가시처럼 깊이 내 마음에 상처로 남아 쓰리고 아플 것 같다. 이때의 처방전은 무엇일까 고민해본다. 정답은 의외로 간단하다. 이것 또한 지나가리라, 라고 무시해 버리는 것이다.

어디를 가더라도, 무엇을 하더라도 나와 의견이 다른 사람들이 반드시 존재한다. 의견만 다르다면 다행인데, 마치 다른 것이 틀린 것처럼 억지를 부리는 사람도 있다. 응석받이가 아닌 이상 이 모든 일에 참견할 필요가 없다. 그저 당신의 일상만 번거로워질 뿐이다. 과감히 무시하고 묵묵하게 글을 쓰면 된다. 심지어는 이렇게 부추기고 강조하고 싶다. '10만 명의 독자에게서 10만 번의 악성 댓글과 독설을 듣는다 해도 묵묵히 자기 자신을 믿고 계속 써라'라고. 사실 생각해보면 즐거운 일이다. 내가 쓴 글을 10만 명의 독자가 읽었다는 사실 말이다. 만약 블로그 글이 아니라 책이라고 상상을 해보시라. 이미 당신의 글은 10만 명이 읽었다는 뜻이고 당신은 10만 명의 독자를 거느린 베스트 셀러 작가가 되었단 말이 아닌가? 그렇다면 자신 있게 외쳐 보시라. '독설은 베스트 셀러의 지름길이다', 라고.

082 글쓰기에 유용한 팁 둘

당신에게 들려주고 싶은 팁 첫 번째는 자신 안의 비평가와 타인으로 인한 비평을 무시하라는 것이었다. 이제 두 번째 팁을 알려드린다. 이론적으로는 당연하다 싶은 내용인데 가장 핵심이면서 기본이 되는 사항이다. 늘 기본을 강조하지만 가장 지키기 어려운 것이 기본이라면 아이러니 아닌 아이러니일까?

행동하지 않으면 아무 소용 없다

다이어트를 하고 싶은데 먹는 것을 포기할 수는 없다. 그럼 먹으면서 다이어트를 할 방법은 없을까? 궁금해서 열심히 다이어트 책을 사서 읽어본다. 그리고 얼마간은 책에서 일러준 대로 따라 해보기도 한다. 이 방법은 나와는 맞지 않는다면서 애써 자기 합리화를 하고는 다시 예전의 생활로 돌아간다. 며칠 지나서 후회가 밀려오고 또 다른 방법이 없을까 해서 또 다른 다이어트 책을 읽어본다. 이번에는 정말 따라 할 수 있을 것만 같은데 막상 해보니 쉽지 않다. 삼일을 넘기지 못하고 결국 다이어트하고는 이별해 버리고 먹는 것으로 위안 삼는다.

분명히 강조하지만, 다이어트 관련 책을 열심히, 많이 읽는다고 살이 저절로 빠지지 않는다. 실제로 다이어트를 몸으로 해봐야 살이 빠진다. 이 부분을 간과하고 늘 자기만족으로 책 읽기에만 급급 하는 분들이 있다. 글쓰기도 마찬가지다. 쓰는 방법을 몰라서 방법론을 찾아 읽어본다. 이론적인 지식과 방법을 따라 며칠 흉내를 내 보긴 한다. 자신하고는 맞지 않는 것 같다고 다른 책을 펼쳐 든다. 내용이 비슷하면서 다른 것 같다. 열심히 책만 읽는다. 그러다 보니 결국 글쓰기는 멀어지고 그저 독서에 만족하고 끝을 내 버리는 단계만 반복하게 된다.

이 말은 몇 차례나 이야기했다. 구슬이 서 말이라도 꿰어야 보배가 된다는 말, 흘려들어서는 안 된다. 내가 직접 무언가를 해봐야 그게 하루씩 쌓여 습관으로 이어진다. 글쓰기는 습관이 되면 어느 정도 거부감이 사라진다. 습관이 되지 않았기 때문에 늘 마음이 무겁고 밀린 일기를 쓰는 것 같은 부담감이 생긴다. 이 모든 것은 머릿속에 담긴 당신의 지식대로, 책에서 일러준 대로 행동하지 않았기 때문이다. 진득하게 자리에 앉아서 글을 쓰는 당신이 진정한 작가다.

글쓰기 관련 책을 읽었다. 하지만 책에서 알려주는 대로 따라 하기 어려운 책들이 많다. 이유가 뭘까? 나는 그 원인을 이렇게 해석해 보았다. 바로 당신에게 맞지 않는 신발을 골랐다는 점이다. 나는 초보자인데 중급자용 가르침을 전달받은 것과 같다. 그렇다면 하루빨리 자신에게 맞는 신발을 찾아야 한다. 초보자라면 초보에 맞는 글쓰기 책이 따로 있다. 그런 책을 찾아 읽어보고 따라 써 보는 것이 글쓰기를 쉽게 배울 수 있는 지름길이다.

자전거를 배웠던 경험도 앞부분에서 언급한 적이 있다. 다시 한번, 초보 자전거 운전자에 빗대어 설명해본다. 나는 이제 막 자전거의 기구적인 작동법을 익혔을 뿐이다. 좌, 우측 핸들의 브레이크 조작법과 그 브레이크 윗부분에 위치한 기어 조작법을 이론적으로 배운 지 얼마 되지 않는 사람이다. 게다가 균형 잡는 방법도 단지 이론적으로만 설명을 들었을 뿐이다.

전후 사정을 생략하고, 모든 두려움을 떨쳐내고 자전거에 올라타서 페달을 살살 밟아본다. 처음부터 무리한 힘을 주면 곤란하다. 그저 내 몸이 자전거에 자연스럽게 실려서 느린 속도로 전진하면 출발은 끝이 난다. 이론적인 것은 그렇다고 배웠는데 자전거가 내 생각대로 움직여지지 않는다. 페달에 발을 올렸다 내렸다 수십 번 반복해서야 겨우 자전거가 출발한다. 한쪽 다리는 땅과 부지런히 씨름 중이다. 버팀목이 되어주는 한쪽 다리를 믿고 페달에 실린 다리에 힘을 준다.

자전거가 출발하고는 균형 잡는 것이 가장 중요한데, 이 부분도 단지 이론적으로 배웠기에 어떻게 해야 균형을 잡을 수 있는지 감을 알 수가 없다. 어떻게 하면 자전거가 비틀거리지 않고 앞으로 계속 전진이 가능할까? 비결은 간단하다. 쓰러지지 않을 만큼 페달을 움직여서 자전거를 앞으로 가게끔 하면 된다. 이때 자전거와 내 몸이 균형이 맞아야 앞으로 똑바로 나아갈 수 있다. 그렇지 않으면 어느 순간 옆으로 쓰러질 수밖에 없다. 이 간단한 진리가 어떤 식으로 몸에 익혀지는지 알고 있으리라 본다. 몇 차례나 쓰러지고서야 겨우 몸이 균형 감각을 익히는 것이다. 부지런히 실행에 옮긴 결과가 몸으로 새겨져 그 감각을 평생 잊지 않고 가지고 간다.

글쓰기도 이와 같다. 어떻게 하면 제대로 쓸 수 있는지 그 감각을 익히지 않았을 뿐이다. 지우고 또 지우더라도 직접 행동으로 옮겨서 써 보는 것만이 정답이다.

083 글쓰기에 유용한 팁 셋

모든 일에는 시행착오가 생기기 마련이다. 준비하는 기간도 오래 걸린다. 습관이란 것이 하루아침에 생겨나지 않기 때문이다. 마음 편하게 먹고 글쓰기도 당연히 그런 과정을 거쳐야 한다는 걸 인지하면 한층 여유로워질 것이다. 언제, 어디서, 누구에게 제출해야 할 과제처럼 하지만 않으면 괜찮다. 당신이나 나는 아마추어이기 때문에 스스로 관대해져서 여유로운 마음으로 글을 쓰도록 하자. 분명히 말씀드리지만, 처음부터 줄줄이 써 내려가는 사람이 있을지도 모르나 그런 경우는 극히 드물다. 여기 세 번째 팁을 알려드린다.

너무 많이 기다리지 마라

글을 쓰고 싶어서 글쓰기 관련 책만 부지런히 읽는 분들이 있다고 언급했었다. 이왕 쓰는 글, 잘 쓰고 싶은 욕심이 앞선다. 잘 쓰고 싶다고 계속 책만 읽다

보면 자신이 쓰고자 하는 글쓰기의 방향을 잃게 될 가능성이 있다. 글을 쓰는 방법은 저자마다 나름대로 노하우를 축적해서 당신에게 알려주는데, 그 노하우라는 것이 비슷하면서 조금씩 다르기 때문이다. 전부 다 따라 하기에도 무리가 있다. 시간도 오래 걸릴뿐더러 그에 대한 시행착오도 각오해야 한다.

너무 많은 책을 곁에 두고 읽지 않았으면 좋겠다. 내 경우에는 글쓰기 관련 책을 100권 이상 읽었는데 큰 흐름을 알기 위해서였다. 내가 읽은 100여 권의 책 중에서 기억에 남으면서 소장하고자 하는 책은 채 10권이 되지 않는다. 늘 곁에 두고 읽으면 도움이 될 것이라는 구분을 명확히 하기 위해 많은 책을 읽었을 뿐이다. 당신은 나처럼 하지 않아도 된다.

책을 많이 읽는다고 정답을 다 아는 것은 아니다. 사실 글을 잘 쓰는 비결을 묻는다면 정답이 따로 없다. 일단은 써 보는 것밖에는. 양이 질을 이긴다고 몇 번 강조한 적이 있는데 이 말이 정답에 가장 가까운 것이라 믿는다. 너무 기다리지 말자. 누가 알려주기만 기다려서도 곤란하다. 스스로 답을 찾아가는 과정에서 깨닫게 되는 것이 글쓰기의 즐거움이다. 가장 쉽게 접근하는 방법이 바로 자신과 대화를 나누는 일기 쓰기라고 수차례 강조했었다. 귀에 딱지가 앉을 정도로 강조했으니 이제는 어느 정도 일기를 쓰는 일에 이력이 났을 것 같다. 짧은 문장이지만 매일 쓰는 것이 책 한 권을 읽는 것과 견주어 절대 모자라지 않다.

전문 작가들도 한결같이 언급하는 내용 중의 하나가 '글쓰기는 늘 힘겹다'는 사실이다. 세상에 쉬운 일이 몇 있으랴? 하루하루 살아내는 과정이 힘든데 그 과정 안에 있는 일이 힘겹지 않다면 과장일 것이다. 습관이 된 전문 작가도 힘겨워하는 것이 바로 글쓰기다. 우리와 같은 아마추어 작가는 습관이 되지 않았기 때문에 힘겹고, 전문 작가들은 습관은 되어 있지만 늘 새로운 소재 거리를 찾기 위해 힘겹다. 완벽한 글쓰기는 존재하지 않는다. 마음속에서 떠 오르는, 때로는 손가락이 먼저 움직여 쓰게 된 글이든, 일단은 쓰기 위해 자리에 앉아야 한다.

당신에게 있어 완벽한 때는 언제일까? 내 기준으로 설명해 드리자면 글 쓰는 자체가 자연스럽고, 하루에 1시간에서 2시간은 무리 없이 자리에 앉아서 글을 쓰는 습관이 된 시점이 아닐까 한다. 글을 쓰면서 머리로는 계속 생각하고, 가슴으로 그 안에 감정을 담고, 손가락으로는 부지런히 키보드 자판을 두드리는 이 시간이 가장 완벽한 때라고 자부한다. 이렇게 되기까지 얼마나 많은 시간이 걸렸을까? 당신에게 고백하지만, 글 쓴다는 자체를 즐겼지만 이렇게 오래도록 자리에 앉아서 글을 써 본 적은 거의 없다.

너무 많이 기다리지 마라. 기다리는 것은 독자들의 몫이다. 당신은 부지런히 글을 쓰면 된다. 그러기 위해 수많은 소재 거리를 알려 드렸고 지금까지 함께 이야기를 나눴다. 나를 포함한 많은 독자가 당신의 글을 기다린다.

084 글쓰기에 유용한 팁 넷

네 번째 팁은 어찌 보면 모든 글쓰기의 출발점이 될 수도 있다. 하나의 문장을 완성되기 위해서는 단어들이 줄줄이 이어져야 한다. 가장 기초적인 단계인데 낚시에 비유하자면 밑밥 용 단어가 없다면 글이라는 물고기를 잡기 어렵다는 점이다. 내가 잡고자 하는 물고기를 유혹하기 위해서는 밑밥이라는 재료가 들어가야 한다. 그렇지 않고 막연하게 새우 한 마리 끼워서 물고기가 물기를 기다린다면 온종일 낚시해봐야 잡어 외에는 소득이 없다. 잡어도 잡고 대상 물고기도 잡으려면 반드시 밑밥을 꾸준히 뿌려서 유혹하는 과정을 거쳐야 한다. 여기 네 번째 팁이 바로 그것을 설명해 줄 것이다.

문장이 어렵다면 단어부터 나열하라

간단하다. 누구나 따라 할 수 있는 팁이다. 지금 당신의 눈앞에 보이는 모든 것과 생각나는 것들을 순서와 관계없이 나열해 본다. 만약 당신이 책상에 앉아 있다면 책이 눈에 들어올 것이다. 소설책을 비롯하여 학습용 책, 연필, 노트 등 그 수를 헤아릴 수 없을 정도로 많이 보일 것이다. 일단 순서와 관계없이 그것들을 한번 나열해 본다. 이렇게 나열해본 단어들을 연결하는 훈련을 해보면 어느새 훌륭한 문장들이 내 눈앞에 나타난다. 단어들이 자연스럽게 어울려서 기대하지도 않았던 멋진 글이 된다. 맛보기로 내가 나열한 단어와 그 단어들을 어떻게 연결했는지 시범을 보여 드린다.

단어 나열

탁상용 달력, 머그잔, 머그잔에 담긴 커피, 머그잔 받침대, USB 충전기, 휴대용 배터리, 연필 몇 자루, 볼펜 열댓 자루

문장 연결

이제 열흘이 지나면 2017년은 기억 속으로 사라지게 된다. 〈탁상용 달력〉에 써 놓은 많은 일정이 일 년간 살아온 내 흔적을 대변해 준다. 〈머그잔〉을 바라보니 아침에 먹다가 남은 커피가 보인다. 〈머그잔에 담긴 커피〉는 차갑게 식어서 따스한 온기가 느껴지지 않는다. 흘러간 시간에 대해 아쉬움이 커피에 녹아든 것 같다. 〈머그잔 받침대〉에 〈USB 충전기〉가 어울리지 않게 놓여있다. 이 〈USB 충전기〉는 〈휴대용 배터리〉를 연결해서 충전하기 위해 올해 장만한 것이다. 〈휴대용 배터리〉는 스마트 폰 사용량이 많은 요즘 유용한 도구가 되어주었다. 걸핏하면 스마트 폰 배터리가 부족하다고 알람이 깜박거리기 일쑤였는데 이제는 괜찮다. 〈연필 몇 자루〉 중에서 내가 좋아하는 문화 더존 H연필을 꺼내서 무언가 글을 써 본다. 〈볼펜 열댓 자루〉는 일일이 사용해 본 결과 연필과는 질감이 다르다. 사각거리는 느낌은 단연 연필이 으뜸이다. 연필은 필사하

기 위해서 늘 내 책상에 머무는 존재이다.

단어 나열

사인펜 열댓 자루, 습작 노트, 마우스, 다이어리, 형광펜 열댓 자루, 안경 수건, 겨울 털장갑

문장 연결

〈사인펜 열댓 자루〉는 내가 쓴 글을 강조하고자 할 때 주로 밑줄 긋기 용도로 사용한다. 파란색 대 여섯 자루와 빨간색 대여섯 자루가 있는데 기억에 남는 문구가 있다면 밑줄을 그어서 표가 나도록 흔적을 남긴다. 〈습작 노트〉는 아직 내용이 담겨 있지 않다. 순서를 기다리는 사람처럼 하얀 여백에 써 내려갈 글들이 나의 손길을 기다리느라 조금 지쳐 보인다. 이 글을 쓰는 것은 키보드 자판으로 완성된다. 글 쓰는 도중에 다른 생각이 나서 인터넷을 뒤지는 경우가 있다. 이때는 〈마우스〉의 도움이 절실하다. 〈마우스〉를 열심히 굴려 마음에 드는 글감을 찾으면 곧바로 〈다이어리〉에 옮겨 적는다. 주로 맛집, 여행지에 관한 정보들이다. 삶은 예고 없는 과정의 연속이다. 아침에 맑았다가 갑자기 흐려지곤 한다. 구름이 낀 것 같은 오후, 창밖을 보니 주위가 어두워진다. 〈안경 수건〉을 꺼내서 안경을 닦고 다시 보니 해가 떠오르는 것이 보인다. 포근해진 오후가 반가워 〈겨울 털장갑〉을 끼고 바깥으로 나가본다. 햇살이 따사롭다. 〈겨울 털장갑〉을 낀 손에 온기가 감돈다. 따스한 온기에 마음이 포근해지는 오후다.

이렇게 글을 써 본 결과, 대략 1시간은 쉽게 흘러간다. 정확히 1시간 30분 가까이 생각과 글쓰기가 반복되었다. 나는 이것이 글 쓰는 습관을 키우는 데 도

움이 되리라 판단되어 알려 드리는 중이다. 단어 나열은 보이는 대로 나열하면 되기 때문에 쉽다. 이상한 것은 그렇게 나열한 단어가 스스로 말을 걸듯이 문장이 연결된다는 점이다. 단어 그 자체로는 스스로 많은 생각을 불러일으키지 못한다. 이 단어에 당신의 경험과 생각이 버무려지면 멋진 문장으로 연결된다. 이것이 다름 아닌 생각 쓰기의 출발점이 된다.

소재를 찾는 여행을 떠나면서 이런저런 사물들에 의미를 부여하는 시간을 가졌는데 기억나실 거라 믿는다. 이 과정에서 내가 당신에게 강조한 말이 바로 '평범한 것을 특별한 것'으로 바꾸는 당신의 생각이 필요하다는 점이다. 누가 보더라도 연필 몇 자루와 노트, 커피 등은 단순한 소재들이다. 만약 이 연필이 당신이 사랑하는 가족에게 당신의 정성을 표현하는 편지를 쓰게 한 훌륭한 필기도구였다는 사실을 생각해본다면 어느 순간 특별해진다. 노트는 당신이 편지지로 활용한 수단이 되었을 것이고, 이 편지를 받은 상대방과 따뜻한 커피라도 한 잔 나누었다면 어찌 평범한 소재라고 말할 수 있겠는가? 쓰고 보니 특별하지 않은가?

085 글쓰기에 유용한 팁 다섯

당신의 삶은 당신이 주인공이다. '당신의 소중함을 알라'는 메시지, 마지막으로 드리는 팁이다. 진정한 글쓰기의 출발점, 주인공은 당신이다.

고정관념을 버리고 내 스타일로 써라

당신이 지금까지 알았던 '글에 대한 고정관념', 이것을 버려야만 제대로 된 글쓰기가 가능하다. 당신이 실제로 사용하는 말을 글로 옮기다 보면 어느새 고급스러운 말이 없을까 하는 단계로 올라선다. 형식과 작법, 절차, 나아가 문체까지 욕심내는 것이다. 말하는 대로 쓰라고 해서 써 봤더니, 영 어색하고 촌스러워 보인다는 사람이 분명 있다. 이 어색하고 촌스러워 보이는 표현이 당신이 살아가고 있는 현재의 모습인데 그것을 굳이 다른 식으로 표현하고 싶어진다. 진실하게 쓴 글은 꾸밈이 없는 글이다. 그런 맥락에서 이런 글은 좋은 글이라고 자부해도 된다. 당신이 살아가고 있는 현재의 모습, 그 모습 그대로 글로 표현하기 바란다.

글의 형식, 작법, 문체 등 여러 가지 글 쓰는 기법에 관한 공부는 글쓰기 습관이 만들어진 이후에 해도 늦지 않다. 마라톤을 제대로 뛰어보지 않은 사람이 구간별 마라톤 선수가 가져야 할 자세, 호흡법, 러닝 기술부터 배운다면 곤란하다. 우선은 5Km, 10Km씩 뛰어봐야 한다. 이 구간을 자유롭게 뛰는 순간이 온다면 15Km, 20Km를 도전하시라. 이것까지 완료하면 나머지 25Km 이후는 5Km 간격으로 순차적으로 뛰어보시면 된다. 그렇게 쌓인 당신의 총 거리가 42.195Km가 되는 구간까지 이어진다면 그때부터 본격적인 기술을 배워야 한다. 호흡법, 러닝 기술은 이렇게 완주가 가능한 이에게 필요한 기법이다.

글쓰기도 마찬가지다. 자유로운 글쓰기를 해보면서 습관을 들이고, 습관이 된 이후에 공부해야 한층 고급스러운 글을 쓸 수 있다. A4 한 장을 쓰기도 버거운데 어찌 책 한 권 써보겠다고 기법을 논할 수 있는가? 형식에 얽매이지 말고 자유롭게 자신을 쓰는 과정에 집중하기 바란다. 이 과정이 당신이 습관을 들이기 위해 필수로 거쳐야 할 관문이다. 형식 깨트리기, 고정관념을 버려야만 가능하다.

당신의 삶은 그 누구보다 당신이 제일 잘 안다. 아무리 유명한 작가가 당신을 대신하여 글을 쓴다고 해도 당신만큼 진실하게 써내지 못한다. 꾸밈없이 표현하는 글, 당신이 살아온 흔적, 당신은 당신 삶의 주인공이다. 당신만이 당신에 관한 글을 쓸 수 있다. 이 점을 명심한다면 다른 이의 시선에 상관없이 나만의 글을 완성할 수 있다. 여기에 무슨 형식과 작법이 필요하단 말인가? 단언컨대 필요 없다.

지금까지 글쓰기에 관해 권유하는 글을 쓰면서 빠짐없이 등장했던 소재가 바로 나에 관해 글을 쓰는 일이었다. 대전제가 〈나를 쓰다〉라고 명명한 것도 바로 이러한 이유 때문이다. 내가 내 삶의 흔적을 기록하는 데 있어서 가장 유명한 작가는 바로 나 자신이다.

내 스타일이라고 해서 그리 거창한 것이 아니다. 평소에 써 오던 습관 그대로 글을 쓰면 된다. 물론 고질적으로 아름다운 한글을 비틀어서 쓰는 행위는 자제해야 한다. 예를 들면 최근 유행하는 짧은 단어 중에서 말 줄임 같은 경우다. 특정 세대만 이해하는 단어는 될 수 있으면 사용하지 말아야 한다. 자유롭게 쓴다고 그런 단어를 나열하다 보면 당신의 언어 수준이 고스란히 드러나게 된다. 40대가 10대가 즐겨 사용하는 단어를 글로 자주 표현한다고 가정하면, 충분히 내가 무엇을 이야기하는지 공감할 것이다. 만약 10대에게 쓰는 편지가 주제라면 예외가 될지도 모르겠다. 하지만 공공성을 가진 글은 보통의 언어로 표현하시기 바란다.

지금까지 드린 팁을 요약해서 말씀드린다. 비평가를 두지 말고 타인의 평가를 너그럽게 받아들일 것, 글 쓰는 행동이 중요하다는 것, 너무 많이 기다리지 말 것, 단어부터 나열할 것, 끝으로 고정관념을 버릴 것이다. 이 다섯 가지를 항상 기억해서 앞으로 글을 써 나가는데 유용한 팁으로 간직하시기 바란다.

086 글쓰기에 유용한 팁 번외편(글 막힘 현상 하나)

낚시를 하다 보면 물안개가 피는 장면을 볼 수 있다. 특히 밤낚시를 즐기는 이들은 한 해에 몇 차례씩 그런 광경을 목격한다. 동이 트기 한두 시간 전부터 서서히 피어나는 물안개, 수면 위로 슬며시 떠오르는 따스한 느낌의 구름 같은 조각들, 이러한 장면들이 글쓰기와 연결해보면 공통으로 느껴지는 감정이 있다. 글쓰기는 물안개 너머 보이지 않는 세상을, 오랜 시간 관심을 가지고 시선을 두는 일이며 마침내 그 형태를 서서히 볼 수 있게 되는 성찰 과정이라는 사실이다.

당신에게 글쓰기를 권유하는 내 글도 이제는 서서히 마무리를 향해 달려가고 있다. 이 과정에서 내가 겪은 안개와 같은 시간, 도무지 알기 어려운 첫 문장의 두려움, 이 두려움을 떨치고 계속 글을 써 나가게 된 경험담을 들려주고 싶다. 소위 글 쓰는 사람들이 겪는 막힘 현상에 대해서 내가 겪은 심리적 변화와 이에 대처하는 자세를 들려 드린다.

　글 막힘 현상은 글을 쓰고 있든, 쓰지 않든 내 생활의 모든 순간에 나를 괴롭혔다. 글이라는 것은 생각이 뭉쳐져야 하고, 이 생각이 바깥으로 드러나야 하는 행동인데 이 과정에서 생각 자체가 자꾸 끊기게 된다. 지금까지 연재한 분량이 상당히 많은 관계로 더 쓸 것이 없겠다 하는 생각으로 인해 나를 억압하는 듯한 느낌이 드는 날이 많았다. 그러다 문득 이렇게 쓰면 어떨까? 저렇게 쓰면 어떨까? 라는 식으로 도깨비방망이를 두드린 듯 소재가 툭 튀어나온 적도 많았다.

　문제는 이 소재가 이틀 이상 떠 오르지 않을 때 겪게 되는 답답함이다. 운동선수들이 겪는 슬럼프 비슷한 경험이라고 할까? 하루 정도는 어떤 식으로든 참을 만했는데 이틀이 지나갈 무렵에는 초조함이 나를 괴롭혔다. 나와의 글쓰기 약속이 깨어질 것만 같은 불안감이 커졌다. 내 글을 읽는 고정 독자들과의 무언의 약속도 지키지 못할 것 같았다. 이런 과정을 정확히 네 번 겪었다. 초반부에 약 3일간 헤맸던 기억, 중반부 와서 연속으로 3일간 글을 쓰지 못했던 기억, 마지막으로 지난 4일간 글을 쓰지 못한 기억이다.

　초반 3일간 글을 못 썼었던 것은 서론 부문을 마무리하고 본론으로 넘어가야 하는데 그 시점을 언제로 가져가야 하는가에 대해 너무 많은 생각을 했기 때문이었다. 가볍게 몸풀기를 하고 넘어가면 되지 않겠나, 하는 안일한 마음 자세를 갖기가 싫었고 보다 잘 쓰고 싶은 욕심이 앞섰기에 헤맸던 시간이었다. 결국 〈글쓰기에 임하는 자세〉를 설명하면서 자연스럽게 본론으로 넘어올 수 있었다. 쉽게 쓴 글 같지만 이렇게 구분하기까지 3일간 고민을 했었다. 공백 3일은 생각보다 길었다. 그 이후 세 번의 고비가 왔는데 순차적으로 풀어보도록 한다.

중반부에 3일씩 연속으로 글을 쓰지 못했다. 이유는 간단했다. 초반부에 들인 습관이 중반부에 와서 무리가 생긴 것이다. 초반부에 내가 쓰던 방식은 하루에 한 편씩만 쓰는 것이었다. 그러던 것이 어느 순간부터는 '잘 써질 때 많이 쓰자'는 방식으로 바뀌었다. 처음 겪은 3일간의 글쓰기 공백이 중반부에 와서 나쁜 습관으로 이어졌다. 이 습관은 흐름이 끊기는 것이 싫어서 선택한 방법이었는데 결국 좋지 못한 방법임을 깨달았다. 많이 쓰고 나면 그 다음 날 무엇을 써야 하는지 까맣게 잊게 되는 '소재 고갈 현상'을 겪었다.

무엇보다도 많이 써 놓은 후부터는 안도감이 있어서 긴장감이 풀어지는 것이 문제였다. 글쓰기는 습관이 중요한데 나름대로 변칙적인 방법으로 글을 썼다. 반성에 반성을 거듭하고 이후부터는 쓰고 싶어도 참았다. 그래야만 다음 날 글이 잘 써졌기 때문이었다. 초반 3일, 중반에 연속으로 3일씩, 그렇게 9일간 이어진 공백에도 연재가 계속 이어진 것은 몰아 쓰기가 조금 도움이 된 것이 사실이다. 하지만 추천하지 않는다. 왜냐하면, 그 이후에도 또 고비가 왔기 때문이다.

연말이라서 술자리가 많으리라 판단하고 미리 글을 써 놓은 것이 화근이었다. 정확히 4일 치 분량(A4지 8장 분량)을 몰아서 미리 써 놓았는데, 그 이후 이 4일 치 분량만큼 글을 쓰지 못했다. 정확히 이전 글 분량까지 4일이다. 올 한해 최고 기록이다. 크리스마스 연휴 전후라서 약속이 많았던 것도 핑계 아닌 핑계일지도 모른다. 초반, 중반에 그렇게 쓰린 고배를 마시고도 같은 경험을 반복한 것이다. 결국, 원점으로 돌아가기로 했다. '매일 글을 쓰는 습관'으로 바꾸는 것이다.

오늘도 이 글을 쓰기 위해서 아침부터 책상에 앉았다. 8시부터 앉았으니 지금 대략 12시임을 고려하면 4시간이 걸렸다. 이렇게 글을 이어가고 있다는 사실을 현실로 마주하기까지 4일하고도 4시간이 걸렸다. 슬럼프라고 하기엔 변명이 옹색하다. 미리 써 놓은 글이 안일한 마음을 불러들였고 그렇다 보니까 머리 회전도 빠르지 않게 되었고, 가슴에서도 답답한 마음만 있고 시원스레 글을 써 나갈 수 없는 지경까지 가버렸다. 늘 당신에게 이렇게 하면 어떨까? 저렇게 하면 어떨까? 권유하던 입장에서 오늘은 '하지 마라'라고 하고 싶다. 절대로 나처럼 이렇게 몰아 쓰기를 하면 안 된다. 몰아서 써 놓으면 어느 순간 시간적 여유가 남는다는 생각이 당신을 괴롭힐 것이다. 이 괴롭힘이 결국 글쓰기 공백의 시간으로 채워진다. 공백을 피하는 길, 몰아서 쓰지 말고 매일 쓰는 것이 정답이다.

(86회는 이렇게 어려운 고비를 넘기면서 작성된 글이었음)

087 글쓰기에 유용한 팁 번외편(글 막힘 현상 둘)

글 막힘 현상을 방지하기 위해서는 계속 쓰고 싶어도 본인이 정한 분량을 채웠다고 판단하면 중단해야 한다. 끊어 써야 한다. 소재가 많다고 하루아침에 다 쓰려고 덤비면 체력적으로도 무리가 온다. 물론 내 경험은 일상 글쓰기에 관한 경험이고, 실제로 소설가들이나 전문 작가는 나와 다른 경험을 했을지도 모르겠다. 멋진 이야기가 떠 올랐는데 오늘 써 놓지 않으면 내일이면 사라져 버릴 것 같은 불안함, 분명 그런 부류의 느낌이 있을 것이기 때문이다.

이때 활용이 가능한 것이 바로 메모다. 단어만 보고도 무슨 말을 쓰려고 했는지 기억해 내는 단서를 남기는 일이다. 단어가 담긴 단서, 바로 메모의 힘을 빌리면 충분히 극복 가능할 것으로 판단한다. 문장으로 길게 나열하지 않아도 되는 간편한 방법, 메모를 어떻게 남기는지 실제 내가 쓴 글을 배경으로 설명해 보겠다.

이전 글 메모는 〈막힘, 안개, 습관〉이라는 단어였다. 그리고 아시다시피 안개라는 소재로 글을 풀어갔다. 바로 이전 글이다. 막힘은 안개로 표현했고, 그 원인은 잘못된 습관이므로 고쳐나가야 하는 것으로 결론을 맺었다.

오늘 메모는 〈메모, 단서, 소재〉였다. 단순한 단어이지만 내일 이렇게 써야지 하는 마음으로 남겨둔 단어였다. 오늘, 메모라는 방법으로 단서를 남기는 것으로 활용했다. 소재라는 단어는 이어서 설명이 될 것이다. 단어가 문장이 되는 경험, 글쓰기에 유용한 팁을 드린 사실을 기억할 것이다. 문장이 어렵다면 단어를 나열하라고 강조한 내용이 오늘 내가 쓴 글에도 유효함을 알 수 있다.

지난 4일간 얼마나 답답했던지? 분명히 무언가 쓸 말이 많았었는데 도무지 생각이 나지 않는 답답함이었다. 엉킨 실타래를 풀어야 하는데 어디서부터 풀어야 할지 분간이 가지 않았다. 결국, 모든 걸 내려놓고 처음으로 돌아가서 묵묵히 책상에 앉아 눈을 감았다. 어디서부터 끊어졌고, 왜 끊겼으며, 어떻게 이어가야 하는지를 두 번, 세 번 생각을 해보았다. 그 결과 이 막혀버린 생각이 새로운 소재가 되어 주었다. 글 막힘 현상과 이에 대한 해법에 관해 이야기하면 되겠다는 생각이 떠오름과 동시에 다시 글을 이어갈 수 있었다.

글쓰기 공백을 피하는 길은 몰아서 쓰지 말고 매일 쓰라고 알려 드렸다. 이런 간단한 진리를 4일간이나 헤매고 다녔으니 결국 경험이 정답을 말해 준 것이나 다름없다. 겪어보지 않으면 아무리 강조해도 체감하는 정도는 크지 않다. 실제로 경험하는 것이야말로 가장 큰 가르침이 될 수 있다. 불조심, 아무리 강조해도 지나치지 않다는 표어를 기억할 것이다. 머리로는 기억하는데 한순간의 방심으로 큰불이 난다. 방심이 곧 큰 화를 불러일으킨다. 긴장감을 놓친 대가를 혹독히 치르게 된다. 글쓰기도 이와 같다. 마음에 여유가 들어차니까 어느 순간 긴장감을 잃었고 그에 대한 결과가 결국 글쓰기 공백이라는 결과로 남았다.

불조심하니까 어린 시절 산불을 냈던 기억이 난다. 환기를 시키는 차원에서 어릴 적 불장난을 하다가 산불을 낸 경험과 그 사건 이후에 불을 대하는 나의 자세를 이야기하고 넘어가겠다. 이 기억은 글쓰기 공백이라는 경험과 같은 선상에서 경계심을 불러일으키는 값진 선물이라고 말할 수 있다.

초등학교 입학 전의 마지막 겨울이었으니까 일곱 살 겨울로 기억한다. 동네 형들이랑 꽁꽁 얼어붙은 저수지에서 얼음 스케이트(얼음 썰매)를 타고 놀다 보니 자연스럽게 양말이랑 신발이 젖어 버렸다. 이때는 세 살 터울인 작은 형님도 나와 함께 썰매를 타고 놀던 시절인데, 동네 형 중에서 나이가 가장 많은 형님이 고등학교에 다니던 중이었다. 시골이라 흔한 불쏘시개가 억새였다. 장작을 구해오고 억새를 불쏘시개로 삼아서 불을 지폈다. 활활 타오르는 불빛을 보면서 잠시 무슨 생각을 한 것일까? 저수지 둑으로 가득한 억새가 그렇게 멋있어 보일 수가 없었다. 잠시 불꽃 한 뼘을 들어서 저수지 둑에 가져다 놓았더니 어느새 활활 타올라 버리는 저수지 둑. 때마침 불어온 바람으로 삽시간에 큰불로 번지고 말았다. 대여섯 명의 어린 손이 끄기에는 이미 늦은 큰 불. 무서워서 도망쳤고 결국 온 동네 사람들과 소방서 헬기, 관공서 공무원들이 모두 출동해서 하루 꼬박 진화작업을 해서 겨우 불길을 잡았던 큰 사고로 이어지고 말았다.

산 주인에게 혼이 났던 것은 기본이고 감옥에 가야 하는 것으로 결론이 날까 두려운 날들의 연속이었다. 거짓 없이 사실대로 내가 불을 냈노라고 모든 일을 알렸고, 산 주인의 너그러움으로 내 죄는 용서가 되었다. 나 때문에 부모님이 산 주인에게 두고두고 사죄했다는 사실을 커서야 알게 되었다. 그때 이후에 나는 불이라면 기겁을 한다. 작은 모닥불조차도 조심스럽게 피우는 것이다. 화재에 유의해서 감당할 수 있는 범위의 불을 피운다.

큰 산불을 냈던 사실과 글쓰기 공백이라는 경험은 결국 긴장감을 놓침으로써 발생한 일임을 아셔야 한다. 재차 강조하지만, 습관을 들이는 일에 있어서 가장 경계해야 하는 사실은 긴장감을 놓치는 일이다. 몰아 쓰기를 하지 말고 매일 글 쓰는 습관을 들이는 것이 중요하다는 것을 내 경험을 통해 기억하시길 빈다.

⁰⁸⁸ 글쓰기에 유용한 팁 번외편(글 막힘 현상 셋)

글 막힘 현상은 글쓰기라는 여행을 떠나면서 출발하기 전 목적지를 정하지 않고 출발하는 것에서 비롯된 현상으로 보면 된다. 목적지를 가기 위해 거쳐야 할 곳과 시간, 거리를 고려해 쉬어야 할 곳을 미리 정해야 한다. 애석하게도 아무런 계획 없이 떠나는 자유 여행을 즐기는 사람이라 글쓰기에도 그대로 이 습관이 적용된 것인데 결국 몇 번의 고배를 마셔야 했다. 오늘 내가 강조하고자 하는 것은 적어도 연속적인 글을 쓸 때는 계획을 세우고 쓰라는 점이다.

글쓰기를 함께 하자는 취지에서 글을 연재했고, 그 과정에서 경험한 내용이다. 글을 연재하면서 막연한 줄기만 가지고 더듬어 나가는 모습을 취했다. 뭐랄까? 고구마 줄기를 더듬거리면서 따라가다 보면 그 끝에 큼지막한 고구마를 찾는 과정이었다고나 할까? 여기서 한계가 드러난다. 고구마 농사를 100평가량 짓는다고 가정해 보자. 이 100평의 고구마밭에 심어진 고구마를 전부 줄기를 더듬어서 캘 것인가? 아니면 일정한 계획을 세우고 기계를 이용해서 정해진 시간에 한꺼번에 캘 것인가? 이런 대략적인 계획이 나와줘야 한다. 그렇지 않으면 작은 호미 한 자루를 가지고 온종일 땡볕에서 생고생한다.

솔직히 말해, 나는 이러한 계획 자체가 없었다. '무조건 써 보자' 까지는 아니더라도 '일단 써 보자' 정도는 된다고 판단했기에 시작해 보았다. 이미 언급한 대로 초반 3일의 공백 기간은 이 계획 없음의 결과였다. 큰 골자를 세우지 않고 무작정 호미를 들고 글쓰기라는 밭을 매기 시작했다. 글이라는 고구마가 나와주면 다행이고 나오지 않으면 다른 곳을 파면 된다는 식으로 글을 썼다. 계획이 없으니 맺고 끊음의 경계를 찾을 수 없었고, 경계가 없으니 마무리가 되지 않았다. 결국, 초반부에서 중반부로 새로운 전개를 하지 못해 끙끙거린 것이 3일간 글을 쓰지 못하는 공백 기간을 가지게 된 결정적인 원인이 되었다.

처음에 연재를 시작하면서 100회 연재를 목표로 하고 있음을 분명히 밝혔다. 그러면서 막연한 목표만 가지고 글쓰기 여행을 위해 자동차를 출발시켰다. 결국, 보기 좋게 공백 기간이 생겼고, 처음 3일이라는 공백 기간을 가진 후 작성한 것이 전체적인 목차였다. 서론, 본론, 결론이 차지하는 분량은 어느 정도로 할애할 것인지를 정하고, 그에 따른 내용은 무엇으로 할 것인지 구체적으로 정하고 나니까 드디어 안개 같은 막힘 현상이 풀려나가기 시작했다.

구체적인 계획을 정하고 시작한 글쓰기인데도 막히는 경우가 있다. 말씀드린 대로 '글이 잘 써진다고 몰아 쓰기 한 경험'이 바로 그것이다. 매일 글쓰기를 습관화해야 한다면서 정작 본인은 몇 차례 이 습관을 지키지 않았다. 그나마 다행인 것은 몇 차례 막힘에도 불구하고 지금까지 연재하고 있다는 사실인데, 이 과정에서 겪은 네 차례의 공백 기간이 준 의미는 잊지 말아야 할 경험이 되었다.

몰아쓰기를 하고 가진 공백 기간에 얻은 것이 있다. 글을 쓰지는 못했지만, 끊임없이 글쓰기에 관한 내용을 머리로 생각했다는 점이다. 시장을 가면서도 이렇게 써 볼까? 독서를 하던 중 이건 어떨까? 라는 식으로 계속 글쓰기에 관한 생각을 하고 있었다는 점이다. 마침내 얻은 결론, 정답은 이미 내 안에 있었다. 내 안에 있는 이 정답을 어떻게 찾을 것이며, 찾은 후에는 어떤 식으로 이어 나가는 것이 좋을까, 하는 것이었다. 나는 지금도 여전히 그 정답을 찾고 있다.

나는 지금까지 글을 연재하면서 계속 무언가를 생각했고 그 결과를 글자로 펼쳐 보였다. 당신도 예외는 아니다. 이렇게 시리즈 글을 쓰다 보면 자연히 막히는 구간이 생긴다. 이 구간을 어떻게 지나가느냐에 따라 계속 써 나갈지 말지 결정된다. 여기에서 당신에게 응원의 메시지를 보낸다. 누군가 나에게 이 말을 해줬다면 많은 위안이 되었을 건데 그런 사람이 없었다. 그래서 내가 직접 이 메시지를 남긴다.

글이 정말 안 써지는 날에는 다른 일을 하라. 단, 조건이 있다. 적어도 1시간은 흐른 후에 이 방법을 쓰셔야 한다. 의자에 앉기부터 습관들이기가 시작되기에 강조 드리는 말이다. 딱 한 문장만 써 놓고 다른 일을 하시면 된다. 그 문장은 이렇다. 나와 당신에게 하루 정도의 휴일을 주는 강력한 메시지를 보여 드린다.

"오늘은 도저히 글을 쓸 수 없다. 하지만 내일은 꼭 쓸 것이다."

이렇게 써 놓고 자리에서 조용히 물러나시면 된다. 하루 정도의 휴가가 생겼다. 이 휴가가 내일 써야 할 내용을 채워 줄 것이다. 당신의 하루를 믿는다.

⑻⑼ 글쓰기에 유용한 팁 번외편(글 막힘 현상 넷)

하루의 휴가, 달콤한 휴식을 취했는지 묻고 싶다. 내가 당신에게 하루의 휴가를 준 이유는 무엇이었을까? 막연히 글이 막혀서 그렇게 한 것이 아니다. 글이 막힌다는 것은 문제라는 벽에 부딪혔다는 뜻이다. 당신은 문제가 무엇인지 모른다. 모르니까 그 해법을 찾지 못한다. 모르는 문제를 끌어안고 끙끙댄다고 답이 나오지 않는다. 오히려 빠져들면 빠져들수록 문제 자체에서 점점 헤매게 된다.

모두 이런 경험이 있을 것이다. 당신과 내가 잘 아는 경험, 비단 글쓰기뿐 만이 아니라 인생을 살아가면서 헤매는 모든 문제를 말한다. 이럴 때의 해법은 당신과 내가 아는 이 방법, 잠시나마 그곳에서 벗어나는 일이다. 멀리서 지켜보기, 문제를 벗어나서 멀찍이 떨어져서 바라보면 어느새 해법이 떠 오르는 경우가 많다. 하나의 문이 닫히면 새로운 문이 열리는 법이다. 이 단순한 진리는 글쓰기에도 적용이 된다. 나는 문제가 된 지점에서 멀어졌고, 새로운 지점으로 가서 새로운 생각을 하기 시작했다. 잃어버린 흐름을 찾아 나섰다.

몰아 쓰기의 대가로 새로운 공백 기간을 가지고 이때 얻은 것이, 정답은 이미 내 안에 있다는 것이었다. 나는 이에 대한 해법을 이렇게 찾았다. 정답이 이미 내 안에 있다는 말은 결국 지금까지 써 온 내 글들을 하나씩 돌아보고 그 안에서 답을 찾으라는 뜻으로 해석했다. 처음부터 천천히 복습하는 마음으로 자신이 쓴 글들을 읽어보는 일이다. 내 글이 막히기 직전까지 어떻게 흐름이 연결됐는지를 둘러보았다. 글의 내용도 중요하지만, 전체적인 흐름이 있을 것이다. 그 흐름을 찾아야 계속 이어갈 수 있다. 특히 시리즈 글에서는 이 흐름을 놓치면 반드시 글이 막히게 된다. 끊어진 흐름을 이어가는 길, 이 과정을 잘 되풀이해야 무리 없이 연재할 수 있다.

나는 막혀버린 경험으로 인해 휴식이라는 달콤한 선물을 받았다. 글을 생각만 하는 것과 직접 쓰는 것은 노동의 강도가 다르다. 이 휴식이 결국 또 다른 글을 이어나가는 원동력이 되었다고 본다. 그렇지 않았다면 이렇게 계속 연재하기는 어려웠을 것이다. 그럼 왜 이것이 휴식으로 인해 새로운 원동력이 된 것일까? 사람은 매일 글을 쓴다고 하지만 어떤 날은 하루 정도는 쉬는 여유가 필요하다. 모든 일도 그렇다. 매일 일을 하다 보면 어느 순간 지친다. 머리 회전은 느려지고 몸과 마음이 따로 노는 시점이 온다. 도무지 의욕도 나지 않는다. 이 한계가 바로 당신의 글이 막히는 순간이다. 그렇다면 어쩔 수 없지 않은가? 쉬어가는 수밖에는. 단, 그냥 쉬면 자신과의 약속을 어기게 되니까 짧은 한 문장이라도 쓰고 쉬자는 나름대로 자기 합리화가 필요하다. 핑계일지 모르지만 한 문장도 글이지 않은가? 때론 한 문장이 한 권의 책보다 강력한 인상을 남기곤 한다.

벽이라고 느껴졌던 막혀 버린 길, 쉬면서 찬찬히 둘러보니 길이 여러 갈래다. 오로지 한길만 걷다 보니 탈출구를 찾지 못했다. 왜 한길만 걷게 된 것일까? 그것은 습관을 들이기 위해 뒤를 돌아보지 않고 앞만 보고 왔다는 사실 때문이다. 매일 글을 써야 한다는 강박 관념은 어느 순간 스트레스가 되어 당신을 괴롭힌다. 나는 이 스트레스가 결국 글 막힘 현상을 불러일으키는 또 다른 원인으로 결론을 내렸다.

그럼 이렇게 쌓인 스트레스는 어떻게 해소할지 고민해 보았다. 내가 내린 결론은 하루 정도 휴가를 부여하는 일이었다. 지쳐버린 몸과 마음에는 휴식이 최고의 선물이다. 막혀버린 것은 결국 소통되지 않는다는 의미다. 소통되지 않는 현상, 고속도로를 달리는 자동차에 견주어 보면 병목현상이 바로 이것이다. 길은 하나인데 수많은 생각이 하나의 길로 통과하려니 결국 막히는 수밖에 없다. 당신의 두뇌와 내 두뇌에게 휴식 시간을 부여해서 스스로 정리하는 시간을 갖는 길 만이, 막힌 길을 서서히 뚫는 방법이 된다.

분명한 것은 이것이 일정 기간에 내가 겪은 경험의 결과라는 사실이다. 하루 쉬는 동안에 내 뇌는 무언가 정리를 하는 느낌이 있었고 이 하루의 휴식 후에는 또 다른 에너지를 부여받고 더 열심히 학습할 수 있었다. 우리 뇌는 쉬는 동안에 스스로 정리하는 시스템을 갖추고 있는데 이를 원활하게 가동하기 위해서는 스스로 쉬는 시간을 마련해야 한다. 글쓰기에 있어서 주저하게 되고, 막히게 된 지난 4일간 내가 생각한 여러 갈래의 해법 중에서 결국 휴식이라는 카드를 꺼내 들었다. 바로 이런 내 경험의 결과가 있었기에 가능한 해법임을 분명히 밝혀 드린다. 고단한 당신, 글쓰기에 지치면 잠시 쉬어가도 좋다.

⑩ 글쓰기에 유용한 팁 번외편(글 막힘 현상 다섯)

글 막힘 현상이 발생하였을 때 내가 선택한 해결책이 또 하나 있다. 바로 다른 일에 몰두하는 일이다. 나는 주로 독서를 하면서 그 이후에 이어갈 흐름을 찾기 위해 노력했다. 사실 완전히 벗어나기는 어렵다. 연재라는 것이 어느 정도의 시간이 지나면 소재가 고갈될 것이고, 그에 따른 대비책이라고는 또 다른 소재를 찾아서 부지런히 쓰는 것밖에는 없었다. 어려운 일인데도 억지로 밀어내는 식으로 글을 썼다. 사실 어려운 시점은 잠깐 가졌던 공백 기간 외에는 없었다. 대부분 시간은 즐거운 마음으로 하나의 주제를 가지고 줄줄이 써 내려갔다. 모든 일에는 잠시 멈추어 있을 때 더 잘 보이는 법인 것 같다.

힘들고 지쳤다는 신호, 이때 내가 즐겨 읽는 책은 주로 시, 에세이를 전문적으로 쓰는 작가들의 글이다. 깊이가 있고 울림이 있다.

내가 글쓰기에 관련한 글을 연재하고 싶은 생각이 든 것은 내가 즐겨 읽은 책 때문이었다고 해도 과언이 아니다. 내가 전달해주는 이 글들이 당신의 가슴에 작게나마 위로가 되었으면 하는 바람이 컸다. 〈나를 쓰다〉라는 큰 물줄기를 가지고 당신에게 이런저런 이야기를 하면서 내가 살아온 이야기, 글을 쓰면 좋은 점, 어떻게 하면 글을 쓸 수 있는가, 소재는 무엇인가, 어디서 소재를 찾는가, 일기, 편지, 여행 글쓰기, 영화, 사진, 제품 사용 후기, 서평 쓰기에 이르기까지 수많은 글을 썼었다. 함께 웃고, 울고, 마음 아파했던 기억이 아직도 선명하다.

많은 분이 읽고 공감해 주셨고, 댓글로 위로와 감사의 말씀을 전달해 주셨다. 한 분씩 찾아뵙고 인사를 드리지 못하는 것이 죄송스럽다. 늘 그 고마움을 간직하고 보다 나은 글을 쓰기 위해 애썼다. 나 자신에게 위로의 말을 건네고 부지런히 읽어주신 당신에게도 고마움을 전한다. 여기까지 정확히 3달 분량의 글을 마무리했다.

"당신과 나, 여기까지 오느라 애썼다. 우리 모두에게 박수를 보낸다."

글 막힘 현상에 대한 내 경험을 모두 들려 드렸다. 이에 대한 요약은 아래와 같다. 참고하셔서 글을 써 나갈 때 도움이 되었으면 한다.

첫째, 습관만이 글이라는 광맥을 뚫는다. 한 줄이라도 매일 써야 한다.

둘째, 단서를 남기지 않으면 생각은 결국 사라진다. 메모하라.

셋째, 계획을 세우고 글을 써야 한다. 구체적인 계획이 필요하다.

넷째, 하루 동안 휴식 시간을 가져도 된다. 뇌도 쉬어야 한다.

다섯째, 다른 일에 몰두하라. 그 안에서 새로운 아이디어가 떠오른다.

이제는 글이 막히더라도 두려워하지 말자. 내가 경험한 이 해법을 가지고 당신에게 적용해보시고, 그게 안 된다면 또 다른 해법을 함께 찾아보면 된다. 무엇이 두려운가? 당신과 나는 함께 써 나갈 것이고 멋진 글 동무가 되었으니 염려할 필요 없다. 함께 써 나가자. 혼자서는 어렵지만, 함께라면 해볼 만하지 않은가?

제6장

글 쓰는 습관

091 글쓰기를 위한 습관 : 자기 선언

2018년 1월 1일 새해의 첫날, 첫 글을 쓰는 지금 내 마음은 설렘이 가득하다. 지난 10월부터 시작된, 글쓰기에 관해 내가 써 내려간 글을 돌아다보면서 흐뭇하기도 하고 조심스럽기도 하다. 애독자분들이 보내주는 응원, 감사의 메시지를 전달받으면서 과연 내가 제대로 된 글을 썼는가 하는 우려도 있다.

글쓰기는 습관이면서 나 자신과의 약속을 지키는 행위의 시작이었다. 즐거운 마음으로 함께 해봅시다는 메시지를 당신에게 던지면서 사실은 나 스스로 자신에게 다짐하고 또 다짐하던 행동이었다. 즐거운 마음으로 책상을 마주하고, 무엇을 써 볼까 고민하고, 생각에 빠지고, 비로소 나타나는 많은 이야기가 나를 살아있게 느끼는 삶의 기쁨이 되어 주었다. 살아가는 동기가 되어 주기도 했다. 사람이 아무것도 하지 않고 하루를 보내다 보면 무력감이라는 무서운 감정을 만나게 된다. 무력감이 심해지면 우울한 마음으로 번져, 결국 못난 자신이 되는 것 같은 착각에 빠지게 된다. 자존감이 극도로 낮아지는 것이다.

이 무력감이 가져다주는 자존감의 하락은 결국 우울증이라는 심각한 증세로 이어지기도 한다. 감정을 밖으로 드러내지 못하고 안으로만 삭여가는 분들이 많이 겪는 현상이다. 겉으로 드러나지는 않지만 이런 속앓이로 인해 심적으로 고생하시는 분들이 많다는 사실을 신문 지상으로 접했다. 스스로는 아니라고 해도 실제로는 많은 분이 남을 신경 쓰느라 자신이 병들어가는 것을 인지하지 못하는 것 같았다. 그분들에게 글쓰기라는 영역이 많은 도움이 된다는 사실을 책을 통해 간접 경험했다.

초반부에 밝힌 글 쓰는 이유 중 마지막인 성취하기 단계에서 치유하기의 기능이 있음을 설명해 드렸다. 내가 가졌던 무력감, 우울감, 자존감 하락, 결국 나를 치유하기 위해서 글을 쓰기 시작했다. 블로그라는 공간에서 글쓰기를 통해 모르는 분들과 소통하고, 내가 알고 있는 정보에 대해 알려주고 싶었으며, 배우고 싶었다. 이 모든 과정에서 즐거움을 얻고자 하는 것이 내가 성취하고자 하던 바였다. 글쓰기는 단순히 마음만 가지고는 하기 힘든 영역이다. 여기에 대한 최소한의 자기 선언이 필요했는데, 바로 이것이다.

"오늘부터 글쓰기 시작을 해보려고 합니다. 지켜봐 주세요."

이렇게 선언해서 내가 내 삶의 한 축에 글쓰기라는 영역을 확고히 자리 잡게 할 수 있었다. 강제성을 부여한 셈이다. 글을 쓰면서 몇 차례 밝힌 바 있지만 약 25년간 흡연하던 나 자신이 스스로 금연을 결심하고 이행해서 결국 성공했다. 아내와 오래도록 행복하게, 건강하게 살고 싶은 마음으로 시작한 금연이었다. 1년 6개월이라는 긴 시간 동안 단 한 개비의 담배도 피우지 않았으니 성공으로 봐도 된다고 본다. 이때 주변에 나 스스로 금연을 선언하고 알림으로써 그 출발하는 의지를 다지는 계기가 되었다. 나에게 많은 조력자가 생긴다. 단순히 어떤 사실을 알리는 것 하나만으로도 충분히 좋은 조력자가 생긴다.

글쓰기도 누군가에게 알리고 시작해야 자신이 정한 분량, 정한 시각에 행동으로 결과를 보여줄 수 있다. 막연히 써 볼까, 하는 마음으로는 오래가지 못한다. 아시다시피 해도 그만, 안 해도 그만인 것이 글쓰기라고 생각하시는 분들이 많기 때문이다. 어느 정도의 강제성 부여는 필요하다. 자신에게 매일 부여하는 과제가 글쓰기라면, 이 글쓰기를 하지 않고 잠든다면 무언가 체한 듯한 감정을 느껴야 글이 써진다. 무작정 자유롭게, 재미있게 쓴다고 써지는 것이 아니다. 어느 정도는 의무감이 존재해야 하다.

새해, 글쓰기라는 과제를 스스로 선물하셨으면 좋겠다. 당신이 살아온 삶에 대해서 천천히 기록으로 남겨도 좋고, 쉬운 일기처럼 가볍게 쓰셔도 좋은, 어떤 식으로든 글을 쓴다는 행위를 해야만 한다는 것이 가장 중요하다. 오랜 시간 동안 당신과 함께하면서 느낀 점이 있다. 글은 쓰면 쓸수록 늘어난다는 점이다. 분량, 글 쓰는 필력, 글을 쓰는 시간이 처음과 비교해서 놀라울 만큼 늘어난다. 이 경험을 통해 성장했음을 알게 된다. 어떤가? 새해에는 글쓰기를 통해 자신을 바로잡는 계기를 마련해 보는 것이. 지금 필요한 건 바로 당신의 결심이다.

092 글쓰기를 위한 습관 : 자리에 앉기

자기 선언을 했음에도 쉽게 접근하기 어려운 영역이 글쓰기다. 여기서 내가 가장 우려하는 부분이 뭘까? 바로 글쓰기가 습관이 되지 않은 상태에서는 쉽게 포기하는 경우가 생긴다는 사실이다. 처음 결심했던 마음과 달리 하루 이틀 지나서 흐지부지하게 끝나버리는 경우가 반드시 생길 것이다. 글쓰기를 권유하는 글을 써 오면서 늘 내 마음에 남겨져 있던 우려였다. 무엇을 쓸 것인가에 대한 안내가 끝나고 나면 꼭 써야지 하는 소재가 있었다. 어떻게 하면 조금이나마 쉽게 글쓰기 습관을 들일 수 있을까에 대해서 글을 써 보는 것이었다. 글쓰기를 하는 데 있어서 도움이 되는 습관, 내가 실천하는 방법들을 소개하고자 한다.

일단 자리에 앉아라

글쓰기는 습관이다. 이 습관을 들이기 위해서는 일단 자리에 앉아야 한다. 하루 중에서 자신에게 가장 편한 시간대를 정해서 일단 자리에 앉자. 아무것도 하지 않아도 좋다. 일단 자리에 앉아서 모니터를 바라보면서 커서가 깜박이는 것을 지켜보자. 당신의 손길을 기다리는 커서의 깜박임. 내가 경험한 바로는 이 깜박임이 주는 무언의 압력은 생각보다 크다. 그냥 바라만 보는 것이 생각보다 힘들다는 사실을 직접 몸으로 깨우치셔야 한다. 자리에 앉아 있기는 글쓰기만큼 어렵다. 무엇보다 마음이 초조해지기 때문이다. 아무것도 할 수 없는 사신이 무력해 보이기까지 한다. 그래도 이 시간을 거쳐야 비로소 글을 쓸 수 있다. 언제까지 회피할 것인가? 부딪혀서 이겨야만 쓸 수 있다. 나도 이 과정을 거치고 나서야 글을 쓰는 것이 습관이 되었다.

일단 자리에 앉기는 많은 의미가 있다. 자리에 앉아 있다 보면 '내가 왜 여기에 있는지?', '무엇을 하고 싶은지?', '어떻게 쓰면 좋을지?' 등의 많은 생각을 하게 된다. 당신이 의식하든 의식하지 못하든 머리는 쉼 없이 움직인다.

일단 의자에 앉으면 글쓰기의 절반은 성공한 셈이다. 모든 출발은 당신이 의자에 앉는 순간부터 이루어진다. 쓰고 안 쓰고는 그 이후의 문제다. 자리에 앉아서 생각하는 시간을 모으자. 그렇게 모은 시간이 결국 당신이 써 나가야 할 이야깃거리를 가져다줄 것이다. 답답해도 견뎌야 한다. 이미 언급했듯이 조바심이 가장 경계해야 할 감정이다. 손가락에 땀이 나는 경험은 바로 이 조바심으로 인함이다. 한 문장을 썼다가 지우기를 반복해보면 나도 모르게 땀이 나는 경험을 하게 된다. 손가락 끝이 촉촉해서 몇 번이나 손바닥을 비비고 또 비비고 했는지 모른다.

분명히 당신에게도 이 시간이 존재한다. 심지어는 식은땀까지 나기도 한다.

머리와 등골로 땀이 흐르던 경험은 아직도 잊히지 않는다. 자리에 앉아서 계속 글을 이어가야 하는데 시도 때도 없이 생각이 막힌다. 분명히 자리에 앉기 전까지는 많은 생각을 하고 있었는데 막상 자리에 앉으면 답답하게 풀려가는 글쓰기의 경험, 이 경험을 지나서야 비로소 자유롭게 글 쓰는 것이 가능했다.

글을 쓰기 시작하고 막히는 것은 그나마 다행이다. 가장 두려운 것은 당신과 내가 이미 알고 있듯이 '첫 한 문장도 써내지 못 하는 일'이다. 바로 이 한 문장을 위해서 오래도록 자리에 앉아야 한다는 것이 내가 당신에게 주는 경험의 선물이다. 이 시간을 즐겁게 맞이해야 그 이후의 시련을 견뎌낼 수 있다. 단순히 자리에 앉는 게 무슨 도움이 될까? 의구심이 들지도 모른다. 하지만 일단 믿고 앉아 보시기 바란다. 이 단순한 행동이 불러오는 엄청난 결과를 경험하기 위해서는 반드시 오늘부터 자리에 앉는 습관을 지녀야 한다.

자리에 앉고 잠시 눈을 감아도 좋다. 정리되지 않은 생각들이 스스로 정리가 되기도 한다. 생각이 막혀 도저히 쓸 수 없다면 남의 글이라도 베껴 쓰라고 알려 드리지 않았는가? 그렇게라도 하면 된다. 당신은 못 하는 것이 아니라 안 하는 것임을 알아야 한다. 하지 않았기에 어색할 뿐이다. 글쓰기를 하지 않은 어색함, 일단 자리에 앉고부터 시작된다. 글쓰기의 힘찬 시작은 자리에 앉는 것이다.

093 글쓰기를 위한 습관 : 장면 상상하기

자기 선언 후 매일 같이 같은 자리에 가서 앉기. 이 두 가지는 기본 중의 기본
이다. 늘 강조하지만, 기본이 어려운 법, 쉬우면서도 어려운 것이기에 마무리를
향해 나아가는 내 글에서 정한 마지막 소재는 바로 기본을 강조하는 일이다.

장면을 상상하라

일단 자리에 앉아 있는 당신, 이제부터는 눈을 감고 장면을 상상해야 한다.
모니터를 바라보면서 커서가 깜박이는 것을 지켜보는 것도 하루 이틀이지 않
은가? 우리 삶은 수많은 장면이 점처럼 모여 하나의 그림 같은 선이 되고 입체
가 되어 우리가 살아낸 흔적이 된다. 바로 이 부분에서 장면을 하나의 점으로
가정하고 상상하는 것이다.

커서는 깜박이고 있는데 머리에는 아무런 생각이 떠오르지 않는다. 아직 내
마음이 글 쓰는 행위를 어색해하고 있다는 증거다. 괜찮다. 지금까지 열심히
노력했는데도 그런 마음이 든다는 것은 여전히 자신이 부족하다고 느끼는 자
기 발전의 신호이기 때문이다. 부족한 마음이 들어야 노력하는 자세를 잃지 않

는다. 그런 면에서 당신은 이미 기본적인 자질을 갖추었다고 자부해도 된다. 천천히 해도 괜찮으니까 지나온 시간을 되짚어 보면서 기억을 하는 시간을 갖도록 하자.

장면에 대한 상상, 당신이 기억하는 특정한 한 장면을 상상하는 것은 오랜 시간이 지난 당신의 기억을 현재의 모습으로 되살리는 과정이다. 과거가 현재가 되는 현상, 바로 당신의 상상이 그렇게 만든다. 과거의 기억은 엄연히 말해서 상상은 아니다. 어떤 식으로든 당신의 뜻대로 곱게 포장한 기억이 될 수도 있고, 사실과는 다르게 어떤 부분은 과장되고 왜곡되어 의도치 않게 잘못된 기억을 가지고 표현할지도 모른다. 정확히 기억나는 장면을 제외하고는 대다수 상상력에 의존하는 수밖에 없다. 이런 의미에서 포괄적으로 상상하라는 표현을 사용했다.

가만히 기억을 더듬어보시라. 당신이 기억하는 모습과 당신의 친구, 가족들이 기억하는 모습은 분명히 다를 수 있다. 같은 공간에 있었고 같은 현상을 봤는데 서로의 머릿속에는 다른 장면으로 해석되어 자리하고 있는 것이 기억이기 때문이다. 심지어 같은 공간에 있었던 사람 중에 특정 장면을 기억하지 못하는 사람도 많다. 나는 놀랍고 신기한 경험이었는데 상대방은 그다지 놀라지 않았던 기억이기 때문이다. 그래서 이 기억은 공공적인 면보다는 주관적인 면이 크다. 내 경험을 하나 들려드리면서 설명을 마무리할까 한다.

초등학교 때, 저수지에서 수영할 때의 일이다. 시골에서는 농사를 위해서 크고 작은 저수지(못)를 만들어 둔 곳이 많다. 내가 태어난 곳은 산골이면서 농업을 업으로 삼고 살아가는 동네였다. 여름이면 늘 저수지에서 멱감고 노는 것이 나의 일상이었다. 여름 방학 대다수 날이 여기저기 놀러 다니고 멱감고 놀고 가끔은 농사일도 거드는 정도였다. 시점은 정확히 기억나지 않는다. 상대방이 이 이야기를 나에게 들려줬을 때, 나는 그러한 일이 있었다는 사실조차도 잊고 있었는데 이야기를 듣고서야 겨우 기억났었기 때문이다.

어릴 적부터 수영하는 것에 이력이 난 사람이라 물이 겁나지 않았다. 깊은 곳으로 가서 잠수도 하고 물장구도 치고 멋지게 자유형으로 저수지를 건너고 했다. 반면에 이 이야기를 전달해준 친구는 수영을 무서워했고 아직은 서툴게 흉내를 내던 시기였다. 그런 친구가 겁도 없이 깊은 물 속으로 도전했던 모양이었다. 머리가 물속에 잠기고, 발을 동동 구르지만, 점점 몸은 물속으로 빠져가던 시점이었다. 당황한 친구는 허겁지겁 팔을 휘두르면서 첨벙첨벙하기 시작했다. 이때 내가 이 친구를 구해준 것이었다. 허우적대는 과정에서 어설프게 앞에서 구해주려고 하다가는 두 사람 모두 위험해진다. 나는 수영을 처음 배우던 초보 때부터 그런 사실을 알았다. 그래서 그 친구 뒤로 돌아가서 손을 뻗어서 머리카락을 움켜잡았다. 다행히 머리가 긴 편이었기에 무사히 구출할 수 있었다. 이 기억이 그 친구에게는 생명의 은인으로 기억이 되었던 모양이었다. 따지고 보면 나 또한 누군가에게 몇 번이나 물에서 건져졌던 인물이었다. 그런 경험이 있기에 대수롭지 않게 여겨졌었는데 이 친구는 두고두고 감사하다면서 잊을 만하면 이 이야기를 하곤 했다.

그렇다. 사람의 생명을 구한 일이라 당사자는 잊지 않고 기억하고 있었다. 하지만 구해준 당사자인 나는 그 장면을 잊고 있었다. 이유가 무엇일까? 서로가 경험한 정도에 따라 다른 반응의 결과로 기억하고 있기 때문이다. 심지어 나처럼 그런 일이 흔한 일이었기에 누군가가 기억의 단서를 제공해야 기억하는 경우도 많다. 당신에게도 이런 장면이 분명히 있다. 잊고 있었던 장면들을 누군가에게서 듣게 된다면 이렇게 글로 남겨두는 것이 습관들이기에 도움이 된다.

004 글쓰기를 위한 습관 : 형식을 무시하고 일단 써 보기

장면을 떠올리는 일, 당신이 잊고 지냈던 새로운 면을 발견하는 오아시스가 되어줄 수 있다. 사막 한가운데 놓인 오아시스의 시원함, 생명줄 같은 물의 소중함, 이런 소중함이 바로 당신의 장면이 하는 역할이다. 글쓰기를 하는 데 있어서 장면을 기억해내는 일은 그림을 바라보면서 그에 대한 감상을 쓰는 행위와 비슷하다. 멋진 그림을 보고 전체적인 풍경 설명과 함께 당신이 느낀 점을 기록한다면 훌륭한 그림 감상문이 되지 않겠는가? 마찬가지로 당신의 기억에서 퍼 올린 장면도 충분히 훌륭한 그림 같은 소재가 되어 줄 것이라 확신한다. 이쯤에서 또 다른 습관을 하나 알려 드린다.

형식을 무시하고 일단 써 보자

소설을 보면 일정한 형식이 있다. 기-승-전-결에 이르는 소설의 구조를 보면 시작은 강한 인상과 함께 독자를 유혹하는 글 전개가 이루어져야 한다. 인물들의 등장을 예사롭지 않게 펼쳐내고 이 인물들이 어떤 사건을 일으키면서 독자들을 뒤에 이어질 이야기로 이끌고 간다. 본격적인 사건 발생이 승에 해당한다면 전에서는 놀라울 만큼의 시련과 위험이 담긴 모험담이 그려진다. 만약 해피엔딩으로 결말이 맺어지는 소설이라면 결국 결에 가서는 행복한 결말로 마무리된다.

일상 글쓰기를 목표로 하는 사람은 이 구조를 무시해도 된다. 자유롭게 서술하는 것에 목표를 두고 한 글자씩 밀어내는 것이 중요하다. 순서를 무시하고 생각나는 대로 일단 써보는 것이 우선이다. 사실 좋은 글쓰기의 기본은 하나의 주제를 가지고 글을 작성하되 전체적인 흐름은 그 주제를 벗어나지 말아야 한다. 사과에 대한 설명 중에 연관이 없는 물고기를 등장시킨다면 주제를 벗어난 이야기를 늘여놓게 된다. 쓸데없이 문장이 길어진다. 그런데도 나는 왜 당신에게 형식을 무시하고 일단 써 보라고 하는 것일까? 간단하다. 자유로운 일상 글쓰기에는 형식이 필요 없기 때문이다.

애독자 중에 한 분은 이런 글을 자주 올린다. 저녁 메뉴로 김치찌개를 정해놓고 요리하는 과정을 사진으로 남긴다. 이 과정을 이야기로 풀어놓는데 뜬금없이 강아지가 등장한다. 강아지와 나눈 대화를 기록하다 보니 김치찌개 이야기는 어디론가 사라지고 없다. 강아지와 노는 장면이 이어지다 마지막 부분에 가서야 김치찌개가 완성되었다는 결말이 등장하면서 맛있다, 맛없다는 개인적인 감상평까지 이어진다. 내가 이 글을 읽고 어떤 평가를 했는지 아는가? 잠시 샛길로 이야기가 빠졌지만 전달하고자 하는 김치찌개에 대해서 어떤 마음으로 요리했는지 글로나마 공감이 간다는 말을 남겼었다. 순서는 뒤죽박죽일지 몰라도 내용 자체가 재미가 있었다. 코믹하게 풀어낸 이야기가 순박하고 좋았다.

물론 형식 자체를 놓고 보면 잘 쓴 글은 아니었다. 잘 쓴 글이 아니지만, 누군가에게 재미있게 읽혔다는 사실이 중요하다. 재미가 없으면 또 어쩌랴? 한 문장이라도 당신이 써낸 글이 존재한다는 사실에 기쁜 마음을 가지면 그것으로도 충분하다. 자유로운 글쓰기에서 가장 경계해야 할 부분이 바로 형식이다. 사람들은 누군가 속박하면 할수록 그 안에서 갑갑함을 느끼게 된다. 글쓰기에도 형식이라는 틀에 묶이면 당신이 걷고자 하는 발걸음이 쉽게 떨어지지 않는다. 오로지 형식만 맞추려고 하다 보면 내용 자체가 한정되어 스스로 자신의 몸을 묶는 결과를 초래한다. 자유로운 상상을 하는 당신의 머리에 구속의 수갑을 채우지 말자.

일단 써보려는 방법으로 단어부터 나열하기 방법을 활용하시면 된다. 기억나실 거라 믿지만 '문장이 어렵다면 단어부터 나열하라'고 상세한 설명과 함께 예를 들어 글을 썼었다. 눈에 보이는 물건의 이름을 나열해 보고 이 물건들을 하나씩 연결해 가는 과정에서 글이 길어지는 경험을 하는 것이 중요하다. 당신의 기억을 되살리기 위해서 오늘도 예를 들어 보인다.

단어 나열

운동화, 동전, 화장지

문장 연결

아침에 일어나보니 〈운동화〉 한 짝이 보이지 않는다. 어디에 있나 찾아봤더니 밑창이 떨어져 접착제로 붙여둔 것이 기억났다. 접착제를 붙이는 과정에 장갑이 보이지 않아서 손을 최대한 보호하기 위해 〈동전〉으로 접착 면을 눌러 주었었다. 그렇게 주의를 했는데도 몇 방울은 바닥에 떨어졌다. 〈화장지〉로 닦아내 봤지만 끈끈한 흔적은 그대로 남아있다. 세월이 흘러 갑자기 기억에 스며든 추억 한 조각처럼 끈끈하다.

　오늘 아침에 내가 겪은 일상이다. 별도의 형식은 없다. 그저 시간의 흐름에 따라 일어난 사실을 하나씩 나열한 것뿐이다. 글 쓰는 연습을 해보면 이렇게 쓰는 것이 상당히 도움이 많이 된다는 것을 알게 된다. 이렇게 써 나가는 작은 습관이 결국 긴 문장을 완성하는 지름길을 열어준다. 형식을 무시하고 일단 써보자.

095 글쓰기를 위한 습관 : 단순한 문장을 반복해서 쓰기

글쓰기의 형태는 다양하며, 별도의 형식이 없는 것이 일상 글쓰기다. 이전 글에서 예를 들어 설명한 대로 그저 시간의 흐름에 따라 일어난 사실을 하나씩 나열해 보는 자체가 글 쓰는 습관을 키우는 행동이다. 여기서 조금만 더 기운을 내서 다른 방법으로 고민해본다. 꾸준히 노력하는 당신에게 하나라도 더 도움이 되는 습관을 알려주고 싶다. 그래서 준비했다. 여기, 당신을 위한 또 하나의 유익한 습관이 있다.

단순한 문장을 반복해서 써라

현재 자신이 쓸 수 있는 가장 단순한 문장을 써 보면 된다. 주제, 소재, 형식도 필요 없고 자유자재로 일단 써 본다. 말하고자 하는 내용이 없어도 된다. 쓰고는 바로 지워도 되는 부담 없는 문장을 쓰면 된다. 막연히 쓰라고만 하는 것으로 오해할 소지가 있어 보인다. '나는 생각한다'라는 단순한 문장으로 예를 들어 보인다.

나는 생각한다.
나는 (나를) 생각한다.
나는 (글 쓰고 있는 나를) 생각한다.
나는 (즐겁게 글 쓰고 있는 나를) 생각한다.
나는 (힘들지만 즐겁게 글 쓰고 있는 나를) 생각한다.
나는 (많이 힘들지만 즐겁게 글 쓰고 있는 나를) 생각한다.
나는 (끝을 몰라서 많이 힘들지만 즐겁게 글 쓰고 있는 나를) 생각한다.

단순한 문장을 나열하는 방식이 결국 긴 문장으로 이어지는 결과를 낳았다. 자세히 보면 모든 문장이 '나는 생각한다'에서 비롯되었다. 이런 문장을 계속 반복하다 보면 꾸며주는 말을 스스로 깨우치게 된다. 꽃이 예쁘다는 평범한 사실을 '꽃이 (찬 바람을 이겨내고 붉은 망울을 터트리는 찰나의 순간에 바라보았을 때 가장) 예쁘다'라는 식으로 길게 이어지는 문장을 만들어내는 방식이다. 처음부터 잘라서 표현하면 이해가 가지 않을 것이므로 위의 예처럼 짧고 단순한 문장이 어떻게 길어지는지 과정을 함께 보여드렸다. 이런 예는 얼마든지 많이 만들 수 있다. 이렇게 모인 나만의 문장이 결국 다른 문장으로 연결될 때 비로소 당신이 써 놓은 글이 효과를 발휘할 것이다.

나는 글쓰기를 권유하는 글을 쓰면서 즐거웠던 것 중의 하나가 바로 생각 늘리기라고 말하고 싶다. 나는 사람이다, 라는 단순한 문장을 가지고도 계속 생각을 해 나갔다. 글쓰기를 두려워하는 당신에게 어떻게 하면 조금은 편안한 마음으로 의자에 앉도록 할 수 있을까? 어떤 글이 당신에게 도움이 될까? 이렇게 쓰면 편안할까? 저런 방법은 어떨까? 많은 생각을 이어갔다. 이해를 돕기 위해 나라는 사람에 대해 어떻게 문장으로 변화가 되는지 한 가지 더 예를 들어 보인다.

나는 사람이다.
나는 (글을 쓰는) 사람이다.
나는 (권유하는 글을 쓰는) 사람이다.
나는 (당신에게 권유하는 글을 쓰는) 사람이다.
나는 (초보인 당신에게 권유하는 글을 쓰는) 사람이다.
나는 (글쓰기 초보인 당신에게 권유하는 글을 쓰는) 사람이다.
나는 (일상 글쓰기 초보인 당신에게 권유하는 글을 쓰는) 사람이다.

시작은 단순한 문장으로 반복한 것뿐 인데 이 단순한 행동이 주는 경험의 값어치는 크다. 당신의 사고력을 끊임없이 늘려가기 때문이다. 내가 전달하고자 하는 속내는 바로 이것이다. 단순한 문장을 반복하는 과정에서 문장을 살찌우는 생각을 계속해야 한다는 사실이다. 나는 생각한다, 이 두 단어만 줄줄이 이어놓아도 상관없다. 중요한 것은 당신이 한 문장이라도 썼다는 사실이다.

나는 늘 당신 편이다. 한 문장도 제대로 옮겨 놓지 못해서 끙끙하는 모습을 보면 안쓰럽다. 마치 내가 그렇게 하는 것처럼 이심전심이 된다. 답답해 보았던 사람이 답답한 마음을 가장 잘 안다고 본다. 글쓰기 시작하면서 당신이 겪게 될 많은 답답함을 나는 먼저 겪었다. 당신이 가보지 않은 길을 내가 먼저 걸어갔기에 먼저 간 사람으로서 당연히 겪어야 할 어려움이었다. 미안해할 필요는 없다. 이 소중한 경험이 결국은 당신에게 노하우로 전달되지 않았는가? 나는 늘 당신이 고맙다. 이런 내 경험을 잊지 않고 찾아와서 읽어주는 고마움이 있기에 매일같이 글을 이어갔다. 긴 문장은 저절로 만들어지지 않는다. 쉽게 시작하자.

긴 문장이 어렵다면, 단순한 문장을 반복해서 써라. 가장 쉬운 시작이다.

096 글쓰기를 위한 습관 : 한 줄 기록의 힘

마무리를 하는 시점에서 남겨주고 싶은 말은 용기를 가지라는 응원의 말이다. 어떻게 하면 글쓰기에 친숙해질까 고민했고, 그 결과 이런 습관들이 좋지 않을까 해서 당신에게 권유했다. 전문 작가가 쓴 글에서 더 많은 도움을 얻을지도 모른다. 글쓰기 기법적인 면에서는 오히려 그들이 쓴 글이 나보다 우수하다. 인정한다. 하지만 초보에게 보내는 응원의 메시지, 당신도 할 수 있다는 자신감을 불러일으키는 면에서는 오히려 나처럼 비슷한 처지의 아마추어가 건네는 말이 더 공감되지 않을까 싶다. 당신과 나는 함께 성장해 가야 할 동반자이기 때문이다. 여기 또 하나의 도움 되는 습관을 공개한다.

〈한 줄 기록의 힘, 소재의 트리거가 된다〉

트리거(Trigger)라는 말이 있다. 이 말은 IT 분야에서 무선 신호와 데이터연산과 관련하여 사용되는 말인데, 마케팅에서는 '연쇄반응을 유인하는 촉매제', 아이디어와 이야기를 전파하는 사람들'이라는 뜻으로도 쓰인다.

　당신이 써 둔 한 줄 기록이 결국 어떤 사건을 일으키는 트리거가 되는 셈이다. 저수지에서 누군가의 생명을 구해준 일을 예로 든 적이 있다. 그 글이 내 글을 유심히 봐 주시는 이웃님(hollo님)에게는 묻혀 있던 기억의 회로를 건드린 결과를 낳았고, 결국 화약 도화선이 되어 이런저런 일에 관해서 이야기를 나누는 계기가 되었다. 이 과정에서 그 이웃님이 이런 좋은 단어를 선물해 주셨다. 나에게는 생소한, 자주 사용하지 않은 단어이기에 어색했고 낯설었다. 이후 뜻을 알고 보니까 정말 유익한 단어란 것을 알게 되고, 언젠가 내 글에 활용하리라 마음먹었다. 이 트리거가 결국 기억의 연쇄 반응을 일으켜 한순간에 도미노처럼 꼬리에 꼬리를 문 수많은 기억이 떠오르게 하는 것이다.

　'작가란, 자신을 글로 그려내는 사람이다.'

　내 글의 시작은 저 단어가 주는 알 수 없는 힘에 이끌려 시작이 되었다. 내가 당신에게 이야기해주고 싶었던 수많은 말들이 저 문장으로 인해 내 머리에서 쏟아져 나왔다. 짧은 한 줄 기록이 이토록 긴 글을 낳는 씨앗이 된 것을 고려하면 짧은 한 줄의 문장이 가지는 힘은 상당히 크다. 때론 위대한 책 한 권에 견주어서 절대 가볍지 않다. 오늘 당신에게 알려주고 싶은 글쓰기에 도움 되는 습관은 어떤 식으로든 당신의 기억과 경험을 되살리는 문장, 한 줄 기록을 찾는 데 있다. 어려운가? 그럼 더 쉬운 방법을 알려드린다. 우리 모두 잘 아는 속담을 활용한다.

　'천 리 길도 한 걸음부터, 구슬이 서 말이라도 꿰어야 보배.'

　위의 속담이 당신에게 주는 교훈은 행동에 옮겨야 어떤 일이 시작된다는 것을 뜻한다. 가만히 앉아서 생각만 하고 있으면 아무런 결과가 나오지 않는다.

세계 일주를 하고 싶어서 세계 일주와 관련한 책, TV만 처다본다고 당신이 세계 일주를 완성하는 것이 아니다. 지금 당장이라도 여행사에 묻거나, 여행 정보를 습득해서 항공권 예매를 해야 한다. 자유 여행을 떠날지, 패키지로 떠날지 결정하고 이에 대한 후속 행동을 취해야 비로소 여행이 시작된다. 세계 여행의 시작도 결국 당신이 어렵게 내밀어 보는 첫걸음부터다.

구슬이 서 말이라도 꿰어야 보배라는 말은 자주 활용했었다. 이런 방법, 저런 방법을 고민해서 당신에게 이야기했는데 당신은 그저 읽기만 하고 움직이지 않으면 글 잘 쓰는 능력은 생겨나지 않는다. 한 줄 기록의 힘이 트리거가 되어 당신을 움직이게 하는 도화선이 되었으면 한다. 모든 글쓰기 책에서 알려주는 내용은 단 한 가지다. 이렇게 쓰세요, 라는 행동의 중요성을 강조한다. 나 또한 그런 면에서는 같은 흐름을 타고 있다. 가만히 있지 말고 무엇이라도 써야 하는데 그러기 위해서는 이런 방법이 있다는 것을 알려드렸다.

글이란 것은 결국 자신에게서 나온다. 이는 실행과 실행하지 않음에서 결과적으로 당신이 글 쓰는 삶으로 갈 수 있느냐, 없느냐가 판가름 나리라 본다. 글 쓰며 사는 당신의 삶, 습관만 들인다면 당연히 그렇게 살 수 있다. 나는 당신 편이다.

007 글쓰기를 위한 습관 : 독서의 힘

당신과 나는 먼 길을 함께 걸어온 동반자다. 앞으로도 함께 성장해 갈 것이라 믿는다. 글쓰기를 잘하기 위해 가져야 할 습관은 수도 없이 많다. 그 많은 습관 중에서 내가 당신에게 알려주는 바는 적어도 내가 경험한 것 중에 가장 기본이면서 중요하다 싶은 내용만 간추렸다. 당신의 글쓰기 습관, 소재가 필요할 때는 독서를 통해 아이디어를 찾자.

독서를 통해 아이디어를 찾아내자

독서에 대해서는 아무리 강조해도 지나치지 않다. 우리가 글쓰기를 하는 궁극적인 목표도 내가 아는 경험이나 정보를 남에게 알리는 일이다. 자신에게 건네는 말이든, 타인이 읽어주기를 바라면서 쓰는 글이든 어떤 정보가 이곳에서 저곳으로 옮겨가는 일이다. 그렇게 옮겨진 정보, 결국은 타인의 글이며 타인의 책인 셈이다. 그곳에 당신이 모르는, 겪어보지 못한 새로운 아이디어가 숨 쉬고 있다. 그것을 찾아내기 위해서는 일단 책을 펼쳐야 한다. 펼쳐서 그 안에 숨은 주옥같은 소재들을 찾아내야 한다. 광부가 어두운 지하에서 석탄을 캐듯이 천천히 읽어나가면서 하나씩 찾는 재미를 가져야 한다.

글을 쓴다는 행위와 글을 읽는다는 행위를 철저히 분리해서 하는 사람들도 있다. 독서에 대해서는 둘째가라면 서러울 정도로 많은 책을 읽는 분들을 본 적이 있다. 이분 중에서 어떤 분들은 남이 써 놓은 글에 대해서 비평가 못지않은 날카로운 지적을 한다. 이건 이런 오류가 있고, 저건 저런 부족함이 보인다는 식으로 늘 지적을 하는데 정작 본인은 그런 글을 써 본 적이 없다. 늘 남이 써 놓은 글에 대해 지적할 줄만 알지 스스로 무언가를 창조하기는 어렵다. 아니, 처음부터 창조할 마음이 없는 부류일지도 모른다. 그런 사람들의 비평은 신뢰가 가지 않는다.

내가 생각하는 독서는 글쓰기와 함께 평행선에서 이루어져야 한다. 글을 쓰는 것 못지않게 읽는 행위가 중요하므로 그 둘은 별개로 두지 말아야 한다. 글을 쓰든, 읽든 어떤 식으로든 많은 생각을 하면서 그 행동을 하게 된다. 이 둘의 결과가 결국 많은 생각을 하는 행동으로 이어진다.

지금 내가 써 내려가고 있는 글의 주제는 〈나를 쓰다〉이다. 이 글을 써오면서 오로지 나 혼자만의 힘으로 완성되었다고 생각하지는 않는다. 내가 겪은 경험이 대다수이고 내 글을 읽고 반응을 보인 분들이 보내준 소재도 일부분 있다. 이 중에서 독서를 통해 가져온 아이디어가 상당히 많다. 글과 관련하여 주의할 점과 글을 대하는 자세를 이야기할 때는 독서를 통해 깨달은 바를 하나씩 나열하면서 나 자신도 체계적인 생각을 하게 된 계기가 되었다. 가끔 글이 막히면 독서를 통해 새로운 소재를 발견하고 막힌 글을 이어가기도 했다.

내 삶을 책으로 엮으면 몇 권은 된다고 큰소리치는 분들도 있다. 이분들의 삶을 글로 엮기 위해서는 엮는 방법에 대해 알아야 한다. 이 방법은 오로지 책을 통해서만 알 수 있다. 처음 시작은 어떻게 할 것인지, 어떤 내용을 주로 써야 할 것이며, 어떻게 마무리를 해야 할 것인가, 하는 상세한 내용을 책을 통해 배워야 한다. 당신과 나의 스승은 결국 책 속에 있다. 이 스승을 찾아서 당신이 써 내려갈 많은 글의 소재를 보는 눈을 만들고, 이렇게 생겨난 눈을 통해 이전과는 다른 눈으로 세상을 바라보아야 한다.

지금까지 당신에게 알려준 습관 중에서는 가장 쉬운 습관일 수도 있다. 글을 쓰기 위해서 일단 자리에 앉아야 하고, 자리에 앉았으면 어떤 특정된 장면을 생각해야 하며, 형식을 무시하고 일단 써 보라고 했다. 문장을 늘려가기 위해 단순한 문장을 반복해 보기도 하고, 한 줄 기록을 통해 트리거 기법으로 잊힌 기억을 되살리는 훈련도 하지 않았던가? 여기에 하나의 습관이 더해졌다고 보면 된다. 독서는 이 가운데서 당신이 할 수 있는 가장 쉬운 방법임을 자부한다. 오랜 시간을 독서와 떨어진 삶을 살아왔다면 이제부터라도 독서를 통해 비워둔 당신의 감성에 새로운 아이디어라는 풍성한 생각을 채워 넣기를 기원한다.

글쓰기는 습관이다. 여기에 도움이 되는 습관은 남의 글을 읽는 일에서 시작된다.

098 글쓰기를 위한 습관 : 체력이 필수

이제 서서히 끝이 보인다. 다 주고도 무언가 허전함이 느껴지고 부족한 것 같은 이 느낌이 생소하다. 분명히 내가 가진 모든 정보를 다 넣었다 싶은데도 어디선가 또 다른 소재가 떠오른다. 어쩌면 지금부터 하고 싶은 이야기가 당신이 오래도록 글을 쓰기 위해서 가져야 할 가장 기본적인 습관인지도 모르겠다. 적어도 한 시간에서 두 시간 동안 글을 쓰기 위해서 의자에 앉아야 할 당신, 당신에게 꼭 전달했으면 하는 마지막 습관은 바로 이것이다.

체력이 필수, 산책하러 다녀라

글쓰기에도 체력이 중요하다. 건강은 어디서부터 시작되는가? 바로 기본적인 체력부터다. 이 체력을 제대로 다지기 위해서는 운동이 필수다. 수시로 스트레칭을 해야 하고 정해진 시간에 산책이라도 해야 한다. 그렇지 않으면 어느새 허리가 아픈 고통의 시간을 맞이하게 될 것이다.

산책하면서 내가 얻는 것은 최소한 두 가지다. 하나는 건강이고 다른 하나는 복잡한 머릿속을 환기하는 일이다. 정해진 시간에 맑은 공기, 밝은 햇살을 보면서 온몸에 혈기가 도는 것을 느끼게 되므로 천천히 걷는 행동을 통해 자연스럽게 몸이 건강해짐을 느낄 수 있다. 바쁜 현대인들에게 추천하고 싶은 산책은 잠시나마 햇살이 보이는 곳을 걷는 일이다. 시간은 30분 내외가 적당할 것 같다.

중요한 것은 바로 복잡한 머릿속을 환기하는 일이다. 책을 많이 읽고, 글을 많이 쓰고, 생각을 많이 했다면 뇌는 분명히 지친다. 이때 산책만큼 좋은 운동도 없다. 뇌 스스로가 쉬는 동안에 맑은 공기를 느끼고 스스로 정리하는 시간을 갖는다. 특히 글을 쓰다가 흐름이 끊기게 되는 현상, 앞서 설명해 드린 글 막힘 현상이 생겼을 때 산책은 큰 힘을 발휘한다. 기본적으로 체력을 보강해주는 운동이 되며 뇌 자체가 가지고 있는 정리의 힘이 발휘된다. 뇌는 어떤 식으로든 신경 회로가 일정한 시스템을 가지고 움직인다. 이 시스템이 과부하가 되면 어느 순간 멈춤 현상이 발생한다. 글쓰기에서 글이 막히는 현상과 다르지 않다. 이럴 때 가장 효율적인 방법은 바로 쉬어가는 일이다.

나는 아침에 일어나면 글을 쓰고, 틈만 나면 책을 읽는다. 그런 생활이 몇 개월 반복되다 보니까 나도 모르게 허리가 아프다. 정자세로 앉아서 글을 쓰는데도 불구하고 허리에 무리가 갔다. 직장에 다닐 때도 외근을 하지 않는 날은 대부분 사무실 의자에 앉아서 하루의 업무를 하면서 보낸다. 의자에 오래 앉아 있는 것의 연장선에서 글을 쓰는 행위가 이어졌으니 허리에 무리가 간 것도 사실이다. 이때 회사 주변을 걸어 다니면서 뇌도 환기하고 몸을 추스르는 스트레칭도 했었다. 허리 건강에 산책만큼 좋은 것이 없었다. 산책을 통해 고질적인 허리통증을 없앴다.

이젠 누가 시키지 않아도 글을 쓰다가 허리가 아프다 싶으면 잠시 쉬었다가 산책하러 나간다. 늘 아내가 곁에 머문다. 둘이서 대화를 나누다 보면 이런저런 삶의 힘겨움이 덜어지는 느낌이다. 대화를 나누는 과정에서 새로운 생각이 떠오르고 산책하고 온 후로 또 다른 글을 쓰는 내 모습을 본 적도 많다. 꾸준히 앉아서 글을 쓰기 위해서는 체력이 필수다. 건강해야 어떤 일이든 할 수 있다. 마라톤으로 유명한 일본 작가 무라카미 하루키처럼 42.195Km를 뛰라고까지는 말 못 하겠다. 하지만 정해진 시간에 정해진 거리를 걸어 봄으로써 지치지 않는 체력을 유지하는 사람만이 오래도록 글을 쓸 수 있다는 사실만은 분명하다.

⑼ 글쓰기를 위한 습관 : 당부의 말씀 하나

지금부터 들려주는 내용은 개인적으로 부탁하고픈 당부의 말씀이다. 글쓰기 기법에 관한 책을 읽어보면 빠지지 않고 등장하는 문장이 있다. 문법, 띄어쓰기, 비문에 관한 이론적인 내용이 많은데 이 중에서 꼭 빠지지 않고 등장하는 문장을 오늘의 소재로 삼고 이야기해 본다. 마지막 당부의 말씀이므로 꼭 명심하셨으면 한다.

무엇을 쓰든 짧은 문장을 사용하라

당신이 쓴 글이 불특정 다수가 읽어야 할 내용이고, 인터넷이나 SNS상에 노출되는 글이라면 반드시 따라야 할 법칙이다. 특히 인스타그램, 트위터 등의 SNS는 짧은 문장으로 시선을 사로잡아야 한다. 자기 자신과의 대화를 위해 기록하는 일기는 이런 법칙에 얽매일 필요가 없다. 더군다나 당신에게 글쓰기를 권유하면서 기법적인 부분에 관해서 이야기를 나눈 적이 없다. 하지만 이것만은 분명히 밝히고 마무리를 지어야겠다고 생각했다. 다 좋은데, 자신이 쓴 글이 누구를 향하느냐를 생각해보면 반드시 읽히는 글을 써야 한다는 점이다. 그러기 위해서는 될 수 있으면 짧은 문장을 써야 한다.

글은 누군가에게 정보를 전달하기 위해 쓴다. 단순한 사실 나열을 하더라도 잘 읽히는 글을 써야 한다. 내가 알고 있는 이야기를 당신에게 전달할 때, 숨쉬기 거북할 정도로 긴 문장을 활용하면 읽기가 상당히 부담스럽다. 잘 읽히는 글이 분명히 긍정적인 반응을 불러올 것이다. 짧게 쓴 글에 익숙해지는 사회적인 추세도 무시하기 어렵다. 카피라이터가 된 심정으로 압축하고 요약하는 일은 상당히 어렵다. 내가 강조하고자 하는 것은 그런 고도의 작법이 아니다. 문장 길이 면에서 짧게 쓰라는 것이다.

짧게 쓰라는 것은 읽히는 글을 쓰라는 말과 같다. 독자들이 외면하는 글은 대다수가 내용이 장황하거나, 이론 중심이거나, 전달하고자 하는 내용이 명확하지 않은 글이다. 될 수 있으면 짧은 문장을 사용함으로써 다음 글이 기대되는 분위기를 이끌어나가야 한다. 책을 펼쳐보고 그 안에서 문장의 길이를 확인해보시면서 어떻게 쓰는지 따라 써보면 도움이 된다. 대표적인 짧은 문장의 대가는 '칼의 노래'로 유명한 김훈 작가님이다. 이분의 글을 보면 짧은 문장이란 어떤 것인지 좋은 본보기가 되리라 본다. 필사하기에는 조금 무리가 갈지도 모르나 짧은 문장의 대가이므로 훌륭한 스승이 되어줄 것이라 믿는다.

짧게 쓴 문장은 대부분 전달하고자 하는 의미가 분명하다. 내용을 명료하게 써야 하는데 긴 문장은 이런 기능을 수행하기 어렵다. 영어의 심플(Simple)은 짧고 간단한 것이라는 뜻을 가지고 있다. 복잡하다는 것은 여러 개가 엉켜있다는 뜻이고 긴 문장으로 이어질 때 이런 엉킴이 발생한다. 내용이 조금 어렵다 싶은 사람을 위해 짧은 문장과 긴 문장의 차이를 보여드리도록 한다.

긴 문장 - 장문

아침에 일어나보니 의자는 쓰러져있고 눈에 보이는 것은 자리를 잃어버린 여러 권의 책과 노트였는데 이런 혼란스러운 상황이 어떻게 시작이 되어 마무리되었는지 도무지 기억나지 않아서 머리가 혼란스러울 지경에 이르러서야 마침내 내가 서 있는 곳이 익숙한 장소가 아닌 낯선 곳이란 것을 깨달았는데 알고 보니 그동안 나는 나도 모르게 누군가에 의해 사육되고 있었다는 사실에 온몸에 경련이 일었다.

짧은 문장 - 단문

아침에 일어나보니 의자는 쓰러져있었다. 눈에 보이는 것은 자리를 잃어버린 여러 권의 책과 노트였다. 이런 혼란스러운 상황이 어떻게 시작이 되어 마무리되었을까? 도무지 기억나지 않아서 머리가 혼란스러울 지경에 이르렀다. 마침내 내가 서 있는 곳이 익숙한 장소가 아닌 낯선 곳이란 것을 깨달았다. 알고 보니 그동안 나는 나도 모르게 누군가에 의해 사육되고 있었다. 이 사실에 온몸에 경련이 일었다.

당신이 이해하기 쉬운 글은 분명히 짧은 문장으로 쓴 두 번째 글일 것이다. 이를 통해 긴 문장과 짧은 문장의 차이점을 느끼셨을 거로 믿는다. 나도 처음에는 짧은 문장보다는 긴 문장을 쓰는 것이 더 쉬웠다. 그렇게 긴 문장으로 글을 쓰다 보니까 내용이 자꾸 복잡한 방향으로 흘러가는 듯한 느낌이 많이 들었다. 반면에 짧은 문장은 문장 하나를 완성하면 그 자체로서 어떤 의미가 있는지 돌아보는 계기가 되었다.

내가 읽은 수많은 글쓰기 책에서, 독자들의 이해를 돕기 위해 명료하게 쓰라는 내용의 책이 있었다. 사람들의 기억 속에 남는 글은 그림 같이 쓴 문장이라고 강조한 책도 있었다. 모두 훌륭한 내용이고 맞는 말이다. 한 가지 명심해야 할 사항은 이 정도 수준까지 가기 위해서는 상당한 수준의 글쓰기 습관이 되어 있어야 한다는 점이다. 나는 당신에게 이토록 어려운 정도의 수준으로 글을 써 보라고 권하고 싶지 않다. 짧게 문장을 써 나가는 것이 어느 정도 숙달이 되면 그 이후에 도전해도 되는 영역이기 때문이다. 우선 짧은 문장으로 당신을 표현해보자.

100 글쓰기를 위한 습관 : 당부의 말씀 둘

여전히 글쓰기가 두려운 분들에게 이야기하고 싶다. 한 번도 가보지 않은 길을 간다는 것은 많은 두려움을 이겨내는 일이다. 글쓰기라는 생소한 분야에 도전하는 당신, 두려움이 생기고 막상 어떻게 시작해야 할지 막막한 것이 정상이다. 이제 천천히 자신을 돌아볼 때가 온 것 같다. 내가 당신에게 격려하고 응원을 하면서 지금까지 써 온 글, 우리가 함께 걸어온 길을 돌아봤으면 좋겠다.

처음부터 잘 쓰는 사람은 드물다. 어떤 식으로든 많은 글을 접했고, 표현해 본 사람만이 의자에 앉아서 글을 쓸 수 있다. 어깨에 힘을 빼고 편안하게 앉아서 자신이 쓰고자 하는 주제를 정하고 꾸준하게 앞으로 나아갔으면 좋겠다. 마무리하는 글이므로 지금까지 함께 걸어온 길을 되짚어 보기로 한다.

일기 쓰기

자신과의 대화로써 가장 훌륭한 도구가 바로 일기다. 당신의 삶에 있어서 글을 쓰기 위한 첫 번째 발걸음은 일기를 써 봄으로써 하루를 되돌아보는 일이다. 매일 쓰면 좋겠지만 삶이란 때로는 변화를 요구한다. 변화하는 삶에서 매일 쓰기 어렵다면 이틀에 한 번씩 쓰더라도 정해진 분량을 채워가면서 쓰도록 하자. 글쓰기에 자신을 노출하는 가장 쉬운 방법은 일기가 단연 으뜸이다.

일상 글쓰기

일기와 비슷한 형식으로 자신이 겪은 하루의 일을 기록하면 된다. 이때는 특정된 한 분야에 관해 쓰는 것이 좋다. 하루 중에서 오전에는 독서, 오후에는 시장을 갔고, 저녁에 요리했다면 이 중의 하나를 골라서 기록을 해보자. 요리라면, 재료가 어떤 것이 있으며 그 과정은 어떻게 되는지 기록하면 된다. 어렵다고 생각하지 말고 주변의 유명한 파워 블로거가 기록한 내용을 조금씩 참고하면서 따라 써 보는 것도 좋다. 중요한 것은 자기 스타일대로 조금씩 꾸며나가면서 스스로 쓰는 단계까지 계속 글을 쓰는 행위이다.

여행 글쓰기

읽는 사람의 관심을 끄는 사진과 글이 필요하다. 누가 보더라도 낯선 풍경들을 통해 나도 그곳에 가고 싶다는 감정을 불러일으켜야 한다. 풍경 묘사에 신경을 많이 써서 글을 써 나가야 한다. 잘 표현한 풍경은 어떤 식으로든 공감을 불러일으킨다. 여기에 맛집 소개까지 곁들인다면 금상첨화다. 금강산도 식후경인데 여행에서 맛집이 빠지면 허전하지 않겠는가? 열심히 일한 당신, 떠나는 모습이 아름답다면 여행 후의 기록하는 모습은 더욱 큰 감동을 낳는다.

블로그 글쓰기

블로그에서 주의할 점과 잘못된 소통은 고통이라고 설명했다. 누군가가 내 글을 봐줬으면 좋겠다는 사람에게 가장 적합한 도구가 바로 블로그다. 어느 정도 이웃이 확보되어 있고, 또 나를 지지해 주는 몇몇 이웃이 있다면 도전해보자. 독자들의 응원과 격려는 하루라도 글을 쓰지 않으면 누군가가 기다린다는 의식을 스스로 느끼게끔 하기에 꾸준히 글을 쓰는 습관을 길러준다. 나 또한 이렇게 오랜 시간 동안 글을 쓴 원동력이 바로 누군가가 기다리고 있다는 의식 때문이었다. 내 글을 읽어줄 독자가 있다는 사실, 블로그가 그 역할을 대신해준다.

자유로운 글쓰기

정해진 주제 없이 자유롭게 글을 써 본다. 자신이 간직한 꿈 이야기도 좋고, 어릴 적 기억에 남는 재미난 경험을 써도 좋다. 남자들은 군대 이야기도 가끔 활용해보면 의외로 긴 글을 쓸 수 있다. 되도록 독자의 관심을 끄는 재미있는 이야기로 쓴 글이 오래도록 기억에 남는다. 물론 가슴을 아프게 하는 기억(상실의 아픔)도 충분히 좋은 소재로써 독자들의 공감을 얻을 수 있다. 우리는 태어나는 순간부터 얻는 것도 많지만 상대적으로 잃는 것도 많기 때문이다. 아프지만 아련한 기억들, 당신의 글이 부드러운 손길이 되어 독자들을 쓰다듬는다. 자신감을 가지고 날 것의 당신을 표현해 보기 바란다.

막상 마무리 글로써 정리하고 보니까 간단한 것 같다. 100일이 넘는 시간 동안 최선을 다해서 부지런히 썼는데 기억에 남는 독자분들이 많다. 매회 공감의 댓글로 응원해 주시는 분이 많았는데 나에게 많은 힘이 되었다. 긴 글을 읽어 주셔서 대단히 감사드린다. 다음에는 어떤 모습으로 어떤 글을 연재하게 될지는 모르지만 늘 도움이 되는 글로 하루를 열어갔으면 좋겠다. 내 글을 읽고 살아가는데 잠시나마 위로가 되고 힘이 된다는 긍정의 에너지를 채워갔으면 좋겠다.

글쓰기가 두려운 당신에게,

여기 당신을 믿는 한 사람이 있다.
먼저 써 본 사람이기에 그것이 가진 두려움을 안다.

하지만 나는 알고 있다.
당신은 충분히 잘 해낼 사람이라는 사실을.

에필로그

과연 내가 100회까지 연재할 수 있을까?

내가 쓴 글을 누군가가 읽어 보기나 할까?

괜히 시간 낭비만 하는 것이 아닐까?

솔직히 두려웠다. 두렵다는 것은 가보지 않은 길에 대한 무지(無知) 때문이었다. 아는 것이 전혀 없지만 일단 해보기로 마음먹었다. 나 자신이 겪어온 이야기를 써 보자는 생각으로 탄생한 글이 바로 〈나를 쓰다〉이다.

블로그에서 일상 글쓰기를 즐겨 하다가 어느 순간 글을 써보고 싶다는 생각이 강하게 일었다. 자기 선언을 통해 주위에 알리고 글을 써 나가기 시작했다. 처음에는 대략적인 구상만 하고 시작했었는데 글을 연재해가면서 서서히 윤곽이 필요했다. 기초적인 설계도도 없이 연재를 시작했다는 사실, 초보니까 가능한 일이었지 싶다. 실제로 글을 전문적으로 쓰시는 전문 작가님들은 설계도에 해당하는 밑그림을 가지고 글을 시작하시는 분들이 많다.

사진 한 장에 내 느낌을 시처럼 표현하기를 좋아하던 나였다. 늘 짧은 글쓰기를 즐겨 하던 나에게 장편 소설에 해당하는 분량의 긴 글을 이어나가는 것은 쉬운 일이 아니었다. 처음에 맞이한 공백의 시간, 갑자기 글이 막히기 시작하면서 당황하기 시작했다. 이미 밝힌 바 있지만 무작정 써 나가다 보면 분명히 막히는 구간이 온다. 이때를 넘기고도 세 차례나 같은 현상이 되풀이되곤 했다.

결국, 양을 많이 쓰되, 특정 주제에 대해 일관성 있게 써 나가기 위해서는 꾸준히 소재를 찾아 나서야 했다. 독서, 여행, 산책, 운동 등 분야를 가리지 않고 이것저것 해본 경험이 결국 지금까지 글을 이어오게 한 원동력이 된 것 같다. 글 쓰는 삶을 부러워만 하지 말고 직접 행동에 옮기는 것이 중요하다. 그러기 위해서는 반드시 짧은 글이라도 쓰는 습관이 필요하다. 짧은 문장이라도 자꾸 써 나가다 보면 자신도 모르게 긴 문장을 쓰게 된다.

덕분에 많은 걸 배우고 갑니다. 내일 글이 기다려집니다.

긴 글을 매일 연재하시는 모습이 너무 보기 좋습니다.

이제부터 저도 글쓰기 시작해 봅니다.

함께 하는 것 같아 힘이 납니다.

내 글을 매일 같이 찾아와서 읽어 주신 분들이 남기신 응원의 글이다. 내가 블로그에 글을 올리자고 마음을 먹은 것도 바로 이런 효과를 기대했기 때문이다. 이제부터라도 글을 써 보시면 알게 된다. 글쓰기라는 영역은 생각보다 많이 외로운 영역이라는 사실을 말이다. 이 외로운 길을 누군가와 동행한다고 생각해보시라. 얼마나 든든한 동지가 되어주겠는가?

글쓰기에 관한 책을 100권 넘게 읽었다. 중복되는 내용도 많고 나름대로 형식을 강조하는 내용의 책이 대다수였다. 정해진 형식에 맞게 결론부터 쓰라는 책도 있었고, 기법을 논하면서 단기 속성으로 글 쓰는 법을 가르쳐 주는 책도 있었다. 일상 글쓰기에 어느 정도 이력이 난 사람들도 이 방법은 무언가 거부 감이 있어 보였다. 목적에 맞는 글쓰기 책을 찾아보는 것도 도움이 될 수는 있 다. 하지만 내가 생각하는 방향의 글쓰기인, 초보자를 위한 자유로운 글쓰기와 는 거리가 있었다. 글쓰기 자체가 두려운 분들을 위한 글이 없을까 고민을 많 이 했다.

여기서 내가 쓰고 싶은 내용의 골자를 잡았다. 글쓰기 자체에 익숙하지 않고 책도 많이 읽지 않은 분들을 위한 글을 쓰고 싶었다. 응원하고 격려를 하면서 천천히 시작해 보라는 용기의 글을 남기고 싶었다. 멀리 볼 필요 없이 글 쓰는 자체를 쑥스러워하는 아내를 격려하고 싶었다. 내가 글을 쓸 수 있게 용기를 불어 넣어준 사람도 아내다. 아내를 위해 가보지 않은 길에 첫발을 내디뎠다.

모든 일은 시작이 가장 어렵다. 오죽하면 시작이 반이라는 말이 있지 않은 가? 늘 해오던 일을 시작하기는 쉽다. 어제 했던 일을 오늘 이어서 하는 경우는 반복된 일상이므로 새로움이 없다. 그에 반해 글쓰기는 매일 소재를 바꾸어가 면서 글을 이어갔으므로 늘 새로운 나로 태어나는 기분이었다. 단조로웠던 나 의 일상에 큰 변화가 생겼는데 글쓰기가 바로 그 역할을 해주었다.

두려웠던 일이 시일이 지나고 나니까 자랑스러운 일로 바뀌었다. 장문의 글 이 완성되었다는 사실은 또 다른 자신감을 불러일으켰다. 삶에 있어서 시련은 있을지라도 실패는 없을 것이라는 희망도 품을 수 있었다. 하루하루 써 내려간 나의 기록이 당신에게 힘이 되었다니 다행이다. 또한, 나에게도 큰 힘이 되었 으니 감사한 일이다.

글 쓰며 미소 짓는 당신 모습을 상상하며 〈나를 쓰다〉는 여기서 마무리한다.